Knit Love 제4회 공모전 수상작

손뜨개 소품집 Ⅲ

니트러브 엮음

니트러브 인사말

몇 해 전 미국 TNNA 전시회 참석차 시카고 공항에서 비행기를 기다리던 때의 일입니다.
맞은편에서 코바느질하는 외국인을 오랫동안 유심히 살펴봤습니다. 서툴고 조심스러운 손
놀림이었습니다. '우리나라 니터라면 훨씬 빠르고 야무지게 뜰 텐데'라는 생각을
했습니다.

TNNA 전시회는 전문 디자이너와 경영인들만 참여할 수 있는 세계적인 전시회입니다.
참가조건이 까다롭기 때문에 전시회에는 '니키 엡스타인(Nicky Epstein)' 같은
유명 디자이너들이 주류를 이룹니다. 그런데 전시회 둘째 날, 시카고 공항에서 서툰
뜨개질을 했던 그 외국인이 디자이너 자격으로 니트러브 부스를 방문했습니다.
그때 저는 우리나라 니터들의 가능성에 대해 다시 생각하게 되었습니다.
대한민국 니터들처럼 야무지고 빠른 손놀림을 가진 이들은 지구상에서 흔치 않으니까요.

물론 손기술이 뛰어나다고 해서 손뜨개 수준이 높은 건 아닙니다. 하지만 뛰어난 손기술을
뒷받침해 줄 환경을 마련해주고 꾸준히 지원한다면 우리나라에서도 세계적인 작가가 탄생
할 수 있다는 확신을 갖게 되었습니다.

니트러브가 그 한 축을 든든히 맡고 싶었습니다.
'니트러브 손뜨개 소품 공모전'은 이런 고민의 산물 중 하나입니다.
손뜨개를 사랑하는 니터들이 작가의 영역으로 발돋움할 수 있는 기회의 장으로
자리매김했으면 합니다.

니트러브는 대한민국 니터들을 응원합니다.

니트러브 대표
"희망을 뜨개하는 남자"
조 성 진

대상 당선자 인사말

어린 시절, 손재주가 좋으신 어머니는 겨울만 되면 손뜨개로 따뜻한 모자, 목도리, 스웨터 등을 만들어주시곤 했습니다. 그렇게 제게 손뜨개란 익숙하고도 따뜻한 기억입니다.

어느 날 우연히 접하게 된 손뜨개인형에 매력을 느끼고 깊이 공부를 하게 되면서 오랫동안 하던 일을 그만두고 손뜨개인형 강사라는 새로운 일을 시작하게 되었습니다. 하지만 얼마 지나지 않아 이 일이 나에게 맞는 일인지… 재능은 있는지… 여러 가지 깊은 고민에 빠지게 되었습니다. 그때 '니트러브' 소품 공모전을 만나게 되었고 고심 끝에 출품한 작품이 대상이라는 큰 상을 받게 되면서 저의 고민에 대해 "괜찮아, 잘하고 있어"라는 대답을 들은 것 같아 기쁘고 감사합니다. 이 상을 원동력 삼아 따뜻하고 모두가 즐겁게 손뜨개할 수 있는 작품을 만들어내는 작가가 되도록 열심을 다하겠습니다.

언제나 늘 든든한 조력자가 되어주는 남편 오민훤 씨와 가족들, 고민할 때마다 끊임없이 격려해주신 끌림 조수연 선생님과 끌림의 모든 선생님들, 그리고 좋은 기회와 큰 상으로 용기를 심어준 '니트러브'에 감사한 마음을 전합니다.

달콤상상
박 상 숙

Contents

대 상
Happy Knitting Box

작품사진: 11쪽 뜨는 법: 72쪽
박 상 숙 달콤상상

금 상
헥사곤 여름 이불

작품사진: 12쪽 뜨는 법: 75쪽
김 지 은 엘리사벳

금 상
알파카 레아

작품사진: 13쪽 뜨는 법: 76쪽
이 상 미 어쭈구리

금 상
꽃밭 매트와 풀밭 매트

작품사진: 14쪽 뜨는 법: 81쪽
오 성 숙 방글이

금 상
별이 빛나는 밤

작품사진: 15쪽 뜨는 법: 83쪽
남 현 희 세현이만세

금 상
퍼프 직사각 매트

작품사진: 16쪽 뜨는 법: 85쪽
남 민 영 진주엄마

퍼프 반달 매트

작품사진: 17쪽 뜨는 법: 86쪽
남 민 영 진주엄마

금 상
쿠키 앤 크림 러그

작품사진: 18쪽 뜨는 법: 88쪽
남 연 주 곰치는 소년

금 상
믹스컬러 목걸이

작품사진: 19쪽 뜨는 법: 89쪽
송 주 미

블랙 & 옐로우 목걸이

작품사진: 20쪽 뜨는 법: 90쪽
송 주 미

금 상
마카롱 강아지집 & 카펫 세트

작품사진: 21쪽 뜨는 법: 91쪽
유 창 희 KDyoo

은 상
Wattle 식탁 세트

작품사진: 22쪽 뜨는 법: 95쪽
조 향 미 맨디

은 상
장미 장식 냉장고 매트(침대매트)

작품사진: 23쪽 뜨는 법: 97쪽
송 미 애 나일등

은 상
달콤함 블랭킷

작품사진: 24쪽 뜨는 법: 99쪽
김 현 옥 하늘여자

은 상
허니콤 블랭킷

작품사진: 25쪽 뜨는 법: 100쪽
김 진 아 니들코티지

은 상
꽃보다 햇님

작품사진: 26쪽 뜨는 법: 102쪽
이 다 진 햇님이

은 상
나른한 오후의 동물 친구들

작품사진: 27쪽 뜨는 법: 104쪽
조 선 미

은 상
모티브 블랭킷

작품사진: 28쪽 뜨는 법: 106쪽
함 귀 화 실뭉치

은 상
입체꽃 스탠드

작품사진: 29쪽 뜨는 법: 109쪽
이 수 미

입체꽃 액자

작품사진: 29쪽 뜨는 법: 110쪽
이 수 미

은 상
The Lighthouse

작품사진: 30쪽 뜨는 법: 112쪽
윤 소 정

은 상
밤의 꽃 정원 블랭킷

작품사진: 31쪽 뜨는 법: 114쪽
이 미 경 털실뭉치

밤의 꽃 정원 빅백

작품사진: 32쪽 뜨는 법: 115쪽
이 미 경 털실뭉치

은 상
네코 플라워 숄더백

작품사진: 33쪽 뜨는 법: 116쪽
김 미 란 그린

마카롱 플라워 토트백

작품사진: 34쪽 뜨는 법: 118쪽
김 미 란 그린

은 상
병풍 6폭 (사군자, 석류, 연꽃)

작품사진: 35쪽
박 순 덕 수연

은 상
아기동물 딸랑이 - 곰돌이, 강아지, 여우

작품사진: 36쪽 뜨는 법: 120쪽
안 재 희

은 상
아기 돌잡이 -
수납바구니 커버, 마이크, 딸랑이 등
작품사진: 37쪽 뜨는 법: 122쪽
장 민 순 모든

은 상
한글 블랭킷

작품사진: 38쪽 뜨는 법: 126쪽
강 솔 희 성현맘스

은 상
대형 러그

작품사진: 39쪽 뜨는 법: 127쪽
김 민 주 해오름맘

Contents

은 상
Lady Hoo Doily

작품사진: 40쪽 뜨는 법: 129쪽

문 은 경 차차

은 상
태비 파우치

작품사진: 41쪽 뜨는 법: 131쪽

정 현 주 빨간구름

은 상
곰 세 마리 소풍 가요 - 피크닉 가방

작품사진: 42쪽 뜨는 법: 132쪽

박 경 숙 버럭할매

은 상
곰 세 마리 소풍 가요 -
돗자리 겸 이불, 물통

작품사진: 43쪽 뜨는 법: 134쪽

박 경 숙 버럭할매

은 상
벌집무늬 블랭킷, 가방

작품사진: 44쪽 뜨는 법: 136쪽

김 소 연 꼬마깡패

은 상
태양 블랭킷

작품사진: 45쪽 뜨는 법: 138쪽

김 미 경 바늘소리

동 상
꽃바구니 밸런스 커튼

작품사진: 46쪽 뜨는 법: 140쪽

최 명 옥 이쁜나비

동 상
웨딩드레스 커튼

작품사진: 47쪽 뜨는 법: 143쪽

배 경 숙 모나리자

동 상
나뭇잎 모양 컵받침

작품사진: 48쪽 뜨는 법: 148쪽

손 정 희

동 상
모티브 블랭킷(꽃밭에서)

작품사진: 49쪽 뜨는 법: 149쪽

안 정 아 주희맘

동 상
태양 & 바다

작품사진: 50쪽 뜨는 법: 151쪽

오 귀 자 찬영, 윤수맘

동 상
파스텔 실방울 가리개

작품사진: 51쪽 뜨는 법: 152쪽

김 장 미 겨울장미

동 상
미도리 Big백

작품사진: 52쪽 뜨는 법: 154쪽

박 수 진 한올

동 상
입체무늬 블랭킷

작품사진: 53쪽 뜨는 법: 156쪽

박 경 숙 통통이

동 상
내 맘대로 블록 카펫

작품사진: 54쪽 뜨는 법: 158쪽

하 이 정 초록잎

동 상
러브토마토 미니 블랭킷

작품사진: 55쪽 뜨는 법: 159쪽

김 은 경 아이네스

동 상
꽃밭에서

작품사진: 56쪽 뜨는 법: 161쪽

최 순 자 기분조은

동 상
알록달록 전구 모빌

작품사진: 57쪽 뜨는 법: 163쪽

강 미 진 셔리네

동 상
파스텔 블랭킷(소녀의 정원)

작품사진: 58쪽 뜨는 법: 166쪽

최 은 희 맑음

동 상
하트 뽕뽕 원형 러그

작품사진: 59쪽 뜨는 법: 168쪽

최 명 화 영원한 철부지

동 상
작은 지구별 여행

작품사진: 60쪽 뜨는 법: 171쪽

민 지 선 지선C

동 상
검정고무신 기영이 친구
다혜, 도승(인형)

작품사진: 61쪽 뜨는 법: 181쪽

김 선 화 엘리킴

동 상
엄마품 애착인형(원숭이, 양)

작품사진: 62쪽 뜨는 법: 188쪽

김 세 윤 대두아씨

동 상
대바늘 인형 - 피터팬, 웬디

작품사진: 63쪽 뜨는 법: 195쪽

이 효 진

동 상
걸그룹

작품사진: 64쪽 뜨는 법: 206쪽

김 정 애 보리

동 상
Bless You

작품사진: 65쪽 뜨는 법: 217쪽

박 경 희 다마걸

동 상
Little Carnation

작품사진: 66쪽 뜨는 법: 219쪽

황 지 현 Henna JH

특별상
비스꼬뉴 쿠션

작품사진: 67쪽 뜨는 법: 220쪽

윤 지 원 슈에이

특별상
카드 주머니 & 선글라스 주머니

작품사진: 68쪽 뜨는 법: 224쪽

mj홍

특별상
병정로봇 블랭킷

작품사진: 69쪽 뜨는 법: 226쪽

김 혜 경 빨간망토

수상작품

대상

Happy Knitting Box

박 상 숙 달콤상상

니터들이 니팅할 때 필요한 여러 가지 도구들을 한 박스 안에 담아 보았습니다.
각각의 소품에 자석이 부착되어 있어 아이들의 플레이 박스로도 활용 가능합니다.
엄마와 아이가 함께 공유 가능한 멀티 박스입니다.

사용실과 사용량: 네코(여두색 62g, 하늘색 43g, 노랑 4g, 진베이지 3g, 연베이지 10g, 갈색 17g, 녹색 17g, 빨강 9g), 헤라코튼(흰색 25g, 핑크색 5g), 빈센트3PLy(노랑색 6g)
사용 도구: 모사용 코바늘 5/0호, 3/0호
사이즈: 지름 27cm, 높이 8cm
난이도: ★ ☆ ☆ ☆ ☆
뜨는 법: 72쪽

> 금 상

헥사곤 여름 이불

김 지 은 엘리사벳

블랭킷은 왜 겨울용으로만 만들까요? 여름실로도 한번 표현해 보고 싶었어요.
타조실의 감촉이 이불이나 블랭킷으로 손색없고 만족도가 높았습니다.

사용실과 사용량: 타조 20수(아이보리색 6볼, 진한색 30볼)
사용 도구: 모사용 코바늘 5/0호
사이즈: 가로 146cm, 세로 200cm
난이도: ★ ☆ ☆ ☆ ☆
뜨는 법: 75쪽

금 상

알파카 레아

이 상 미 어쭈구리

남미의 정취가 느껴지는 복실복실 알파카 인형 '레아'.
극세사로 떠서 촉감이 좋고 아이들이 갖고 놀기에도 좋아요.

사용실과 사용량: 빈센트 베이비 캇텔 흰색, 네코 흰색, 네코 검정
사용 도구: 대바늘 2.5mm
부자재: 솜
사이즈: 세로 29cm
난이도: ★ ★ ★ ☆ ☆
뜨는 법: 76쪽

금 상

꽃밭 매트와 풀밭 매트

오 성 숙 빙글이

보는 순간 꽃밭이 생각나는 매트입니다. 중앙의 별 모양에 모티브들을 연결하여
단조로움을 피하고 보다 많은 꽃을 보는 느낌이 들게 합니다.

사용실과 사용량: 24합 순면 콘사 진핑크 1.2kg, 핑크나염 1kg, 무색 500g
사용 도구: 모사용 코바늘 7/0호
사이즈: 지름 160cm
난이도: ★ ★ ★ ☆ ☆
뜨는 법: 81쪽

별이 빛나는 밤

남현희 세현이만세

검은색을 배경으로 다양한 색깔을 사용하여 화려하면서도 깔끔하게
밤하늘의 빛나는 별을 표현했습니다.
전체적인 형태를 육각형으로 잡아 작은 별 모티브와 밸런스를 맞추었습니다.

사용실과 사용량: 올리브2(70g x 35볼 = 2450g)
사용 도구: 모사용 코바늘 3/0호
사이즈: 214cm x 130cm
난이도: ★ ★ ★ ☆ ☆
뜨는 법: 83쪽

금상

퍼프 직사각 매트

남 민 영 진주엄마

볼록볼록 쿠션(홈패션)을 보고 뜨개로 표현했습니다. 하나하나 따로 만들어서 핀쿠션으로도 사용 가능합니다. 최대한 쉽게 뜨려고 했습니다.

사용실과 사용량: 18합 콘사 1개, 실크로드 2볼, 미니콘 306, 307 각 1개씩
사용 도구: 모사용 코바늘 3/0호, 2/0호
부자재: 솜
사이즈: 가로 110cm, 세로 50cm
난이도: ★ ★ ★ ☆ ☆
뜨는 법: 85쪽

퍼프 반달 매트

남 민 영 진주엄마

일곱 빛깔 무지개처럼 색상 조합을 해봤습니다.
패브릭 매트를 보고 뜨개로도 표현이 가능할 것 같아서
최대한 쉬운 방법으로 만들어 보았습니다.

사용실과 사용량: 코스모스(흰색, 노랑, 연핑, 진핑, 연보라, 진보라, 파랑 각 1볼씩)
사용 도구: 모사용 코바늘 3/0호
부자재: 솜
사이즈: 가로 77cm, 세로 40cm
난이도: ★ ☆ ☆ ☆ ☆
뜨는 법: 86쪽

| 금 상 |

쿠키 앤 크림 러그

남 연 주 곰치는 소년

밋밋한 거실을 스트라이프 무늬의 폭신한 러그로 채워 보세요.

사용실과 사용량: 뉴 스타킹(크림 화이트 2600g, 블랙 2400g)
사용 도구: 코바늘 10mm
사이즈: 가로 135cm, 세로 135cm
난이도: ★ ★ ★ ☆ ☆
뜨는 법: 88쪽

금 상

믹스컬러 목걸이

송 주 미

비닐 느낌의 금속사로 만든 작품입니다. 안에 와이어를 넣어 착용 시
형태를 만들어 줄 수 있습니다.

사용실과 사용량: 금속사(6ply) 15g
사용 도구: 대바늘 2mm
부자재: 솜, 에퍼타이트, 페리도트, 자수정 등 원석, 금속 부자재
사이즈: 가로 12cm, 세로 24cm
난이도: ★ ★ ★ ★ ★
뜨는 법: 89쪽

블랙 & 옐로우 목걸이

송 주 미

검정색 면실로 짠 대바늘 조직에 코바늘로 짠 링과 그 위에 장식된
여러 가지 보석 및 비즈가 은은한 고급스러움을 더해 줍니다.
금속으로 만들어진 꽃을 같이 장식하여 화려함을 더하였습니다.

사용실과 사용량: 면사(4ply) 15g
사용 도구: 대바늘 2mm, 모사용 코바늘 2/0호
부자재: 솜, 호박, 비즈, 시트린, 커넬리언, 비즈실, 금속 부자재
사이즈: 가로 16cm, 세로 22.5cm
난이도: ★ ★ ★ ☆ ☆
뜨는 법: 90쪽

금 상

마카롱 강아지집 & 카펫 세트

유 창 희 KDyoo

마카롱처럼 달콤하고 포근한 이부자리를 꿈꾸며 만들어 보았습니다.

사용실과 사용량: 히말라야 돌핀 베이비블루 10볼, 소프트 베베
(아이보리 17볼, 하늘색 16볼, 진하늘색 10볼, 코발트 8볼, 희색 3볼)
사용 도구: 모사용 코바늘 5/0호, 7/0호, 10/0호
부자재: 스펀지
사이즈: 130cm × 130cm, 50cm × 43cm
난이도: ★ ★ ★ ★ ☆
뜨는 법: 91쪽

은 상

Wattle 식탁 세트

조 향 미 맨디

가족이 유일하게 서로를 나눌 수 있는 시간은 식탁에 빙둘러 앉아서 맛있는 음식을
먹을 때가 아닐까요? 식탁매트와 수저케이스, 그리고 과일 바구니를 세트로 한 식탁의
데코가 가족들의 눈을 즐겁게 해 줄 것만 같아요.

사용실과 사용량: 매트(코드사 멀티122번 7볼), 꽃볼(몽블랑 스탠다드 - 노랑색 조금, 주황색 조금, 연두색 조금)
사용 도구: 모사용 코바늘 6/0, 5/0호
사이즈: 가로 36cm, 세로 24cm
난이도: ★ ★ ★ ★ ★
뜨는 법: 95쪽

| 은 상 |

장미 장식 냉장고 매트(침대매트)

송 미 애 나일등

무더운 여름 침대 위에 깔고 누워 있으면 냉기가 스며들어 에어컨이 필요없을 정도로 시원하다며 사용해본 분들이 적극 추천한 작품입니다.

사용실과 사용량: 24합 콘사 5kg
사용 도구: 대바늘 4mm
사이즈: 가로 165cm, 세로 210cm
난이도: ★ ★ ★ ☆ ☆
뜨는 법: 97쪽

은 상

달콤함 블랭킷

김 현 옥 하늘여자

벌집 하면 떠오르는 벌들이 만든 입체적인 아름다움과 달콤하고 맛있는 향을 생각하며 만들었습니다.
아이나 어른이나 이 블랭킷을 덮으면 엄마의 품에서 잠든 것처럼 포근함을 느낄 수 있을 것입니다.

사용실과 사용량: 네코 1350g
사용 도구: 모사용 코바늘 5/0호
사이즈: 가로 100cm, 세로 125cm
난이도: ★ ☆ ☆ ☆ ☆
뜨는 법: 99쪽

| 은 상 |

허니콤 블랭킷

김 진 아 니들코티지

줄줄이 사탕처럼 모티브를 연결하는 과정이 재미있어요. 심플하고 트렌디한 패턴으로 싫증난 소파에 새옷을 입히거나, 거실 분위기를 바꿔줄 카펫으로 활용할 수 있어요.

사용실과 사용량: 네코(머스터드 13볼, 네이비 3볼, 다크그레이 6볼, 크림 아이보리 7볼)
사용 도구: 모사용 코바늘 5/0호
사이즈: 가로 138cm, 세로 150cm
난이도: ★ ★ ★ ☆ ☆
뜨는 법: 100쪽

은 상

꽃보다 햇님

이 다 진 햇님이

태어난 지 2개월부터 무려 15년을 함께해온 햇님이. 단순히 반려견이 아닌 내 인생에서 가장 많은 시간을 함께 보낸 친구이자 가족. 햇님이에게 세상에 하나뿐인 무엇을 선물하면 좋을까 고민하다 겨울에 입을 수 있는 따뜻한 털실로 니트 옷을 만들어 주었습니다. 어깨와 허리에 볼륨을 넣고, 끝 부분에 라운드를 주어 사랑스러움을 표현하고 싶었습니다.

사용실과 사용량: 청록 아크릴 실, 보라 아크릴 실, 반짝이 실 합사
사용 도구: 대바늘 5mm, 모사용 코바늘 5호
사이즈: 목둘레 20cm, 허리둘레 36cm, 길이 30cm
난이도: ★ ★ ★ ☆ ☆
뜨는 법: 102쪽

은 상

나른한 오후의 동물 친구들

조 선 미

현대인들의 필수품 휴대전화. 가끔은 친구이자 가족 같은 존재죠.^^ 그 친구를 볼 때 한 번 더 웃음 짓게 하고 눈의 피로를 덜 수 있도록 우리에게 친숙하고 앙증맞은 귀염둥이 동물 모양의 명품옷을 선물했답니다.

사용실과 사용량: 푼름소(고양이, 여우 전체, 곰의 귀, 입, 꼬리) 실명분실(곰)
사용 도구: 모사용 코바늘 4/0호
부자재: 인형눈, 인형코, 와이어, 구름솜
사이즈: 가로 9cm, 세로 17cm
난이도: ★ ★ ★ ☆ ☆
뜨는 법: 104쪽

은상

모티브 블랭킷

함 귀 화 실뭉치

작품을 만들기 전 게이지를 낼 때마다 모아 두었던 모티브로 시작했습니다.
모아진 갖가지 무늬와 색의 모티브가 서로 어우러져 예쁜 블랭킷으로 탄생했습니다.
여러 가지 색의 조합이 행복감을 더해 줍니다.

사용실과 사용량: 빈센트 외 1300g
사용 도구: 3.5mm, 4mm 대바늘
사이즈: 가로 143cm, 세로 117cm
난이도: ★ ★ ★ ☆ ☆
뜨는 법: 106쪽

> 은 상

입체꽃 스탠드

이 수 미

기계로 표현할 수 없는 코바늘의 매력을 입체적인
꽃 모양을 만들어 조명으로 그 느낌을 살릴 수 있도록
만들고 싶었습니다. 중간 중간 구슬을 넣어 고급스러움을
더해 주었습니다.

사용실과 사용량: 빈센트(흰색 210g, 분홍색 10g)
사용 도구: 모사용 코바늘 2/0호
부자재: 진주구슬
사이즈: 둘레 60cm, 세로 19cm
난이도: ★ ★ ★ ☆ ☆
뜨는 법: 109쪽

입체꽃 액자

이 수 미

입체적인 꽃 모양으로 액자 테두리를 감싸게 만들어 주었고,
귀걸이를 걸 수 있도록 실용성 있게 만들어 보았습니다.

사용실과 사용량: 빈센트(흰색 60g, 분홍색 10g)
사용 도구: 모사용 코바늘 2/0호
부자재: 진주구슬
사이즈: 둘레 26cm, 세로 21cm
난이도: ★ ★ ★ ☆ ☆
뜨는 법: 110쪽

은 상

The Lighthouse

윤 소 정

초와 함께 만드는 쉬어가는 분위기

사용실과 사용량: 테리우스(7029) 1/3볼
사용 도구: 레이스 코바늘 2호
부자재: 도배용 풀, 풍선
사이즈: 11cm x 12cm
난이도: ★ ★ ☆ ☆ ☆
뜨는 법: 112쪽

은 상

밤의 꽃 정원 블랭킷

이 미 경 털실뭉치

색색깔의 꽃 모티브를 블랙 색상으로 마무리한 블랭킷

사용실과 사용량: 헤라코튼 1800g
사용 도구: 모사용 코바늘 5/0호
사이즈: 가로 144cm, 세로 96cm
난이도: ★ ☆ ☆ ☆ ☆
뜨는 법: 114쪽

밤의 꽃 정원 빅백

이 미 경 **털실뭉치**

색색깔의 꽃 모티브로 연출한 빅백

사용실과 사용량: 헤라코튼 500g
사용 도구: 모사용 코바늘 5/0호
사이즈: 가로 35cm, 세로 29cm
난이도: ★ ★ ★ ☆ ☆
뜨는 법: 115쪽

> 은 상

네코 플라워 숄더백

김 미 란 그린

마카롱으로 뜬 토트백이 마음에 들어서 조금 작은 사이즈의 숄더백을 만들어 보고 싶어서
네코 한 겹으로 문양을 변형하고 사이즈를 키워서 만들었습니다.
가죽끈을 달아도 예쁘겠지만 가볍게 드는 용도라 남은 실로 아이코드 끈을 만들었답니다.

사용실과 사용량: 네코(그레이 3볼, 인디핑크 1볼)
사용 도구: 대바늘 3mm
부자재: 지퍼, 꽃 스티치 단추 21cm 2개, 25cm 1개
사이즈: 30cm x 20cm
난이도: ★★★★★
뜨는 법: 116쪽

마카롱 플라워 토트백

김 미 란 그린

Norah Gaughan의 Flower Child 옷을 보고 그 문양에 반해서 레블리에 있는 유사한 무늬의 블랭킷 무료 도안을 참고해 패턴을 변형하여 가방으로 만들었는데 질기면서도 부드럽고 색감이 예쁘기까지 한 마카롱과 원목 핸들이 문양과 아주 잘 어울립니다.

사용실과 사용량: 마카롱(진회색 6볼, 연핑크 약간)
사용 도구: 대바늘 4mm
부자재: 하비 우드 핸들 138, 지퍼, 꽃 스티치 단추(30cm), 똑딱이 단추
사이즈: 가로 43cm, 세로 24cm
난이도: ★★★★★
뜨는 법: 118쪽

| 은 상 |

병풍 6폭 (사군자, 석류, 연꽃)

박 순 덕 수연

십자수로 만든 병풍작품은 있지만, 대바늘로 만든 손뜨개 병풍작품은 없어서 개인적으로 한 번 만들어 보고 싶은 생각에 도전해보았습니다.

사용실과 사용량: 타조 구정 20수, 30수, 40수
사용 도구: 대바늘 2mm
사이즈: 한 폭당 29cm x 145cm
난이도: ★ ★ ★ ★ ★
*위 작품은 작가와 협의 하에 도안을 제공하지 않습니다.

은 상

아기동물 딸랑이 - 곰돌이, 강아지, 여우

안 재 희

아이를 낳은 주위 친구들에게 저만이 해줄 수 있는 선물을 하고 싶어 만들어 보게 된 디자인입니다.
만들기도 쉽고 모양도 단순하여 원하는 실이나 모양으로 응용할 수 있어 활용도가 높습니다.
귀여운 동물 모양 딸랑이로 아이들의 시선을 잡아주는 소품입니다.

사용실과 사용량 : 아이돌(곰돌이:보라색 10g, 흰색 2g, 강아지:흰색 10g, 하늘색 2g), 올리브(여우:주황색10g, 흰색2g)
사용 도구: 모사용 코바늘 4/0호 사이즈: 가로 8cm, 세로 11cm 난이도: ★ ☆ ☆ ☆ ☆ 뜨는 법: 120쪽

은 상

아기 돌잡이 - 수납바구니 커버, 마이크, 딸랑이 등

장 민 순 모든

예쁘고 사랑스러운 아기만큼이나 색이 곱고 부드러운 면사로 만든 아기 돌잡이 7종입니다.
돌잡이가 끝난 후 수납 바구니에 담아 장난감으로 사용할 수 있도록 만들었습니다.

사용실과 사용량: 코스모스(베이지 100g) 사용 도구: 모사용 코바늘 2/0호 부자재: 플라스틱 바구니
사이즈: 가로 24cm, 세로 18cm 난이도: ★ ☆ ☆ ☆ ☆ 뜨는 법: 122쪽

은 상

한글 블랭킷

강 솔 희 <small>성현맘스</small>

내 아이의 첫 한글 공부를 딱딱한 교재가 아닌 포근한 한글 블랭킷으로 시켜보세요.

사용실과 사용량: 네코(베이지 6.5볼, 브라운 5.5볼)
사용 도구: 대바늘 4mm, 모사용 코바늘 5/0호
사이즈: 가로 104cm, 세로 92cm
난이도: ★ ★ ★ ☆ ☆
뜨는 법: 126쪽

은 상

대형 러그

김 민 주 해오름맘

예쁘고 작은 도일리 도안들은 그닥 실용적이지 못한 점이 아쉬웠어요.
크게 떠 놓으니 가족들이 만족해 좋았습니다.

사용실: 스타킹
사용 도구: 코바늘 12mm
사이즈: 지름 200cm
난이도: ★ ★ ★ ☆ ☆
뜨는 법: 127쪽

은상

Lady Hoo Doily

문은경 차차

어디선가 불어올 바람을 기다리며 보송보송한
날개를 달고, 여행을 준비하는 민들레 홀씨.
홀씨들의 자유롭고 멋진 여행을 위해, Hoo~ 하고
민들레 씨앗을 불며 놀던 추억을 떠올리며
우리 모두 Hoo~ 하고 불어볼까.
하늘하늘한 레이스로 민들레 홀씨를 표현했습니다.
순수했던 어린 시절을 회상시키는 '레이디 후'로
다시 한 번 동심의 세계로 떠나봐요.

사용실과 사용량: 리즈베스 약 3g
사용 도구: 셔틀 2개, 레이스 코바늘
사이즈: 24cm x 24cm
난이도: ★★★☆☆
뜨는 법: 129쪽

> 은 상

태비 파우치

정 현 주 빨간구름

집에서 함께 사는 고양이 털 무늬를 보고 만들었습니다.
실도 네코, 안감에도 고양이, 지퍼 고리도 고양이입니다.

사용실과 사용량: 네코 2볼(100g)
사용 도구: 모사용 코바늘 5/0호
사이즈: 큰 것(가로 24cm, 세로 17.5cm), 중간(가로 22cm, 세로 15cm),
작은 것(가로 19cm, 세로 13cm)
난이도: ★☆☆☆☆
뜨는 법: 131쪽

| 은 상 |

곰 세 마리 소풍 가요 - 피크닉 가방

박 경 숙 버럭할매

피크닉 가거나 1박 2일로 여행 갈 때도 쓸 수 있는 빈티지스럽고, 나만의 개성을 살릴 수 있는 가방입니다. 피크닉 갈 땐 안에 보냉 보온되는 스티로폼으로 만든 바구니를 넣어 사용하고, 여행 시에는 바구니를 빼고 사용하시면 됩니다. 뚜껑에 있는 주머니는 속옷 등을 보관할 때 활용하세요.

사용실: I love Doll
사용 도구: 대바늘 3mm, 모사용 코바늘 3/0호
사이즈: 가로 38 cm, 세로 25cm
난이도: ★ ☆ ☆ ☆ ☆
뜨는 법: 132쪽

곰 세 마리 소풍 가요 - 돗자리 겸 이불, 물통

박 경 숙 버럭할매

요즘은 캠핑을 많이 가는데 뜨개쟁이라는 표시를 내고 싶어 돗자리를 떴어요.
가방끈을 달아 가지고 다니기 편리하게 만들었어요

사용실과 사용량: I love doll 3파운드
사용 도구: 모사용 코바늘 3/0호
사이즈: 가로 150cm, 세로 132cm
난이도: ★ ☆ ☆ ☆ ☆
뜨는 법: 134쪽

| 은 상 |

벌집무늬 블랭킷, 가방

김 소 연 꼬마깡패

걸러뜨기와 메리야스뜨기, 가터뜨기를 이용해 입체적으로 보이는 벌집무늬 블랭킷과 가방

사용실과 사용량: 빈센트 3p (2734 딥그레이 300g, 2736 옐로우_그린 68g, 2738 파스텔핑크 77g, 2755 허브그린 69g, 2764 인디핑크 64g, 2765 라일락 66g, 2769 엔틱베이지 74g, 2780 토마토핑크 90g)

사용 도구: 대바늘 4mm

사이즈: 블랭킷 70cm x 85cm, 가방 32cm x 30cm

난이도: ★ ★ ★ ☆ ☆

뜨는 법: 136쪽

사용실과 사용량: 빈센트 리치 8p
(라이트 브라운, 브라운, 다크브라운, 오렌지, 옐로우, 겨자) 643g
사용 도구: 모사용 코바늘 5/0호
사이즈: 96cm x 96cm
난이도: ★★☆☆☆
뜨는 법: 138쪽

은 상

태양 블랭킷

김 미 경 바늘소리

마름모 형태에서 각진 부분을 바로 연결지어서 뜨면,
보다 쉽게 모양을 내면서 크기를 결정할 수 있습니다.

> 동 상

꽃바구니 밸런스 커튼

최 명 옥 이쁜나비

꽃바구니가 줄줄이 거기에 나비까지 날아와 있으면 시원하고 눈이 즐거울듯 하네요.

사용실과 사용량: 18합 대콘 850g, 노랑, 갈색 조금
사용 도구: 모사용 코바늘 4/0호
사이즈: 392cm x 31cm
난이도: ★ ★ ★ ☆ ☆
뜨는 법: 140쪽

동 상

웨딩드레스 커튼

배 경 숙 모나리자

살면서 힘들고 어려울 때는 결혼식 때의 기쁨과 즐거움을 떠올리면서
행복한 생활을 했으면… 하는 바람으로 만들었습니다.

사용실과 사용량: 크루즈 딥옐로우 350g, 엘리스 블루 280g, 화이트 500g, 블랙 280g, 핑크 100g, 레드 50g
사용 도구: 모사용 코바늘 3/0호
부자재: 단추 2개, 구슬 26개
사이즈: 143cm x 230cm
난이도: ★★★★☆
뜨는 법: 143쪽

> **동상**

모티브 블랭킷(꽃밭에서)

안 정 아 주희맘

알록달록 예쁜 꽃이 핀 블랭킷. 아름답고 따뜻한 꽃밭으로 여행을 떠나요.

사용실과 사용량: 네코(옐로우 70g, 피치 240g, 러브토마토 90g, 딥핑크 90g, 퍼플라이트 90g, 그리스그린 110g, 베이지 720g)
사용 도구: 모사용 코바늘 5/0호
사이즈: 104cm x 140cm
난이도: ★★★☆☆
뜨는 법: 149쪽

동상

태양 & 바다

오 귀 자 찬영, 윤수맘

붉은 태양의 기운을 닮아 열정적으로 살아가렴.
푸른 바다의 기운을 닮아 넓은 마음으로 살아가렴. 두 아들에게 마음을 담아서···

사용실과 사용량: 네코(135g-421, 414 90g-407, 409, 412, 413, 418, 419, 420, 436)
사용 도구: 대바늘 5mm, 모사용 코바늘 5/0호
사이즈: 90cm x 70cm
난이도: ★ ★ ☆ ☆ ☆
뜨는 법: 151쪽

동 상

파스텔 실방울 가리개

김 장 미 겨울장미

부드럽고 잔잔한 파스텔톤의 색상들이 새로운 꿈을 꾸고 상상하게 합니다.
실의 어울림을 아이보리 컬러로 마감해 산뜻함을 더했습니다.

사용실과 사용량: 소프트 면사 5합 아이보리, 하늘, 살색, 연노랑, 연보라, 녹색, 연두, 초록, 빨강
사용 도구: 모사용 코바늘 2/0호
부자재: 흰색 면 2마 반, 망사천 2마 반
사이즈: 124cm x 202cm
난이도: ★ ★ ★ ★ ☆
뜨는 법: 152쪽

동상

미도리 Big백

박 수 진 한울

미도리의 한지 느낌을 살려 한국적 조직으로 만든 빅백입니다.

사용실과 사용량: 미도리(40g) 15볼
사용 도구: 모사용 코바늘 8/0호, 10/0호
사이즈: 54cm x 34cm
난이도: ★ ★ ★ ☆ ☆
뜨는 법: 154쪽

> 동상

입체무늬 블랭킷

박 경 숙 통통이

양면 사용이 가능한 입체무늬 블랭킷이에요.
앞면은 올록볼록 입체무늬라 일반 블랭킷보다 무늬가 선명하고
뒷면은 조개무늬처럼 깔끔한 무늬예요.

사용실과 사용량: 올로머신 6가지 색상 450g
사용 도구: 모사용 코바늘 5/0호
사이즈: 78cm x 78cm
난이도: ★ ★ ★ ☆ ☆
뜨는 법: 156쪽

> 동상

내 맘대로 블록 카펫

하 이 정 초록임

화려한 무늬를 넣지 않고 색감만으로 거실의 분위기를 한층 더 발랄하게 보여줄 카펫입니다.
다소 단조롭게 보일 수 있는 단점을 지그재그 체인스티치로 보완하였습니다. 제일 큰 포인트는
초보자도 쉽게 큰 작품을 만들 수 있다는 것입니다.

사용실과 사용량: 알래스카(19 베이비옐로우, 20 옐로우그린, 21 민트 각 9볼, 13 그레이 2볼)
사용 도구: 모사용 코바늘 9/0호
사이즈: 195cm x 145cm
난이도: ★ ★ ☆ ☆ ☆
뜨는 법: 158쪽

동상

러브토마토 미니 블랭킷

김 은 경 아이네스

네코라는 실 색상 중에 러브토마토 색상이 너무 예뻐 러브토마토 블랭킷이라 이름을 지어봤습니다.
심플한 그래니스퀘어 블랭킷 도안에 가장자리에만 모티브를 연결해 포인트를 줬습니다.

사용실과 사용량: 네코 약 380g
사용 도구: 모사용 코바늘 6/0호
사이즈: 70cm x 70cm
난이도: ★ ★ ★ ☆ ☆
뜨는 법: 159쪽

동상

꽃밭에서

최 순 자 기분조은

정다운 친구와 꽃밭에 앉아 차 한 잔의 여유를 즐기고 싶은 마음을 담았어요.

사용실과 사용량: 타조 뜨개실, 시몬 6호 총 470g
사용 도구: 레이스용 코바늘 0호
사이즈: 142cm x 92cm
난이도: ★ ★ ★ ★ ☆
뜨는 법: 161쪽

동상

알록달록 전구 모빌

강 미 진 셔리네

앞으로 태어날 내 아기, 조카를 위해 알록달록 전구 모빌을 떠봐요.
여러 가지 색을 사용하니 뜨는 내내 즐겁고
집안 장식으로도 예뻐요.
전구 1~2개에 딸랑이를 넣으면 소리또한 즐겁답니다.

사용실과 사용량: 빈센트 리치8p(7703, 7711, 7717, 7723, 7725, 7741, 7755) 각 40g
사용 도구: 모사용 코바늘 4/0호
부자재: 솜 150g, 굵은 철사 1m, 폼폼메이커
사이즈: 18cm x 48cm
난이도: ★ ★ ★ ☆ ☆
뜨는 법: 163쪽

동상

파스텔 블랭킷(소녀의 정원)

최 은 희 맑음

소녀에서 숙녀로 성장하는 사춘기 딸의 꿈과 희망 가득한 미래를 꿈꾸며…

사용실과 사용량: 면사 도니(아이보리 500g, 민트 300g, 진보라, 연보라, 진핑크, 연핑크 200g, 연살구 500g)
사용 도구: 모사용 코바늘 5/0호
사이즈: 140cm x 115cm
난이도: ★ ★ ★ ☆ ☆
뜨는 법: 166쪽

동 상

하트 뿅뿅 원형 러그

최 명 화 영원한 철부지

어느 날… 처음 본 것도 아닌데 하트 무늬가 참 예쁘게 느껴졌습니다. 잔잔한 하트무늬를 배열해서 원형 러그를 뜨면 어떨까 하는 생각이 들어 무작정 도안을 만들기 시작했어요. 처음엔 하트를 단색으로 넣었다가 알록달록으로 바꾸고… 매 단마다 늘림 콧수 배분을 위한 수학공부(?)까지 열심히 한 덕에 빅 사이즈의 원형러그가 완성된 순간의 뿌듯함이란~^^*

사용실과 사용량: 펄튜브(17 다크브라운 13볼, 14 인디핑크 5볼, 7 베이비민트 2볼, 11 스카이블루 2볼, 29 레드 2볼)
사용 도구: 모사용 코바늘 5/0호
사이즈: 141cm x 141cm
난이도: ★ ★ ★ ☆ ☆
뜨는 법: 168쪽

> 동상

작은 지구별 여행

민 지 선 지선C

여러 아이들이 모여서 하나가 되는 느낌의 인형을 만들고 싶었습니다.
다양한 특징을 가진 지구별의 여러 나라들을 모티브로
단순한 형태의 인형을 만들었습니다.
5개 나라를 시작으로 계속해서 여러 나라들을
만들어 갈 예정입니다.

사용실과 사용량: 아이돌(분홍, 흰색, 빨간색, 검정색, 얼굴색, 파란색, 연두색, 연한베이지, 베이지, 연노란색, 갈색, 남색, 노란색, 초록색, 라임연두, 머스타드, 하늘), 필올슨(아이보리)
사용 도구: 대바늘 3mm, 3.5mm, 4mm, 돗바늘
부자재: 플라스틱 눈 6mm 10개, 플라스틱 판 5개, 솜
사이즈: 12cm x 20cm
난이도: ★ ★ ☆ ☆ ☆
뜨는 법: 171쪽

> 동상

검정고무신 기영이 친구 다혜, 도승(인형)

김 선 화 엘리킴

어릴 적 추억 <검정고무신>이 생각나 귀여운 기영이 친구들을 모태로 만들어 보았습니다.

[다혜]
사용실과 사용량: 아모레미오 연보라 1볼, 아이보리 1볼, 베이지 1볼, 검정 2볼
사용 도구: 모사용 코바늘 5/0호 **사이즈:** 41cm x 26cm

[도승]
사용실과 사용량: 아모레미오 연보라 2볼, 아이보리 2볼, 골드 2볼, 검정 1볼, 흰색 실 조금
사용 도구: 모사용 코바늘 5/0호 **사이즈:** 42cm x 26cm

부자재: 단추 4개, 가죽끈 42cm 2줄, 솜
난이도: ★ ★ ☆ ☆ ☆
뜨는 법: 181쪽

동상

엄마품 애착인형(원숭이, 양)

김 세 윤 대두아씨

엄마 손으로 한 땀 한 땀 떠내어 그 마음이 인형에 담겨 있어요. 아이가 안고 있는 동안은
엄마와 함께라는 포근함이 전해지길 바라면서 떠보았습니다.

[원숭이]
사용실과 사용량: 네코(408 러브토마토 1볼 반, 401 화이트 반볼)
사용 도구: 모사용 코바늘 4/0호 **사이즈:** 8cm x 33cm

[양]
사용실과 사용량: 네코(418 베이비블루 2볼 반, 401 화이트 1/3볼)
사용 도구: 모사용 코바늘 4/0호 **사이즈:** 8cm x 33cm

난이도: ★ ★ ★ ☆ ☆
뜨는 법: 188쪽

> 동상

대바늘 인형 - 피터팬, 웬디

이 효 진

대바늘로 표현한 피터팬입니다. 용감한 피터팬은 허리에 칼을 차고 귀여운 깃털이 달린 모자를 썼습니다.
레이스가 달린 원피스를 입은 웬디는 여성스럽고 사랑스러운 모습으로 표현했습니다.

[피터팬]
사용실과 사용량: 아크릴실(갈색 29g, 녹색 19g, 크림 30g, 연두 45g, 베이지, 연갈색, 검정, 화이트 약간씩)
사용 도구: 대바늘 3mm, 4.5mm **사이즈:** 13cm x 37cm

[웬디]
사용실과 사용량: 아크릴실(크림 53g, 파랑 11g, 연파랑 36g, 노랑 14g, 분홍 8g, 검정, 화이트, 진분홍 약간씩)
사용 도구: 대바늘 3mm, 4.5mm **사이즈:** 13cm x 37cm

난이도: ★ ★ ★ ☆ ☆
뜨는 법: 195쪽

> 동상

걸그룹

김 정 애 보리

선풍적으로 인기를 끌고있는 손뜨개인형으로 한류의 대표주자 걸그룹을 만들어 봤습니다.
걸그룹 멤버를 소개합니다~ 일월이, 이월이, 삼월이, 사월이, 오월이입니다.

[일월이]
사용실과 사용량: 올리브2 살색, 갈색, 민트색, 빨간색, 흰색 총 100g
사용 도구: 모사용 코바늘 5/0호 **부자재:** 단추눈, 레이스

[이월이]
사용실과 사용량: 핑크색, 노란색, 흰색, 살색 총 100g
사용 도구: 모사용 코바늘 5/0호 **부자재:** 단추눈

[삼월이]
사용실과 사용량: 빨간색, 노란색, 흰색, 살색 총 100g
사용 도구: 모사용 코바늘 5/0호 **부자재:** 단추눈

[사월이]
사용실과 사용량: 노란색, 네이비, 주황색, 살색 총 100g
사용 도구: 모사용 코바늘 5/0호 **부자재:** 단추눈, 방울

[오월이]
사용실과 사용량: 노란색, 자주색, 핑크색, 검은색, 살색 총 100g
사용 도구: 모사용 코바늘 5/0호 **부자재:** 단추눈

사이즈: 10cm x 32cm
난이도: ★★★☆☆
뜨는 법: 206쪽

> 동상

Bless You

박 경 희 다마걸

세상에서 제일 축하받고, 축복받아야 하는 신부를 생각하며 만들었습니다.

사용실과 사용량: 라즈베리 #40 5g, 핵진주, 시드비즈
사용 도구: 태팅셔틀, 0.4mm 코바늘
사이즈: 16cm x 22cm
난이도: ★ ★ ★ ☆ ☆
뜨는 법: 217쪽

동상

Little Carnation

황 지 현 Henna JH

쉽게 만드는 작고 귀여운 꽃잎이 오밀조밀한 태팅레이스 3D 카네이션 모티브.
액세서리나 작은 소품 어디에나 포인트로 사용할 수 있는 활용도가 높은 모티브입니다.

사용실과 사용량: 리즈베스 40수
사용 도구: 태팅셔틀, 레이스 코바늘 14호
사이즈: 2cm x 2cm
난이도: ★ ☆ ☆ ☆ ☆
뜨는 법: 219쪽

특별상

비스꼬뉴 쿠션

윤지원 슈에이

프랑스식 자수, 핀 쿠션 디자인에서 자주 만나는 독특한 느낌의 비스꼬뉴. 두 장의 정사각형이 만드는 새로운 조화를 손뜨개로 옮겨보았습니다. 밝은 컬러로 만드시면 서커스 소품 같은 유쾌함이 더해지는 비스꼬뉴 쿠션이에요!

사용실과 사용량: 빈센트 리치 8p(7717 1볼, 7723 2볼, 7727 1볼, 7737 1볼, 7751 1볼, 7753 1볼)
사용 도구: 4mm 대바늘
부자재: 솜 약 1kg
사이즈: 60cm x 60cm x 25cm
난이도: ★ ★ ★ ☆ ☆
뜨는 법: 220쪽

특별상

카드 주머니 & 선글라스 주머니

mj홍

[카드 주머니]
사용실과 사용량: DMC자수실 4~5개
사용 도구: 레이스 코바늘 2호 사이즈: 5.5cm x 9cm

[선글라스 주머니]
사용실과 사용량: DMC자수실 12개
사용 도구: 레이스 코바늘 2호 사이즈: 8cm x 15cm

난이도: ★★☆☆☆
뜨는 법: 224쪽

특별상

병정로봇 블랭킷

김 혜 경 빨간망토

어느 날 아이가 스케치북에 그린 로봇을 보고 이걸 블랭킷으로 만들면 어떨까 하는 생각에 시작한 만화 같은 블랭킷. 아이를 위한 블랭킷을 뜨고 싶다면 아이가 좋아하는 모양으로 뜨는 게 아이와 엄마 서로가 행복한 일이 아닐까 싶다.

사용실과 사용량: 네코 화이트401, 크림402, 딥핑크410, 레드412, 블루419, 네이비421, 브라운428, 그레이429, 블랙430, 그린437
사용 도구: 모사용 코바늘 5/0호
사이즈: 130cm x 170cm
난이도: ★ ★ ☆ ☆ ☆
뜨는 법: 226쪽

작품도안

대상

Happy Knitting Box
박 상 숙　달콤상상

사용실과 사용량: 네코(연두색 62g, 하늘색 43g, 노랑 4g, 진베이지 3g, 연베이지 10g, 갈색 17g, 녹색 17g, 빨강 9g), 헤라코튼(흰색 25g, 핑크 5g), 빈센트3PLy(노랑색 6g)

사용 도구: 모사용 코바늘 5/0호, 3/0호　**사이즈:** 지름 27cm, 높이 8cm

난이도: ★ ☆ ☆ ☆ ☆　작품사진: 10쪽

만들기

1. 틴케이스 뚜껑에 덮을 잔디밭을 네코 연두색으로 도안 참고하여 뜬다. 연못 옆에 꽃 모양과 꽃잎을 수놓는다.
2. 틴케이스 통 테두리에 붙일 잔디밭을 네코 하늘색으로 도안 참고하여 뜬다. 십자수 방식으로 Happy Kntting Box라고 수놓는다.
3. 연못은 네코 하늘색으로 도안 참고하여 뜬다. 가위를 수납할 수 있도록 한쪽은 오픈하여 바느질한다.
4. 오리는 빈센트 노랑색으로 도안 참고하여 뜬다. 머리. 몸을 연결하고 눈은 검정. 부리는 주황색실로 수놓는다.
5. 토끼는 헤라코튼 흰색으로 도안 참고하여 뜬다. 치마는 헤라코튼 핑크로 뜬다.
    팔과 다리는 조인트 방법으로 연결하여 자유롭게 움직임이 가능하도록 한다.
6. 뜨개질 중인 편물은 네코 노랑색으로 뜬다.
7. 바구니는 네코 진베이지색으로 뜬다. 여러 가지 색의 실을 동그랗게 감아 바구니 안에 넣어주고 메모꽂이를 꽂는다.
8. 나무 기둥 위 아래판은 네코 연베이지색으로 뜬다. 기둥 옆면은 네코 진베이지색으로 뜬다. 나뭇가지는 네코 연베이지와 진베이지로 뜬다.
    각각의 조각을 감침질하여 연결하고 작은 나뭇가지에는 펠트로 나뭇잎을 표현해 준다.
9. 핀꽂이 나무는 네코 녹색으로 뜬다. 핀꽂이 나무 기둥은 네코 진베이지색으로 뜬다.
    뚜껑 달린 작은 통 옆면에 나무기둥을 감침질하여 붙이고 나무를 뚜껑 위에 붙여준다.
10. 버섯은 네코 빨강색으로 뜬다. 하얀색 펠트를 동그랗게 잘라 버섯을 표현해 주고 플라스틱통 뚜껑 위에 버섯을 붙여 준다.

나무와 버섯은 작은 통에 붙여서 그 안에 눈단추, 단추 등을 보관할 수 있게 만들었고 나무는 핀 꽂이로 활용 가능합니다. 오리가 떠 있는 작은 연못은 가위를 수납할 수 있고 털실 바구니는 메모꽂이로 활용 가능합니다.

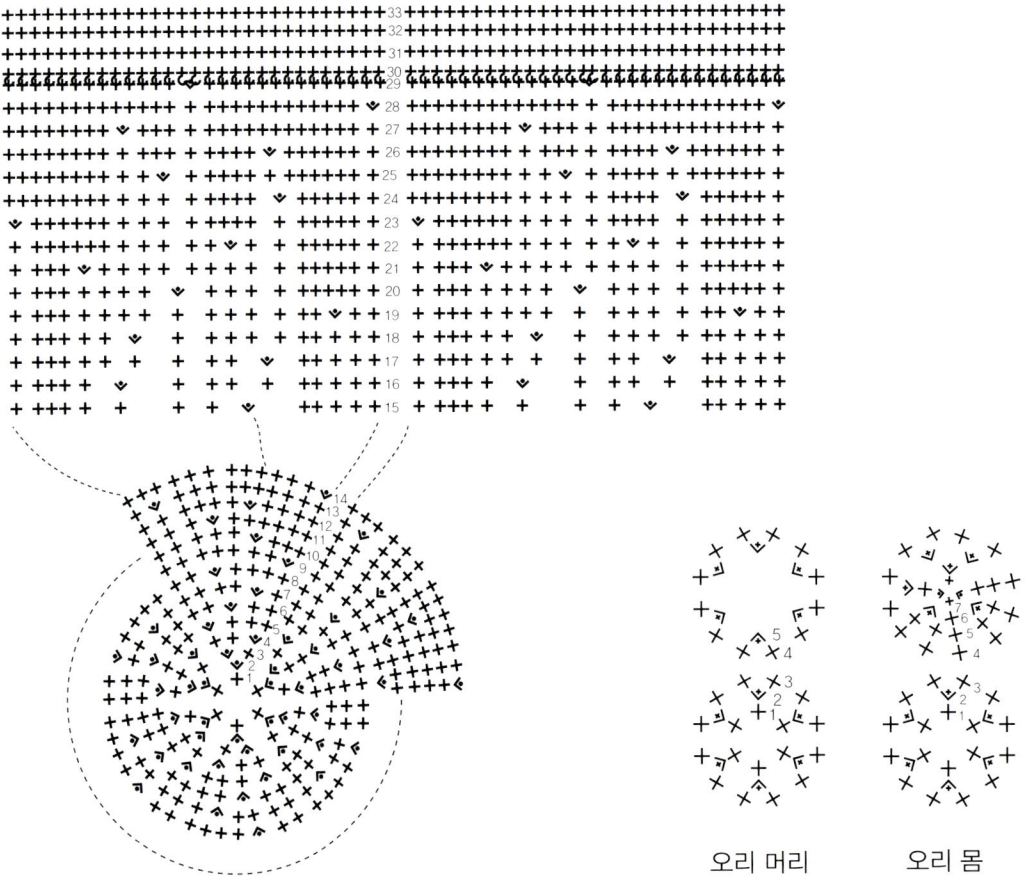

잔디밭　　　　　　　　오리 머리　오리 몸

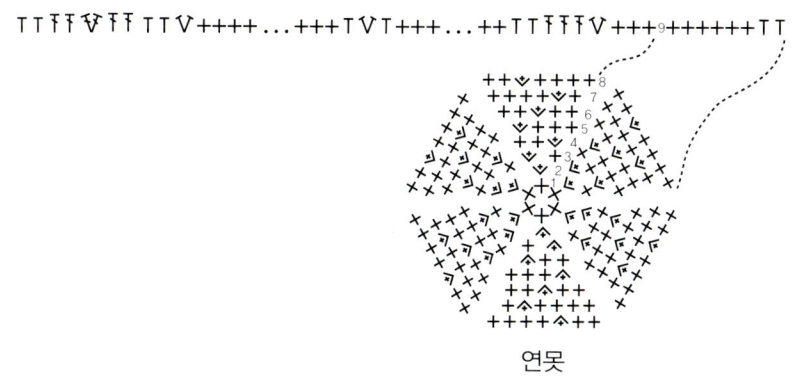

연못

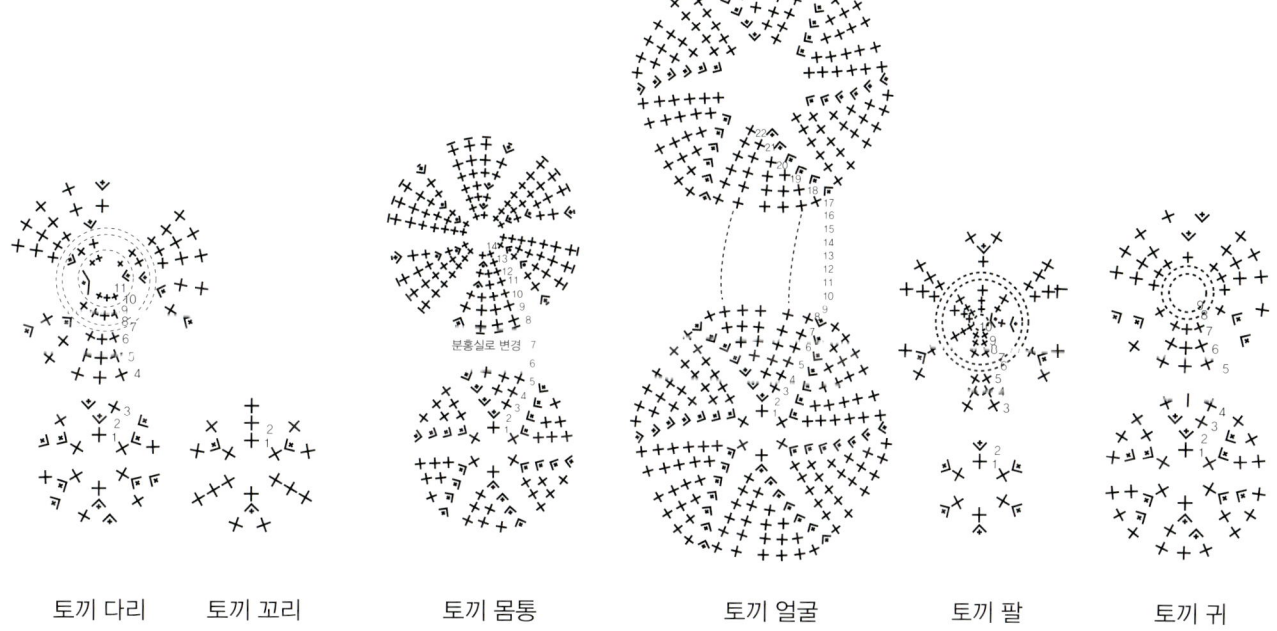

토끼 다리　　토끼 꼬리　　토끼 몸통　　토끼 얼굴　　토끼 팔　　토끼 귀

치마

몸통의 8단 이랑뜨기 라인에 기둥코를 3개 세우고
각 코에 한길긴뜨기를 3번씩 진행하여
총 90코를 만든다.

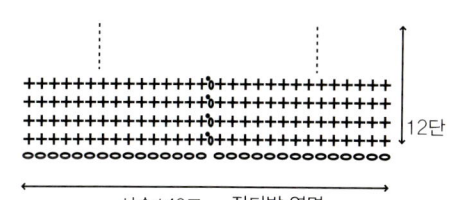

사슬140코　잔디밭 옆면

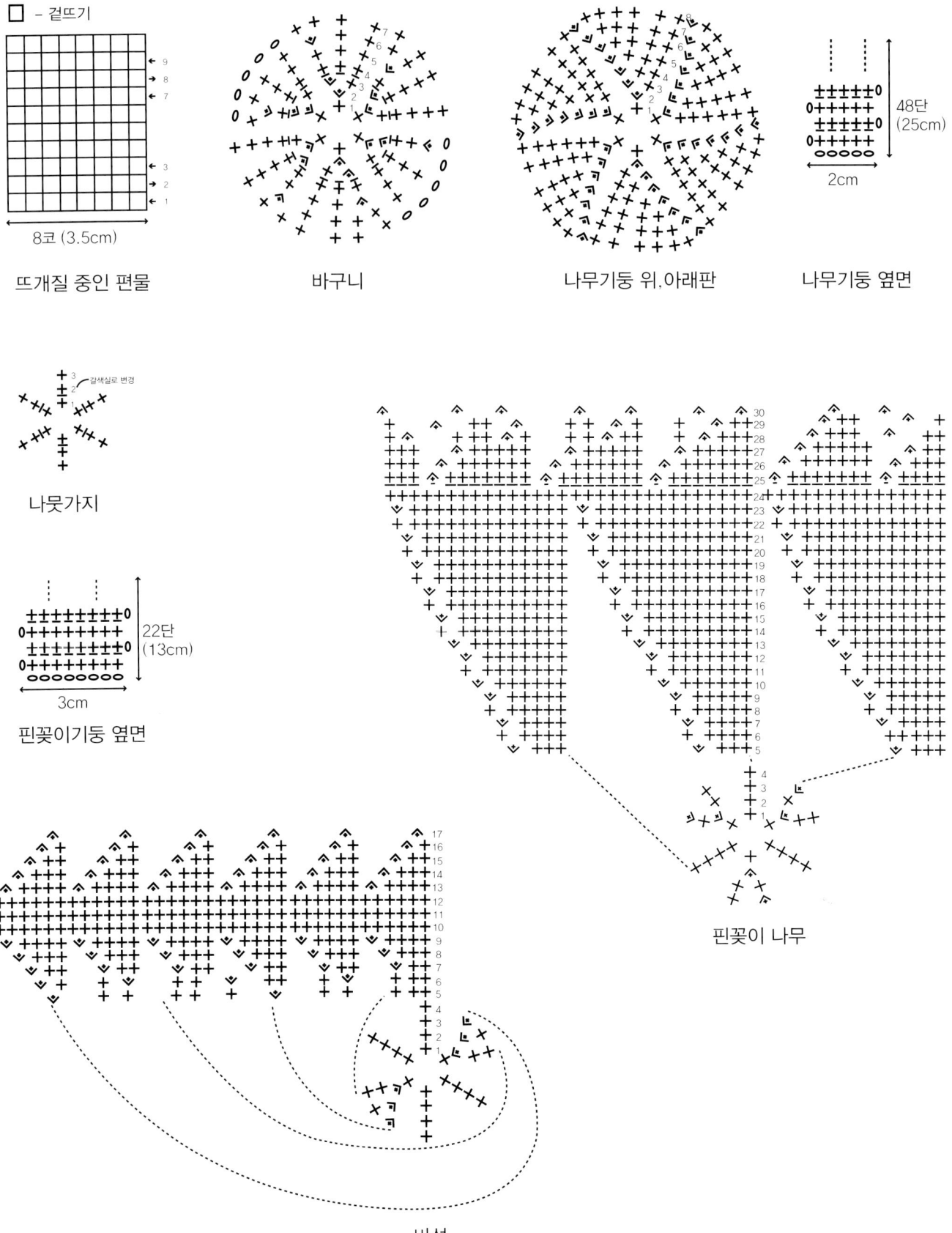

금상

헥사곤 여름 이불

김지은 엘리시벳

사용실과 사용량: 타조 20수(아이보리색 6볼, 진한색 30볼)
사용 도구: 모사용 코바늘 5/0호
사이즈: 가로 146cm, 세로 200cm
난이도: ★ ☆ ☆ ☆ ☆ 작품사진: 12쪽

만들기

1. 모사용 코바늘 5호로 타조실 색상별로 큰 헥사곤(헥사곤 7개)을 50개 뜬다.
2. 아이보리 색상으로 헥사곤을 49개 뜬다.
3. A, B 두 장 연결한 것 10개를 색상 다르게 뜬다.
4. A´, B´, C´ 연결한 모양을 색상 다르게 8개 뜬다.
5. C´ 도안만 색상 다르게 4개 뜬다.
6. 큰 헥사곤 7개 중 중앙만 다른 색상으로 연결한다.
7. 큰 헥사곤과 큰 헥사곤 연결 중간에 아이보리 헥사곤을 연결한다.
8. 가장자리를 아이보리 색상으로 도안 참고하여 뜬다.

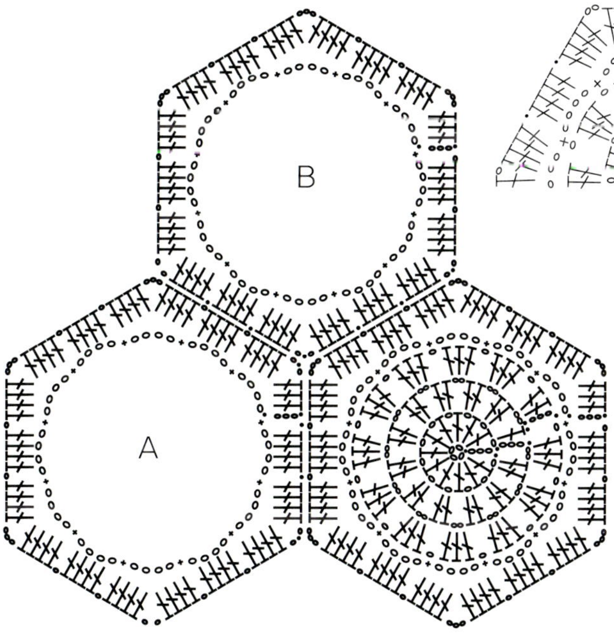

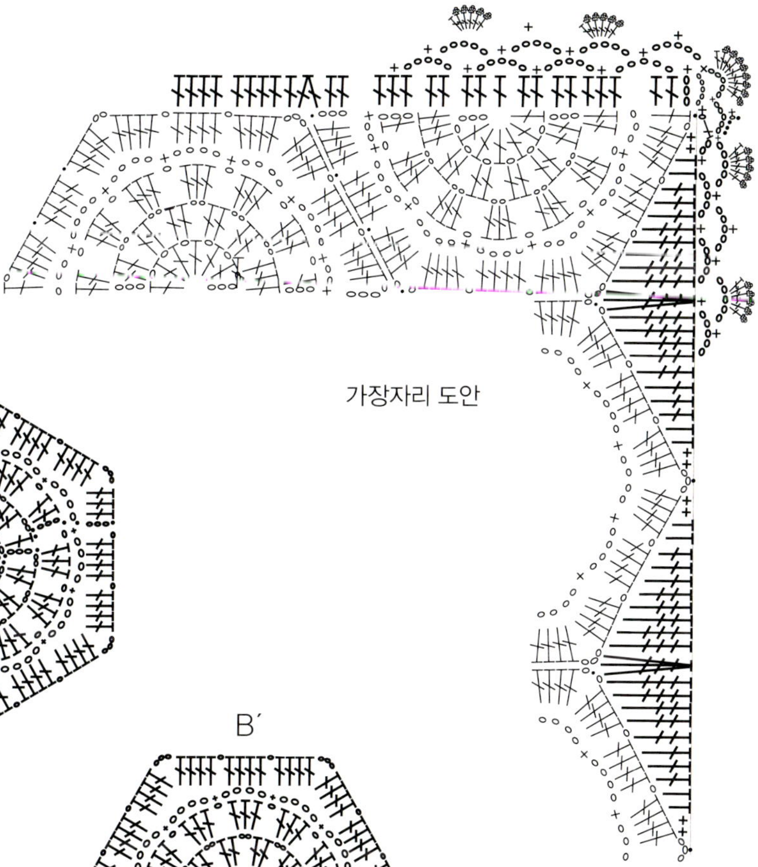

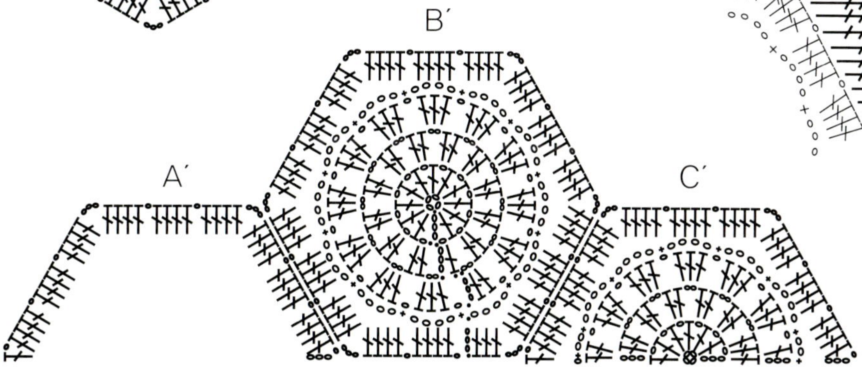

금상

알파카 레아

이 상 미 어쭈구리

사용실과 사용량: 빈센트 3p 바이올렛, 빈센트 베이비 캇텔 흰색, 네코 흰색, 네코 검정, 포엠스 마라톤 955 **사용 도구:** 대바늘 2.5mm **부자재:** 솜 **사이즈:** 세로 29cm

난이도: ★ ★ ★ ☆ ☆ **작품사진:** 13쪽

*수면사로 뜰 때에는 코와 단을 세는 게 쉽지 않으므로 부분별로 조각을 뜰 때 쉬지 말고 한 번에 뜨는 것이 좋습니다.

이마

1. 2.5mm 대바늘, 빈센트 베이비 캇텔 2겹으로 16코 만든다.
2. 2코 모아뜨기, 겉 12, 2코 모아뜨기 (14코)
3. 안뜨기 1단
4. [2번, 3번] 2회 (10코)
5. 1코 늘리기, 겉 8, 1코 늘리기 (12코)
6. 안뜨기 1단
7. [5번, 6번] 2회 (16코), 16코 코막음

이 마

눈

1. 2.5mm 대바늘, 네코 검정실로 7코 만든다.
2. 실을 끊어 코에 통과시킨 후 잡아당겨 마무리한다.

주둥이

1. 2.5mm 대바늘, 네코 흰색으로 10코 만든다.
2. 안뜨기로 [1코 늘리기, 안 3, 1코 늘리기] 2회 (14코)
3. 메리야스뜨기 2단
4. 겉 1, 1코 늘리기, 겉 2, 1코 늘리기, 겉 4, 1코 늘리기, 겉 2, 1코 늘리기, 겉 1 (18코)
5. 메리야스뜨기 3단
6. 겉 1, 1코 늘리기, [겉 4, 1코 늘리기] 3회, 겉 1 (22코)
7. 메리야스뜨기 1단, 22코 코막음

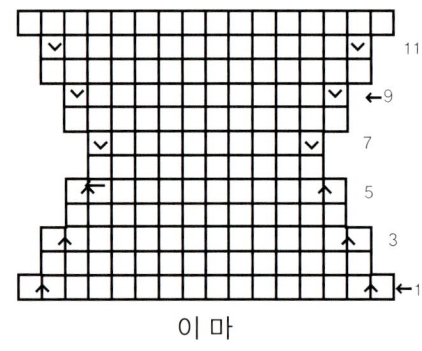

주 둥 이

귀 안쪽(2개)

1. 2.5mm 대바늘, 네코 흰색으로 8코 만든다.
2. 겉뜨기부터 메리야스 12단을 뜬다.
3. 겉 1, 2코 모아뜨기, 겉 2, 2코 모아뜨기, 겉 1 (6코)
4. 메리야스뜨기 3단
5. 겉 1, [2코 모아뜨기] 2회, 겉 1 (4코)
6. 안 1, 안 2코 모아뜨기, 안 1 (3코), 3코 코막음

귀 바깥쪽(2개)

1. 2.5mm 대바늘, 빈센트 베이비 캇텔 2겹으로 10코 만든다.
2. 겉뜨기부터 메리야스 8단을 뜬다.
3. 겉 1, 2코 모아뜨기, 겉 4, 2코 모아뜨기, 겉 1 (8코)
4. 안뜨기 1단
5. [3번, 4번] 1회 (6코)
6. 겉 1, [2코 모아뜨기] 2회, 겉 1 (4코)
7. 안 1, [안 2코 모아뜨기] 2회, 안 1 (3코), 3코 코막음

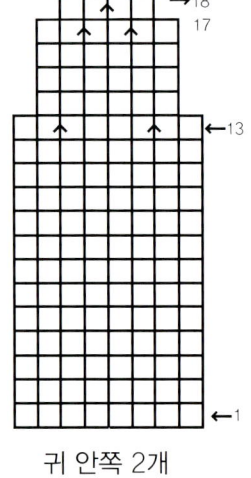 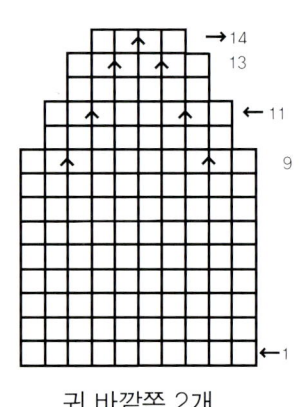

귀 안쪽 2개   귀 바깥쪽 2개

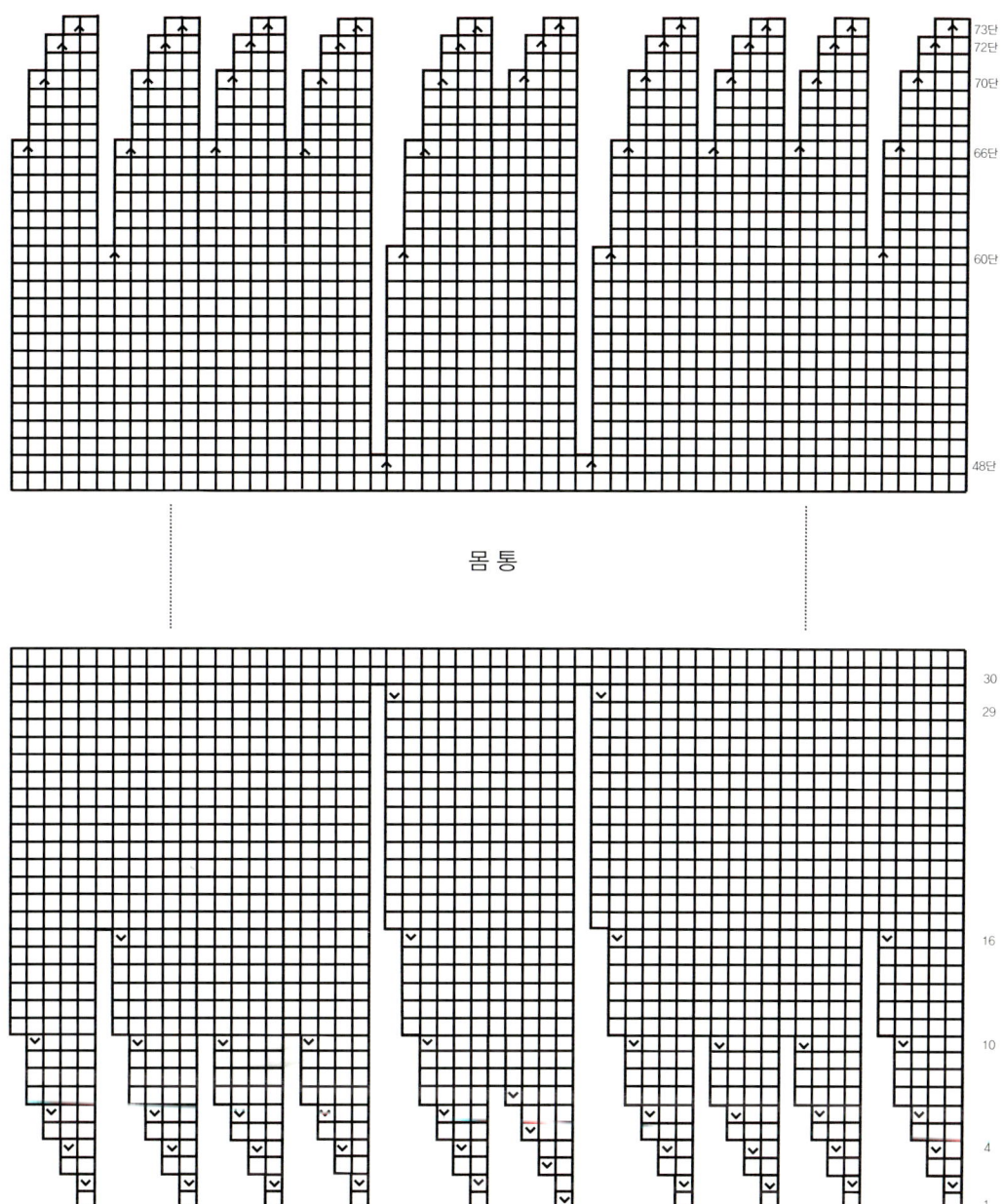

몸통

1. 몸통 앞 부분에서 시작, 대바늘 2.5mm, 빈센트 베이비 칵텔 흰색을 2겹으로 10코 만든다.
2. 안뜨기 1단
3. 겉뜨기 하면서 (1코 늘리기) 10회, 20코로 늘린다.
4. 안뜨기 1단
5. [겉 1, 1코 늘리기] 10회 (30코)
6. 메리야스뜨기 3단
7. [겉 2, 1코 늘리기] 10회 (40코)
8. 안뜨기 1단
9. [겉 3, 1코 늘리기] 10회 (50코)
10. 메리야스 5단
11. 겉 5, 1코 늘리기, 겉 13, 1코 늘리기, 겉 10, 1코 늘리기, 겉 13, 1코 늘리기, 겉 5 (54코)
12. 메리야스뜨기 13단
13. 겉 2, 1코 늘리기, 겉 10, 1코 늘리기, 겉 21 (56코)
14. 메리야스뜨기 17단
15. 겉 2, 2코 모아뜨기, 겉 10, 2코 모아뜨기, 겉 21 (54코)
16. 메리야스뜨기 11단
17. 겉 5, 2코 모아뜨기, 겉 13, 2코 모아뜨기, 겉 10, 2코 모아뜨기, 겉 13, 2코 모아뜨기, 겉 5 (50코)
18. 메리야스 5단
19. [겉 3, 2코 모아뜨기] 10회 (40코)
20. 메리야스뜨기 3단
21. [겉 2, 2코 모아뜨기] 10회 (30코)
22. 안뜨기 1단
23. [겉 1, 2코 모아뜨기] 10회 (20코)
24. [2코 모아뜨기] 10회 (10코)
25. 실을 길게 남긴 상태로 끊어서 돗바늘을 이용해 남아있는 10코에 통과시킨 후 잡아당겨 몸통 뒷부분을 마무리한다.

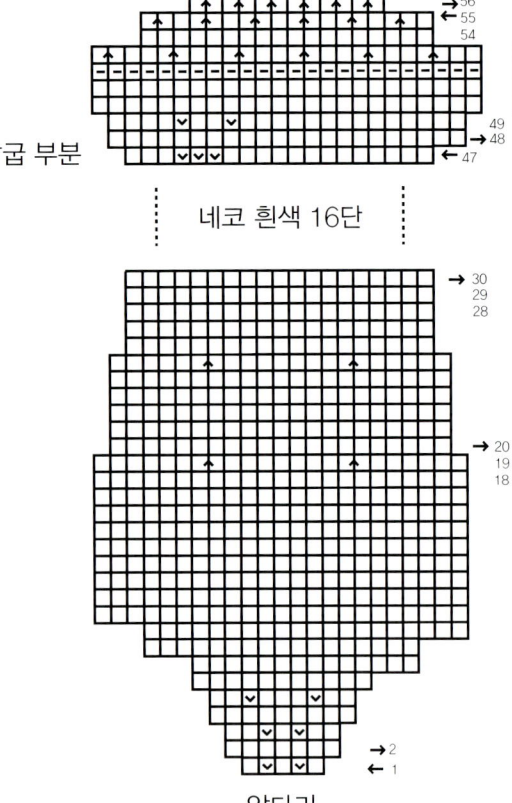

발굽 부분

네코 흰색 16단

반대편 발굽 부분

앞다리

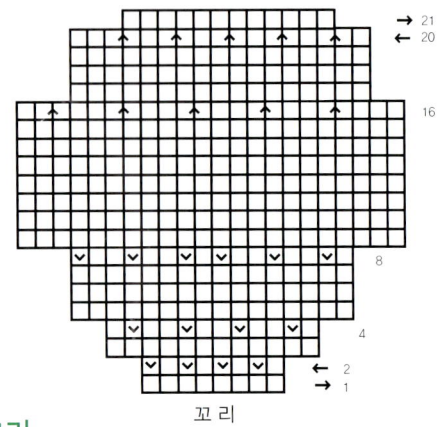

꼬리

앞다리(2개)

1. 2.5mm 대바늘, 빈센트 베이비 칵텔 2겹으로 5코 만든다.
2. [겉 1, 1코 늘리기] 2회, 겉 1 (7코)
3. 안뜨기 1단
4. 겉 2, 1코 늘리기, 겉 1, 1코 늘리기, 겉 2 (9코)
5. 안뜨기 1단
6. 겉 2, 1코 늘리기, 겉 3, 1코 늘리기, 겉 2 (11코)
7. 안뜨기 1단
8. [겉뜨기 시작에서 감아코 3코 만들기, 안뜨기 시작에서 감아코 3코 만들기] 2회 (23코)
9. 메리야스 8단
10. 겉 6, 2코 모아뜨기, 겉 7, 2코 모아뜨기, 겉 6 (21코)
11. 메리야스 5단
12. 겉 5, 2코 모아뜨기, 겉 7, 2코 모아뜨기, 겉 5 (19코)
13. 메리야스 5단
14. 네코 흰색 실로 바꿔서 메리야스 16단

발굽 부분

1. 겉 13, [1코 늘리기] 3회, 겉 3 (22코)
2. 안뜨기 1단
3. 겉 14, [1코 늘리기, 겉 2] 2회, 겉 2 (24코)
4. 안뜨기 1단
5. 네코 블랙 실로 바꿔서 겉뜨기 2단
6. [겉 2, 2코 모아뜨기] 6회 (18코)
7. 안뜨기 1단
8. [겉 1, 2코 모아뜨기] 6회 (12코)
9. [안 2코 모아뜨기] 6회 (6코)
10. 실을 끊어 코를 통과시켜 잡아당긴 후 마무리한다.
11. 반대편 다리 만들 때 발굽부분이 대칭이 되도록 진행(반대편 발굽 부분 참조)

반대편 발굽 부분

1. 겉 3, [1코 늘리기] 3회, 겉 13 (22코)
2. 안뜨기 1단
3. 겉 4, 1코 늘리기, 겉 2, 1코 늘리기, 겉14 (24코)
4. 안뜨기 1단

꼬리

1. 2.5mm 대바늘, 빈센트 베이비 칵텔 2겹으로 8코 만든다.
2. 안뜨기 1단
3. [겉 1, 1코 늘리기] 4회 (12코)
4. 안뜨기 1단
5. 겉 1, [1코 늘리기, 겉 2] 3회, 1코 늘리기, 겉 1 (16코)
6. 메리야스 3단
7. {겉 1, [1코 늘리기, 겉 2] 2회, 1코 늘리기} 2회 (22코)
8. 메리야스 7단
9. 겉 3, [2코 모아뜨기, 겉 2] 5회, 겉 1 (17코)
10. 메리야스 3단
11. [겉 1, 2코 모아뜨기] 5회, 겉 2 (12코)
12. 실을 끊어 코를 통과시켜 잡아당긴 후 마무리한다.

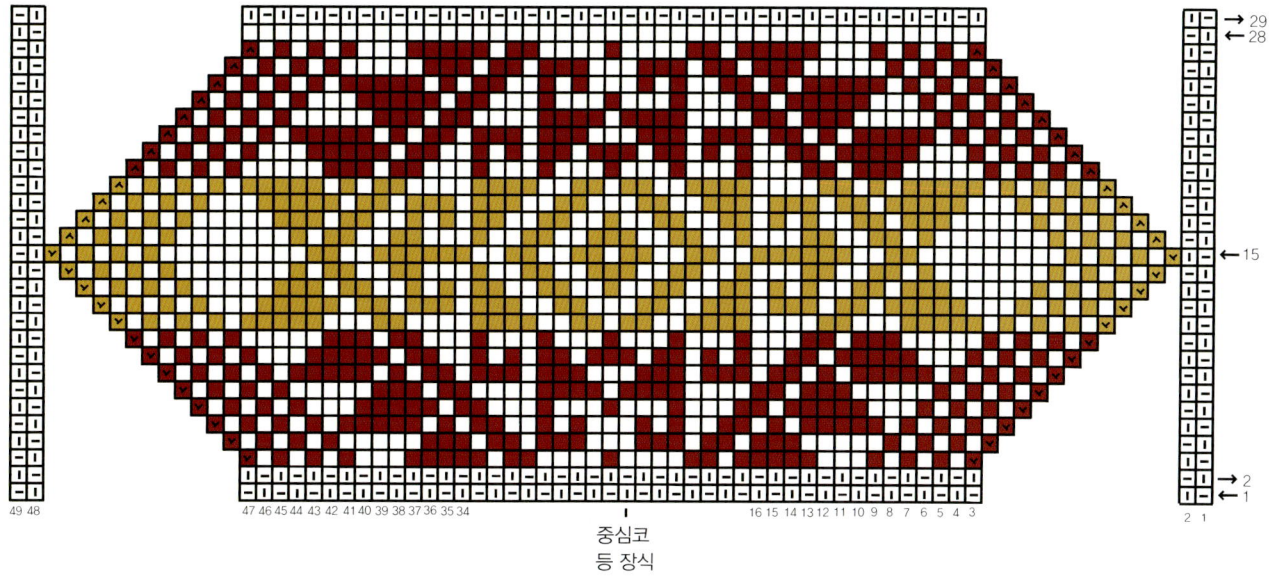

등 장식 만들기

1. 2.5mm 대바늘, 빈센트 3p를 이용해 49코를 만든다.
2. [(겉 1, 안 1) 24회, 겉 1] 2단
3. 바탕색 실은 빈센트 3p, 배색실은 마라톤실을 사용한다.
4. 도안 참고하여 늘렸다 줄이면서 배색한다.
5. 안뜨기 1단
6. [겉 1, 안 1] 24회, 겉 1
7. 멍석뜨기를 유지하면서 코막음한다.

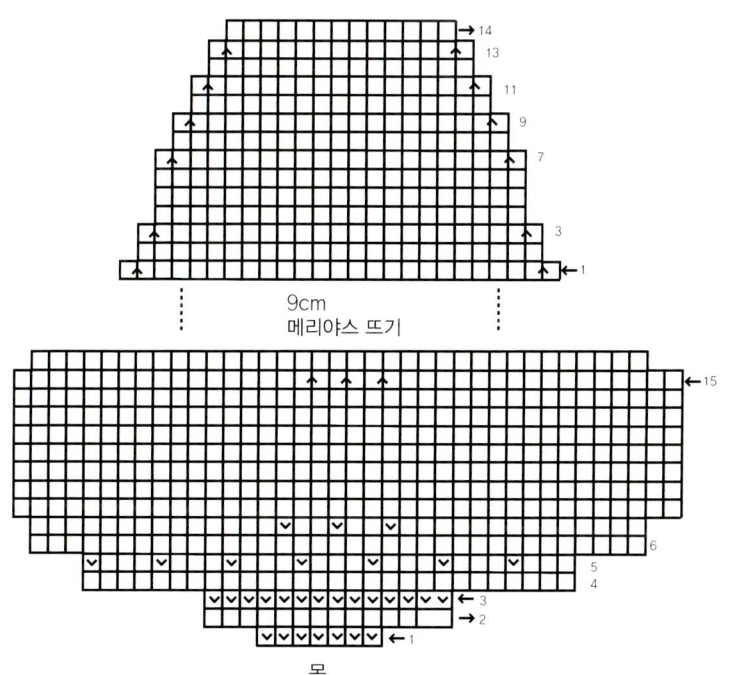

목

1. 2.5mm 대바늘, 빈센트 베이비 칵텔 2겹으로 7코 만든다.
2. [1코 늘리기] 7회 (14코)
3. 안뜨기 1단
4. [1코 늘리기] 14회 (28코)
5. 안뜨기 1단
6. [겉 3코, 1코 늘리기] 7회 (35코)
7. 안뜨기 1단
8. 겉 14, 1코 늘리기 [겉 2, 1코 늘리기] 2회, 겉 14코 (38코)
9. 메리야스 11단(목 부분의 총 길이가 9cm가 되도록 한다.)
10. 겉 16, [2코 모아뜨기] 3회, 겉 16 (35코)
11. 겉뜨기에서 5코막음, 안뜨기에 5코막음한다(25코).
12. 목부분 길이가 9cm 될 때까지 메리야스뜨기한다.
13. 2코 모아뜨기, 겉 21, 2코 모아뜨기 (23코)
14. 안뜨기 1단
15. [13번, 14번] 5회 (13코), 13코 코막음

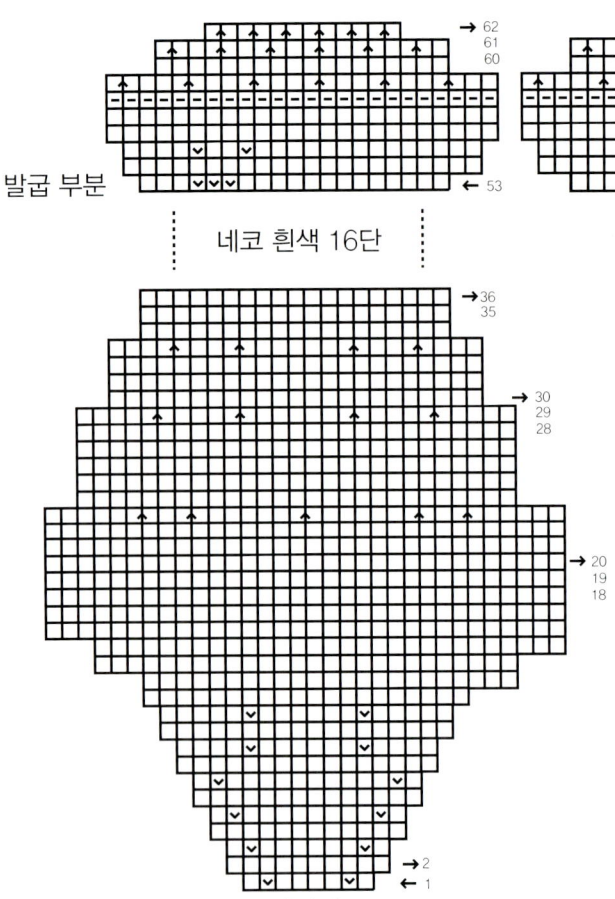

뒷다리(2개)

1. 2.5mm 대바늘, 빈센트 베이비 칵텔 2겹으로 8코 만든다.
2. 겉 1, 1코 늘리기, 겉 4, 1코 늘리기, 겉 1 (10코)
3. 안뜨기 1단
4. [2번, 3번] 3회 (16코)
5. 겉 4, 1코 늘리기, 겉 6, 1코 늘리기, 겉 4 (18코)
6. 안뜨기 1단
7. 겉 5, 코 늘리기, 겉 6, 1코 늘리기, 겉 5 (20코)
8. 안뜨기 1단
9. [겉뜨기 시작에서 감아코 3코 만들기, 안뜨기 시작에서 감아코 3코 만들기] 2회 (32코)
10. 메리야스 6단
11. 겉 5, 2코 모아뜨기, 겉 1, [2코 모아뜨기, 겉 5] 2회, 2코 모아뜨기, 겉 1, 2코 모아뜨기, 겉 5 (27코)
12. 메리야스 5단
13. 겉 4, 2코 모아뜨기, 겉 3, 2코 모아뜨기, 겉 5, 2코 모아뜨기, 겉 3, 2코 모아뜨기, 겉 4 (23코)
14. 메리야스 3단
15. 겉 3, 2코 모아뜨기, 겉 2, 2코 모아뜨기, 겉 5, 2코 모아뜨기, 겉 2, 2코 모아뜨기, 겉 3 (19코)
16. 메리야스 3단
17. 앞다리의 14번부터 시작해 발굽부분까지 동일하게 떠 발바닥 부분에서 마무리한다.

*발굽 부분이 대칭이 되도록 주의한다.

폼폼 장식

1. 빈센트 3p와 마라톤실을 50cm 길이로 자르고 꼬아 끈을 만든다.
2. 빈센트 3p와 마라톤실을 합사해서 3cm 너비의 종이에 35회 이상 감아 폼폼 장식을 2개 만든다.

마무리

1. 몸통 뒷부분부터 몸통 앞쪽으로 창구멍 3cm를 남기고 솔기를 이어 둥글게 만든다. 몸통에 솜을 단단히 넣은 후, 창구멍을 막는다. 목은 정수리에서부터 솔기를 이어 원통형을 만든다. 몸통과 연결될 목 아랫부분을 이용해 솜을 목 길이의 2/3 정도만 채우도록 단단하게 채워 넣은 후, 남겨 놓은 솔기를 막는다. 주둥이는 코부분부터 솔기를 이어 고깔 모양을 만든다. 솜을 채운 후, 정수리 아래에 코줄임 했던 부분에 주둥이 코막음단의 중심을 맞춰 얼굴에 연결한다. 이마 부분의 옆 솔기(코를 줄이고 늘렸던 부분)를 잇는다. 솜을 채워 넣은 후, 솔기를 따라 정수리 부분에 연결한다. 귀 안쪽과 바깥쪽의 안면을 마주보게 해서 솔기를 잇는다. (2개)
2. 귀 아랫부분을 반으로 접어 이마 옆에 연결한다. 눈의 모양을 타원형으로 잡은 후, 눈 중앙 부분에 흰색실과 돗바늘을 이용해 스티치를 1개씩 만든다. 눈을 주둥이 옆 이마 아랫부분에 연결하고 검정색 실을 이용해 코와 입을 만든다. 다리는 각각 발바닥부터 솔기를 이어서 솜을 단단하게 채운다.
3. 앞다리는 몸통 배쪽 연결 시접에서 1cm 정도 떨어진 부분에 다리 연결부분 시접을 맞춘 후, 앞부분 코가 시작된 부분을 기준으로 5cm 정도 떨어진 부분에 위치할 수 있도록 한 다음, 발쪽 코늘림 부분이 앞으로 오게 해서 연결한다. 대칭이 되도록 나머지 한쪽 앞다리를 꿰메 붙인다.
뒷다리는 앞다리와 2.5cm 정도, 뒷다리끼리 2cm의 간격이 유지되도록 연결하되, 발쪽 코늘림 부분이 앞으로 오게 한다.
4. 꼬리의 솔기를 연결한 후 솜을 넣어 몸통 뒷부분에 연결한다.

금 상

꽃밭 매트와 풀밭 매트

오성숙 빙글이

사용실과 사용량: 24합 순면 콘사 진핑크 1.2kg, 핑크나염 1kg, 무색 500g
사용 도구: 모사용 코바늘 7/0호 **사이즈**: 지름 160cm
난이도: ★ ★ ★ ☆ ☆ **작품사진**: 14쪽

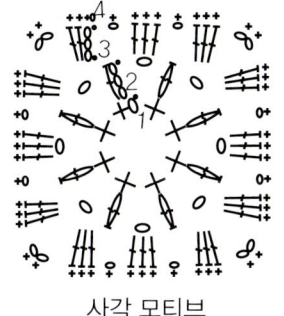

사각 모티브

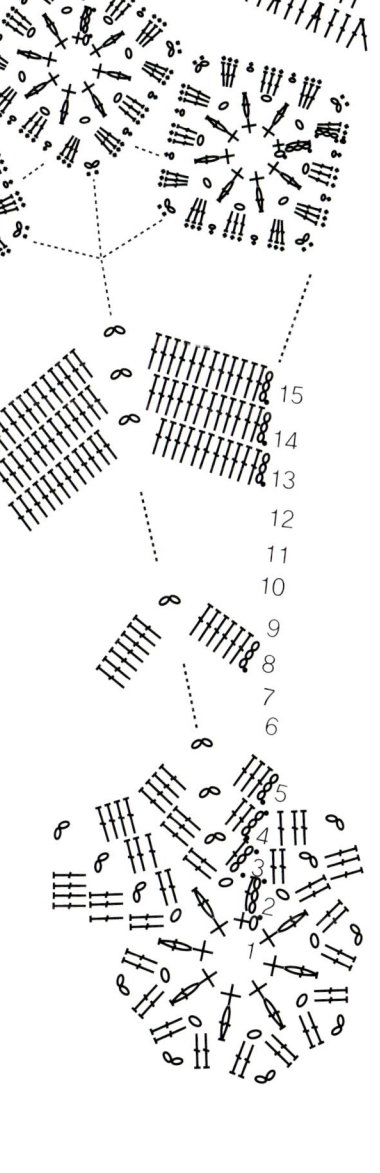

별 모양 만들기

1. 나염색 실로 매직서클로 원을 만들어 짧은뜨기 8개, 빼뜨기한다.
2. 사슬 3개, 한길긴뜨기, [사슬 1개, 한길긴뜨기 2개 모아뜨기] 7세트 사슬 하나, 빼뜨기
3. 흰색 실로 2단 사슬에 사슬 3개, 한길긴뜨기, 사슬 2개, 한길긴뜨기 2개, 다음 사슬에 [한길긴뜨기 2개, 사슬 2개, 한길긴뜨기 2개] 7세트, 빼뜨기
4. 분홍색 실로 3단 사슬 2개 전 한길긴뜨기에서 사슬 3개, 3단 사슬에 한길긴뜨기 2개, 사슬 2개, 한길긴뜨기 2개, 다음 코에 한길긴뜨기, [3번째코에 한길긴뜨기, 3단 사슬에 한길긴뜨기 2개, 사슬 2개, 한길긴뜨기 2개, 다음 코에 한길긴뜨기] 7세트, 빼뜨기, 다음 코에 빼뜨기
5. 8단까지 도안 참고하여 분홍색으로 뜬다.
6. 나염색 실로 9~13단까지 도안 참고하여 뜬다.
7. 핑크색 실로 14단, 15단 도안 참고하여 뜬다.

사각 모티브와 별 모양에 연결하기

1. 사각 모티브를 색상 바꿔가며 도안 참고하여 뜬다.
2. 사각 모티브 24장을 3단 흰색까지 뜨고 4단째 분홍색으로 짧은뜨기 하면서 별 모양 뜨개에 연결하며 뜬다.
3. 별 모양 15단 한 변에 사각 모티브 2개 연결하고 꼭지점에 사각 모티브를 마름모꼴로 세워 연결한다(2장씩 연결한 것-16장, 마름모꼴 연결-8장).

사각 모티브 만들기

1. 나염색 실로 매직서클에 짧은뜨기 8개, 빼뜨기한다.
2. 사슬 3개, 한길긴뜨기 1개, [사슬 1, 한길긴뜨기 두 코 모아뜨기] 7회, 사슬 1, 빼뜨기한다.
3. 흰색으로 바꿔서 도안 참고하여 뜬다.
4. 분홍색으로 바꿔서 짧은뜨기로 테두리 마무리한다.

사각 모티브와 별 모양에 연결하기

1. 사각 모티브를 색상 바꿔가며 도안 참고하여 뜬다.
2. 사각 모티브 24장 3단 흰색까지 뜨고 4단 분홍색으로 짧은뜨기하면서 별 모양 뜨개에 연결하며 뜬다.
3. 별 모양 15단 한 변에 사각 모티브 2개 연결하고 꼭지점에 사각 모티브를 마름모꼴로 세워 연결한다.
   (2장씩 연결한 것-16장, 마름모꼴 연결-8장)

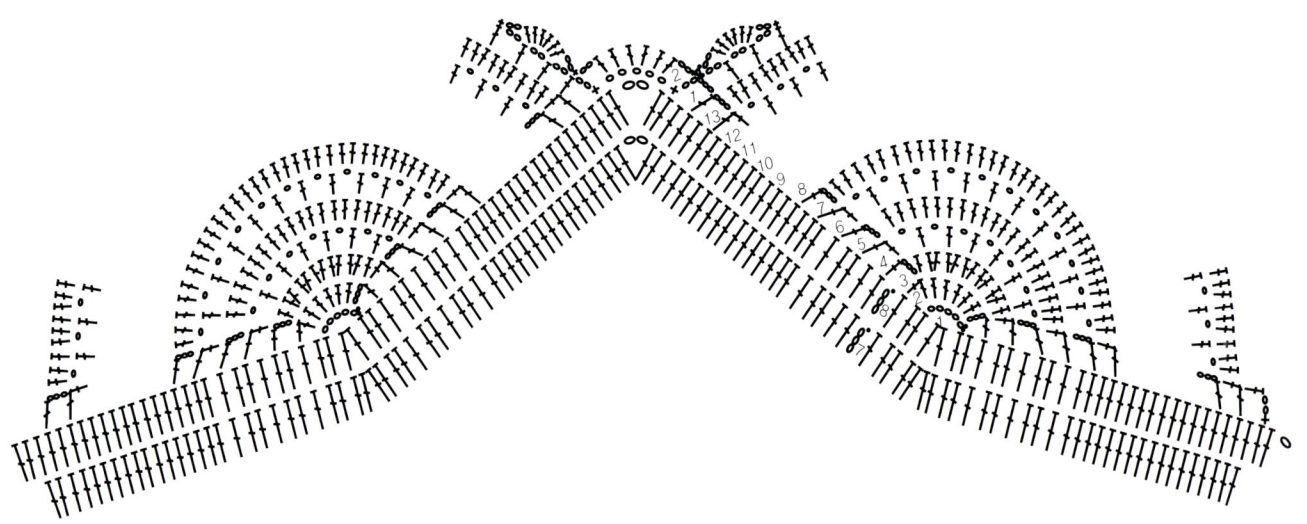

모티브 연결 후 별 모양

1. 핑크색 실로 모티브 짧은뜨기에 한길긴뜨기를 도안 참고하여 뜬다.
2. 2단까지 핑크색으로 뜬다.
3. 나염색 실로 3~7단까지 도안 참고하여 뜬다.
4. 핑크색 실로 8단 도안 참고하여 뜬다.

부채꼴 모양 만들기

1. 핑크색 실로 1~4단 도안 참고하여 뜬다.
2. 흰색 실로 5~7단 도안 참고하여 뜬다.
3. 나염색 실로 8~10단 도안 참고하여 뜬다.
4. 흰색 실로 11~13단 도안 참고하여 뜬다.
5. 1번부터 4번을 8군데 부채꼴 모양을 만들어 준다.

전체 둘레 마무리

1. 나염색 실로 테두리 1단 도안 참고하여 뜬다.
2. 핑크색 실로 테두리 2단 도안 참고하여 뜬다.

금 상

별이 빛나는 밤

남 현 희 세현이만세

사용실과 사용량: 올리브2(70g x 35볼 = 2450g) **사용 도구:** 모사용 코바늘 3/0호
사이즈: 214cm x 130cm **난이도:** ★ ★ ★ ☆ ☆ **작품사진:** 15쪽

만들기

1. 육각형 모티브를 다양한 색깔로 모두 97개 만든다.
2. 삼각형 모티브는 검정색으로 192개 만든다.
3. 잇기 모양 도안 참고하여 짧은뜨기로 안쪽에서 모티브를 연결한다.

육각형 도안

16cm

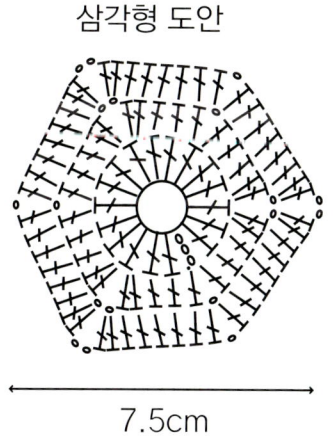

삼각형 도안

7.5cm

전체 테두리 마무리

1. 올리브2실을 10가닥으로 사슬뜨기하여 파이핑용으로 속심을 테두리 길이만큼 만든다.
2. 심지용 사슬을 테두리에 대고 짧은뜨기를 해서 테두리에 두께가 생기게 한다.

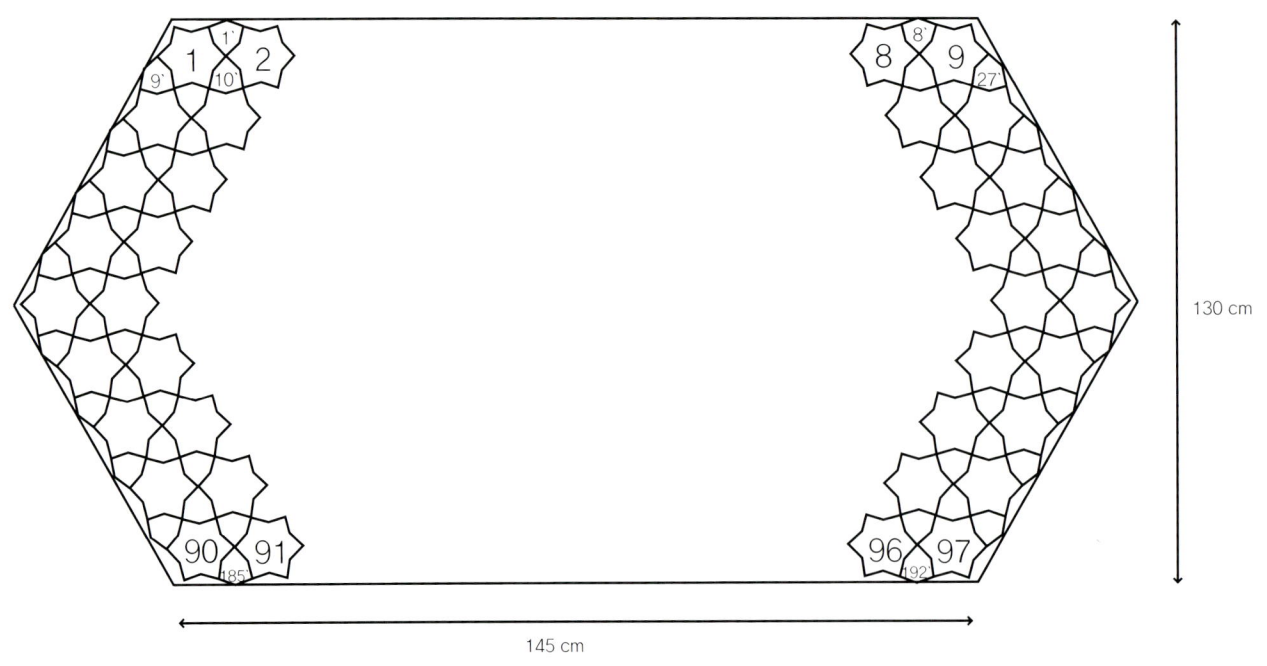

금 상

퍼프 직사각 매트

남 민 영 진주엄마

사용실과 사용량: 18합 콘사 1개, 실크로드 2볼, 미니콘 306, 307 각 1개씩
사용 도구: 모사용 코바늘 3/0호, 2/0호 **사이즈:** 가로 110cm, 세로 50cm
부자재: 솜 **난이도:** ★ ★ ☆ ☆ **작품사진:** 16쪽

사각 모티브 만들기

1. 코바늘 3호로 아이보리색 18합 콘사 사용하여 원형코를 만들어 짧은뜨기를 8코 만든다.
2. 사각 모티브를 13단씩 도안 참고하여 80개 만든다.
3. 미니콘 베이지색 실로 앞뒤 짧은뜨기로 연결(솜 넣어가며)하면서 40개의 모티브를 만든다.
4. 꽃모티브를 배치하여 연결한다.

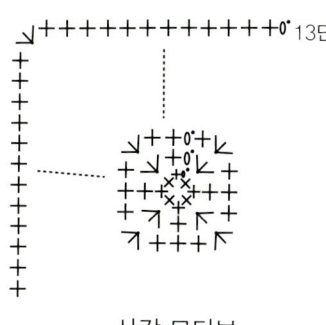

사각 모티브

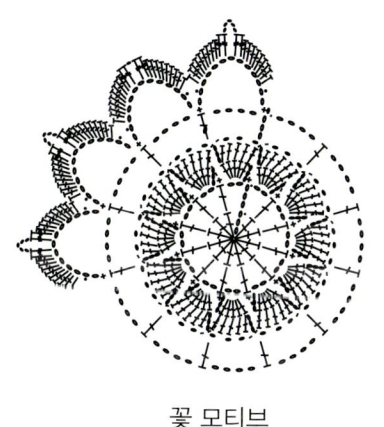

꽃 모티브

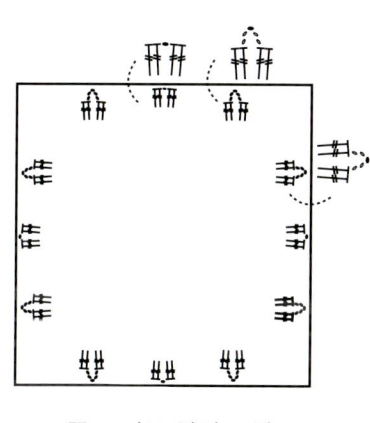

꽃 모티브 연결 도안

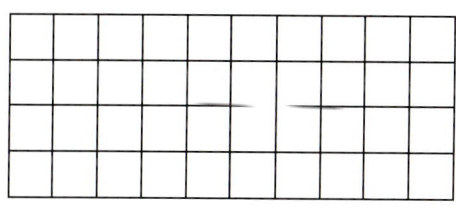

앞 배치도

뒤 배치도

꽃 모티브 만들기

1. 코바늘 2호로 실크로드 사용하여 원형코를 만들어 한길긴뜨기를 12코 만든다.
2. 도안 참고하여 입체꽃을 20장 만든다.
3. 사각 모티브에 꽃 모티브를 뜨면서 고정한다.

마무리

1. 꽃달린 모티브와 사각 모티브를 앞 배치도 참고하여 코바늘로 한 겹씩 잡아서 빼뜨기로 잇는다.
2. 마지막 테두리는 베이지색 실로 3단 뜨고, 갈색으로 2단 뜬다.

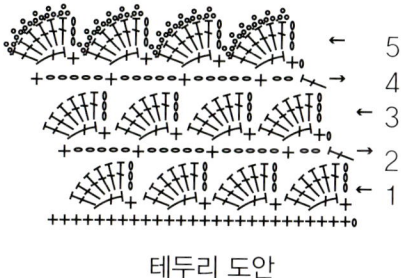

테두리 도안

퍼프 반달 매트

남 민 영 진주엄마

사용실과 사용량: 코스모스(흰색, 노랑, 연핑, 진핑, 연보라, 진보라, 파랑 각 1볼씩)
사용 도구: 모사용 코바늘 3/0호 **사이즈:** 가로 77cm, 세로 40cm **부자재:** 솜
난이도: ★ ☆ ☆ ☆ ☆ **뜨는 법:** 17쪽

A 뜨기

1. 사슬 4코를 원형으로 만든다.
2. 사슬 1코를 세우고 짧은뜨기를 5코 뜬다.
3. 실 색상과 방향 바꿔서 사슬 1코 세우고 첫 코에 짧은뜨기 2코, 둘째 코에 1코, 셋째 코에 3코, 넷째 코에 1코, 다섯째 코에 2코를 뜬다.
4. 첫 코 2코, 한 코씩 3번, 중앙 코에 3코, 한 코씩 3번, 마지막 코에 2코
5. 두 단씩 색상 바꿔가며 늘리기도 함께 진행한다.
6. 총 24단 뜬다.
7. 앞뒤 두 장을 파란색 실로 짧은뜨기하며 두 면을 잇고 솜을 넣은 후 잇는다.

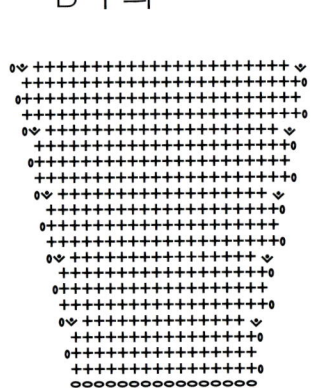

A 무늬

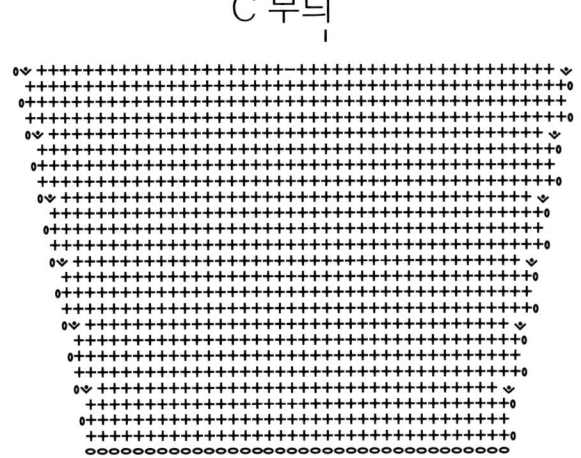

B 무늬   C 무늬

B 뜨기

1. 16코 잡아 짧은뜨기로 뜬다.
2. 4단째마다 양쪽 1코씩만 늘려서 40단을 뜨면 36코가 된다.
3. 색상별로 앞뒤를 12장 뜬 뒤 파란색 실로 연결(짧은뜨기) 번호 순서대로 연결하면서 솜을 넣는다.

C 뜨기

1. 36코 잡아 짧은뜨기로 뜬다.
2. 4단째마다 양쪽 1코씩만 늘려서 48단을 뜨면 60코가 된다.
3. 색상별로 앞뒤를 12장 뜬 뒤 파란색 실로 연결(짧은뜨기) 번호 순서대로 연결하면서 솜을 넣는다.

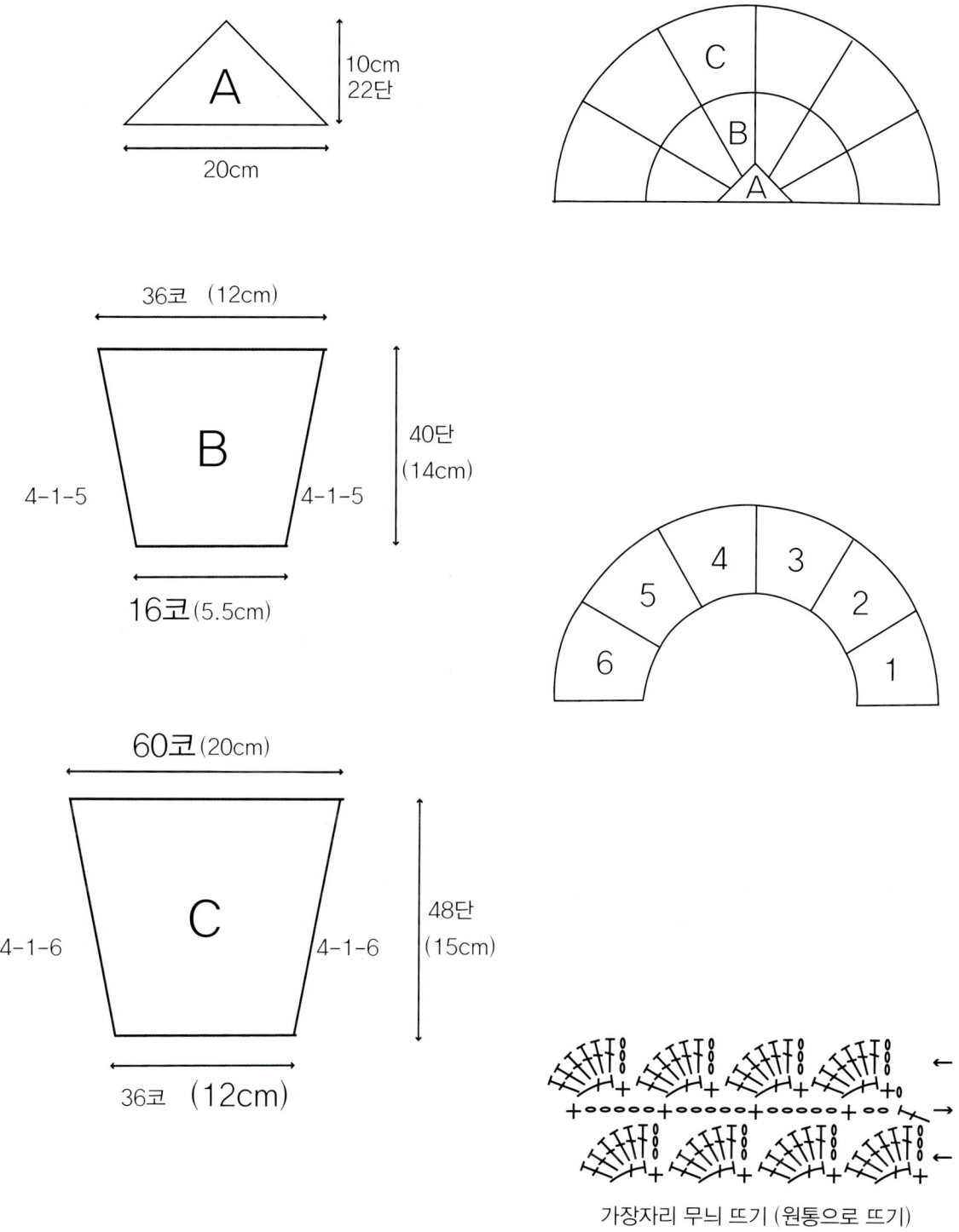

마무리

A-B-C 순서대로 연결 후 가장자리 무늬뜨기로 마무리한다.

금 상

쿠키 앤 크림 러그

남 연 주 꿈꾸는 소년

사용실과 사용량: 뉴 스타킹(크림 화이트 2600g, 블랙 2400g)
사용 도구: 코바늘 10mm **사이즈:** 가로 135cm, 세로 135cm
난이도: ★ ★ ★ ☆ ☆ **작품사진:** 18쪽

만들기

1. 사슬 6코를 잡아서 도안대로 진행한다.
2. 2단에 한 번씩 실을 끌어올려 교차해 색상을 바꿔주면서 39단까지 늘려준다.
3. 2단에 한 번씩 색상이 바뀔 때마다 실을 끊고 39단을 뜨면서 줄여준다.
4. 테두리는 짧은뜨기 2단을 돌려 마무리한다.

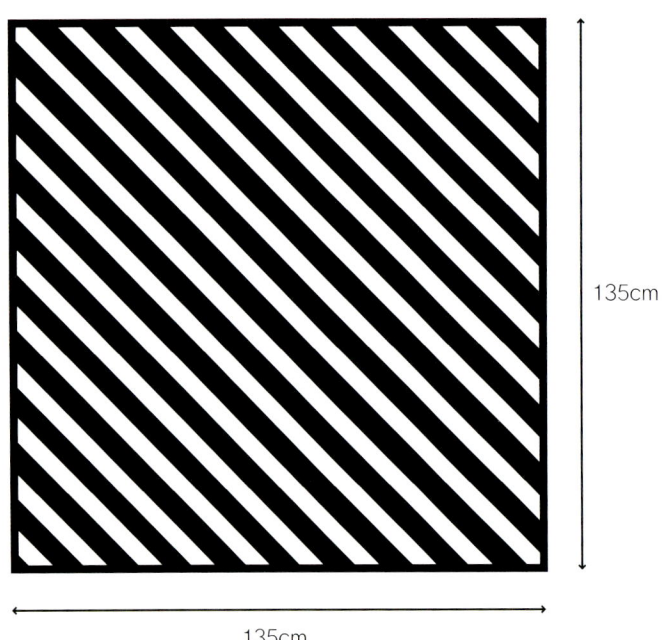

135cm × 135cm

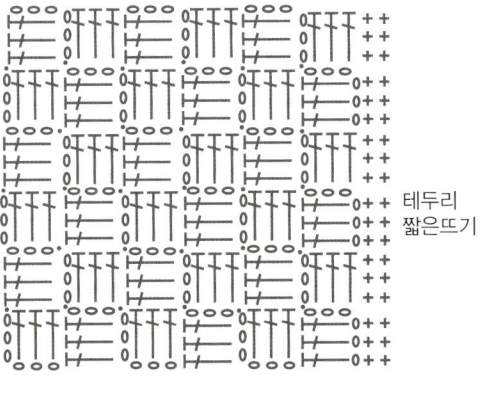

무늬 도안

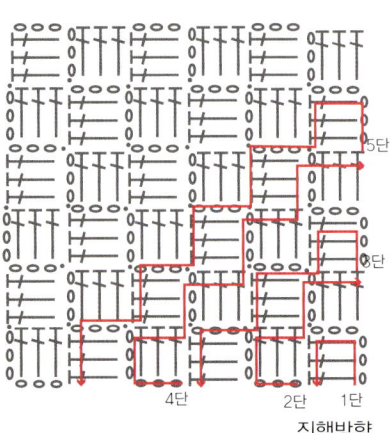

진행방향

금 상

믹스컬러 목걸이

송 주 미

사용실과 사용량: 금속사(6ply)15g **사용 도구:** 대바늘 2mm
부자재: 솜, 에퍼타이트, 페리도트, 자수정 등 원석, 금속 부자재
사이즈: 가로 12cm, 세로 24cm **난이도:** ★ ★ ★ ★ ★ **작품사진:** 19쪽

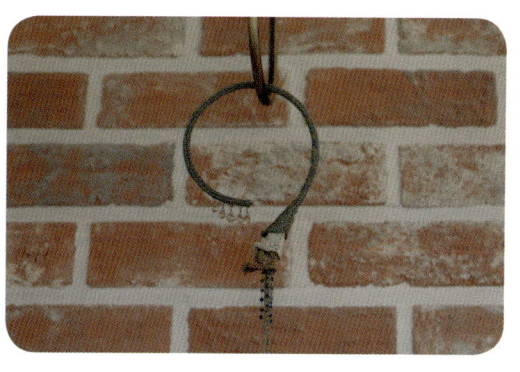

목걸이

대바늘 2mm로 금속사 8코 만들어 메리야스뜨기로 38cm 뜬다.

꽃(중간, 마지막)

1. 겉 1, 2코 모아뜨기, 겉 16, 오른코 늘리기, 왼코 늘리기, 겉 16, 오른코 줄이기, 겉 1
2. 안 1, 안뜨기 2코 모아뜨기, 3코 남을 때까지 안뜨기, 안뜨기 2코 모아뜨기, 안 1
3. 1번, 2번을 8코 남을 때까지 반복하여 32단 뜬다.

꽃(가장 위)

1. 겉 1, 2코 모아뜨기, 겉 16, 오른코 늘리기, 왼코 늘리기, 겉 16, 오른코 줄이기, 겉 1
2. 안 1, 안뜨기 2코 모아뜨기, 3코 남을 때까지 안뜨기, 안뜨기 2코 모아뜨기, 안 1
3. 1번, 2번을 8코 남을 때까지 반복하여 26단 뜬다.

연결하기

1. 목걸이 부분 메리야스 잇기로 시접 바느질하며 3mm 두께의 와이어를 넣어준다.
2. 양쪽 끝을 바느질한다.
3. 와이어의 형태를 잡아준다.
4. 한쪽 끝에 가장 위 꽃부터 달아준다.
5. 꽃을 뒤집어 체인과 은선으로 술처럼 원석(페리도트, 자수정, 에퍼타이트)을 장식한다.
6. 반대편에 그린 아메지스트로 장식한다.

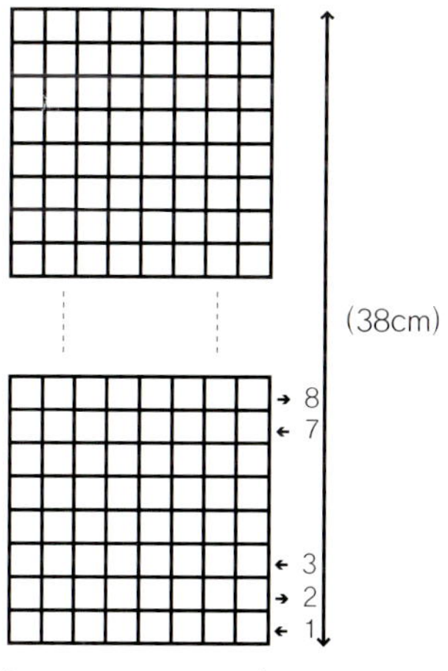

8코 (1.5cm)
목걸이

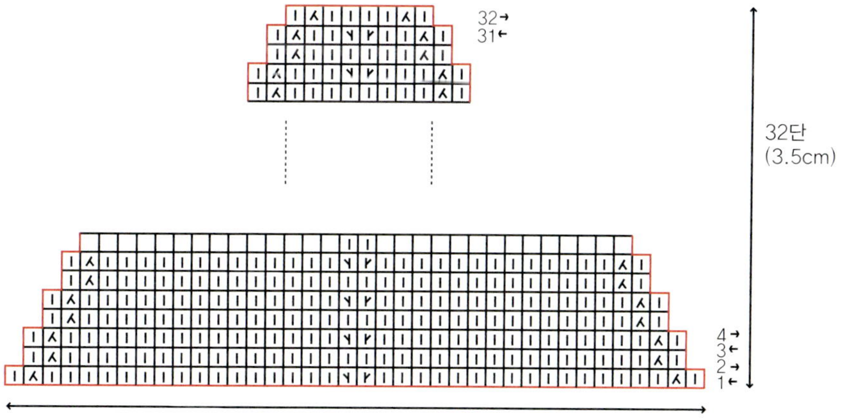

꽃 부분 - 중간, 마지막 꽃 40코 (9cm)

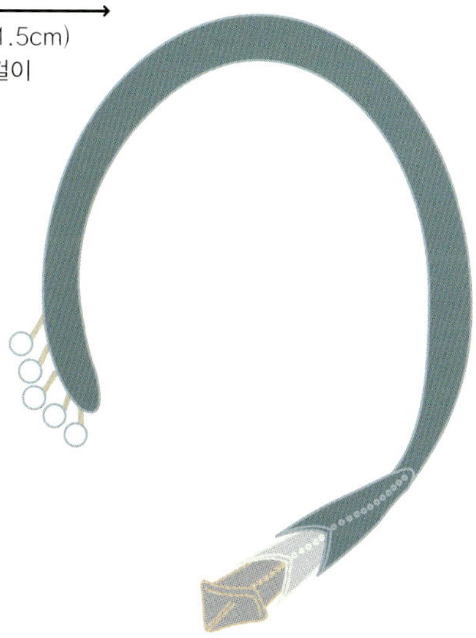

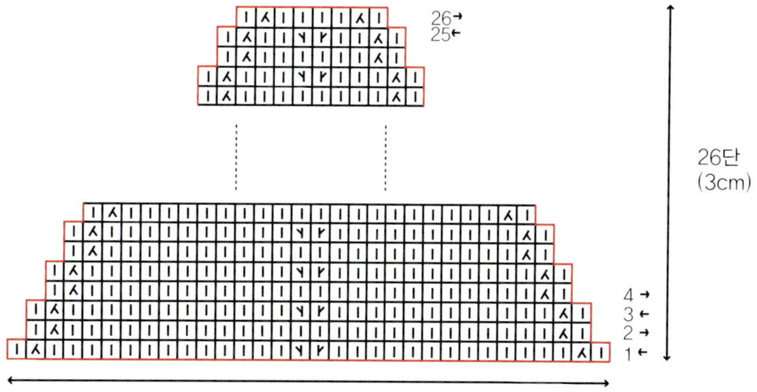

꽃 부분 - 가장 위에 꽃 34코 (8cm)

금 상

블랙 & 옐로우 목걸이

송 주 미

사용실과 사용량: 면사(4ply) 15g **사용 도구:** 대바늘 2mm, 모사용 코바늘 2/0호
부자재: 솜, 호박, 비즈, 시트린, 커넬리언, 비즈실, 금속 부자재
사이즈: 가로 16cm, 세로 22.5cm **난이도:** ★ ★ ★ ☆ ☆ **뜨는 법:** 20쪽

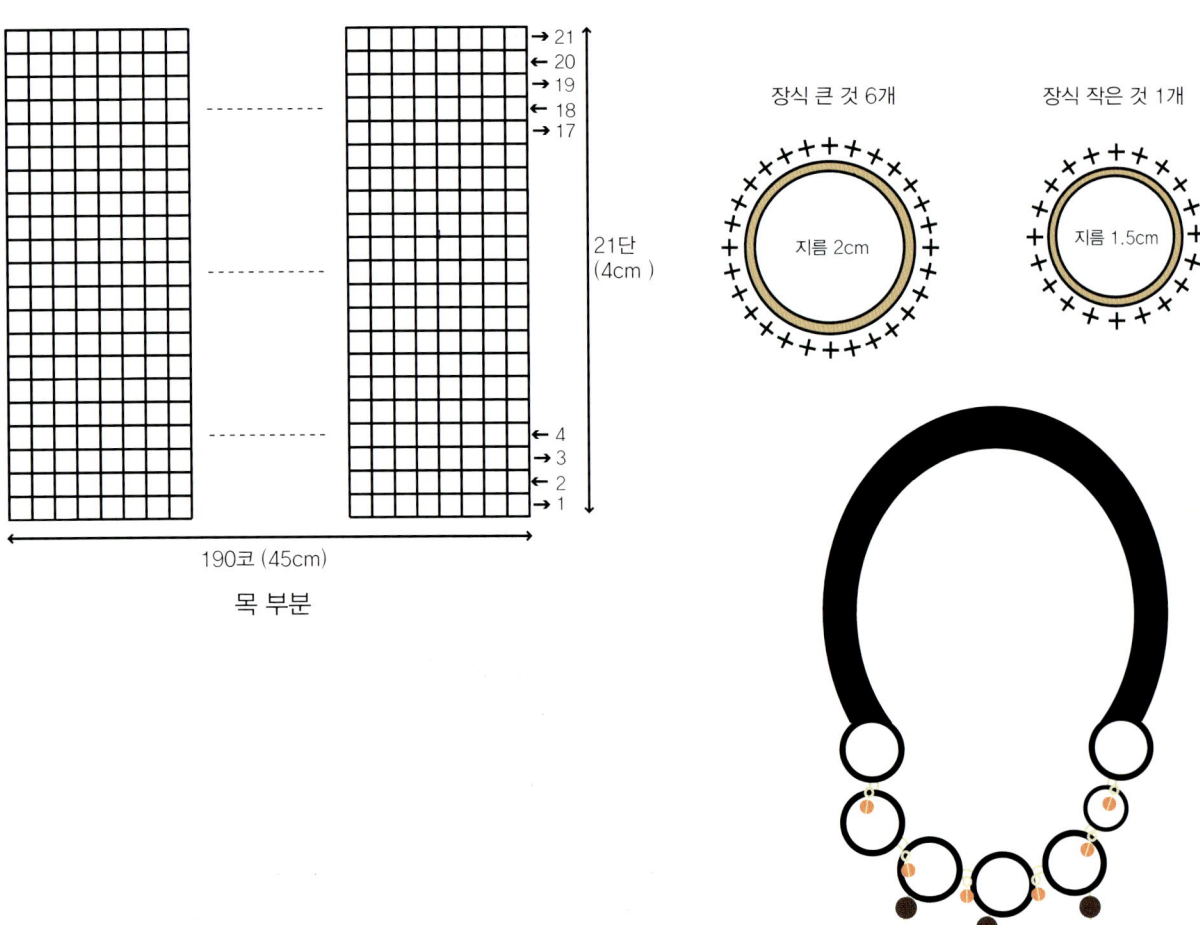

만들기

1. 목 부분 – 2mm 대바늘로 190코 만들어 안뜨기부터 해서 메리야스뜨기 21단. 코막음 한다.
2. 장식 부분 – 코바늘 2호로 큰 링에 짧은뜨기 28코 뜬 후 실을 정리한다.
   코바늘 2호로 작은 링에 짧은뜨기 20코 뜬 후 실을 정리한다.

마무리

1. 목 부분 뜨개를 반으로 접어 솜을 넣어가며 꿰맨다.
2. 장식 부분 고리를 금속 부자재로 연결한다.
3. 목 부분에 비즈와 원석(호박, 옐로우사파이어, 시트린, 커넬리언), 금속 꽃으로 장식한다.
4. 와이어로 목걸이 훅을 만들어 바느질로 고정한다.

금 상

마카롱 강아지집 & 카펫 세트

유 창 희 KDyoo

사용실과 사용량: 히말라야 돌핀 베이비블루 10볼, 소프트 베베
(아이보리 17볼, 하늘색 16볼, 진하늘색 10볼, 코발트 8볼, 희색 3볼)
사용 도구: 모사용 코바늘 5/0호 7/0호, 10/0호
부자재: 스펀지 사이즈: 130cm x 130cm, 50cm x 43cm
난이도: ★ ★ ★ ☆ **작품사진:** 21쪽

메인 쿠션(돌핀 하늘색)

1단 원형코에 짧은뜨기 8코

2단 [짧은뜨기 늘림]×8 16코

3단 [짧은뜨기 1코, 늘림]×8 24코

4단 [짧은뜨기 2코, 늘림]×8 32코

5단 [짧은뜨기 3코, 늘림]×8 40코

6단 [짧은뜨기 4코, 늘림]×8 48코

   (7~22단까지 같은 방법으로 늘려준다)

23단 [짧은뜨기 22코, 늘림]×8 184코

24단 짧은뜨기 184코

25단 뒤걸어 짧은뜨기 184코

26~28단 짧은뜨기 184코

29단 뒤걸어 짧은뜨기 184코

30단 짧은뜨기 184코

31단 소프트베베 흰색으로 [짧은뜨기 22코, 줄임]×8 176코

32단 [짧은뜨기 21코, 줄임]×8 168코

33단 [짧은뜨기 20코, 줄임]×8 160코

   (34~50단까지 같은 방법으로 줄여준다.)

51단 [줄임]×8 8코

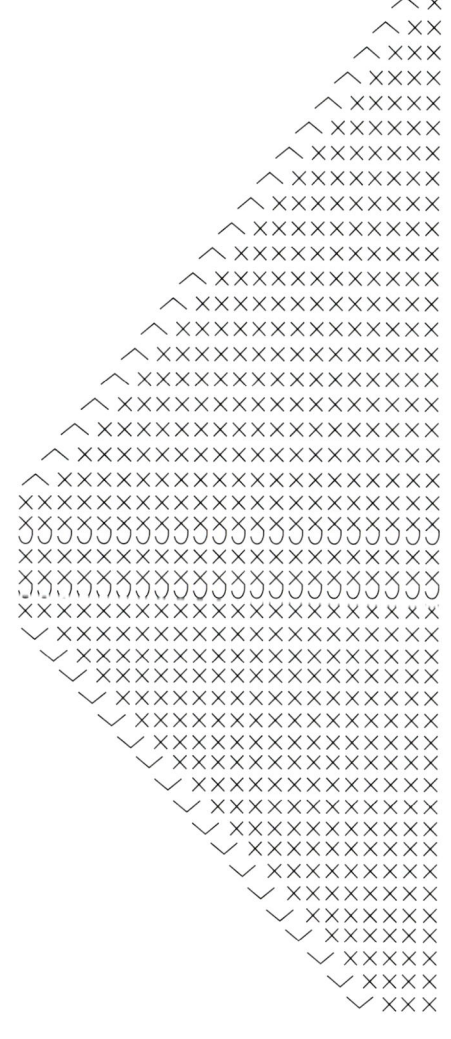

×8

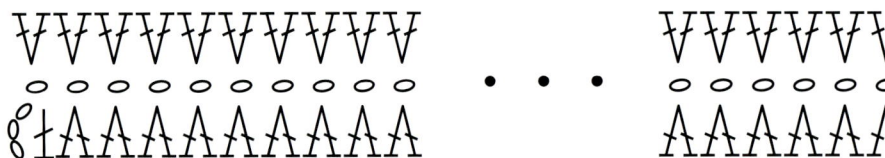

메인 쿠션 레이스 (돌핀 하늘색, 코바늘 7호)

1. 사슬 54코 (60cm)
2. 사슬 75코 (70cm)
3. 바느질로 쿠션에 꿰매 준다.

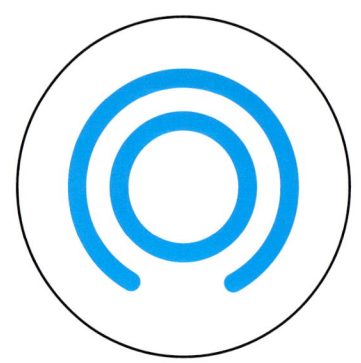

메인 쿠션 겉 레이스
(2개 뜨기, 18p 면사 흰색, 파란색, 코바늘 3호)

1. 사슬 288코
2. 도안을 따라 뜬다.
3. 바느질로 쿠션 가장자리에 파란 레이스를 둘러 주고 2단 안쪽에 흰 레이스를 꿰맨다.

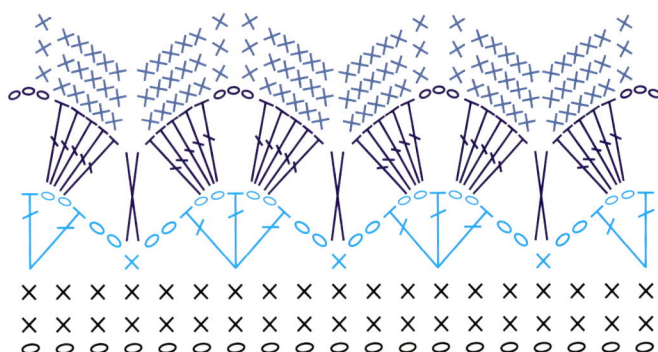

마카롱 만들기 1단
(8개 뜨기, 돌핀 하늘색, 코바늘 7호)

- **1단** 원형코에 짧은뜨기 8코
- **2단** [짧은뜨기 늘림]×8 16코
- **3단** [짧은뜨기 1코, 늘림]×8 24코
- **4단** [짧은뜨기 2코, 늘림]×8 32코
- **5단** 짧은뜨기 32코
- **6단** 뒤로걸어 짧은뜨기 32코
- **7단** 짧은뜨기 32코
- **8단** [짧은뜨기 2코, 줄임]×8 24코
- **9단** 베베 흰색으로 짧은뜨기 24코
- **10단** [짧은뜨기 1코, 늘림]×12 36코
- **11단** 다시 하늘색으로 짧은뜨기 36코
- **12단** 짧은뜨기 36코
- **13단** [짧은뜨기 1코, 줄임]×12 24코
  - 솜을 넣어 주고 쿠션 가장자리에 꿰매 준다.

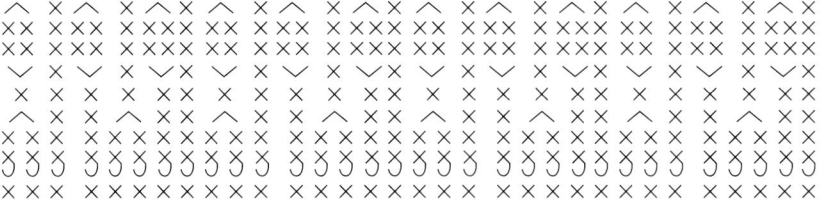

마카롱 만들기 2단
(7개 뜨기, 마카롱실 2겹, 코바늘 7호)

1단 원형코에 짧은뜨기 6코
2단 [짧은뜨기 늘림]×6 12코
3단 [짧은뜨기 1코, 늘림]×6 18코
4단 [짧은뜨기 2코, 늘림]×6 24코
5단 [짧은뜨기 3코, 늘림]×6 30코
6단 짧은뜨기 30코
7단 뒤로걸어 짧은뜨기 30코
8단 [짧은뜨기 3코, 줄임]×8 24코
9단 짧은뜨기 24코
10단 아이보리 색으로 짧은뜨기 24코
11단 [짧은뜨기 1코, 늘림]×12 36코
12단 원래색으로 짧은뜨기 36코
13단 짧은뜨기 36코
14단 [짧은뜨기 1코, 줄임]×12 12코
15단 줄임 12번 12코
16단 줄임 6번 6코
17단 줄임 3번 3코
 -솜을 넣어주고 꿰매 준다.

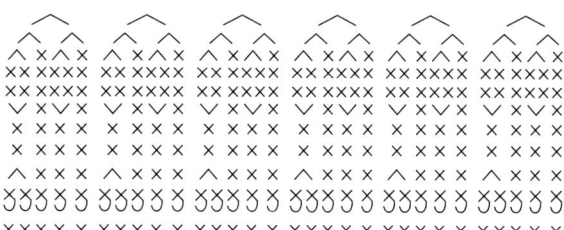

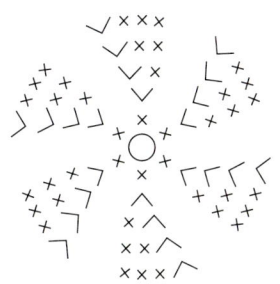

스펀지   두께 2cm   11cm
56cm

지붕 만들기 (마카롱실, 코바늘 5호)

1. 사슬 25코, 짧은뜨기 112단 2장
2. 사슬 25코, 짧은뜨기 7단 2장
3. 사슬 7코, 짧은뜨기 112단 2장
4. 스펀지 모양대로 꿰매 주고 양쪽을 낚시줄로 마카롱에 단단하게 연결한다.

지붕테두리 레이스
(2장 뜨기, 면사 18p 흰색, 코바늘 3호)

1. 사슬 140코, 짧은뜨기 1단
2. 레이스를 뜬다.
3. 지붕테두리에 연결한다.

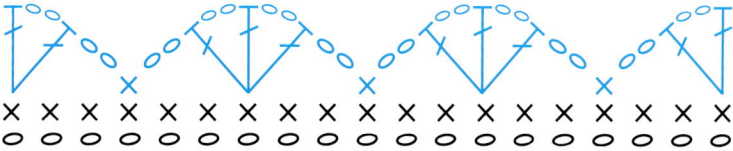

카펫 (마카롱 2겹, 코바늘 10호)

1단 아이보리실로 원형코에 짧은뜨기 8코
2단 [짧은뜨기 늘림]×8 16코
3단 [짧은뜨기 1코, 늘림]×8 24코
4단 [짧은뜨기 2코, 늘림]×8 32코
5단 [짧은뜨기 3코, 늘림]×8 40코
6단 짧은뜨기 40코
7단 [짧은뜨기 4코, 늘림]×8 48코
8단 짧은뜨기 48코
9단 [짧은뜨기 5코, 늘림]×8 56코
10단 짧은뜨기 56코
11단 [짧은뜨기 6코, 늘림]×8 64코
12단 짧은뜨기 64코
13단 [짧은뜨기 7코, 늘림]×8 72코
14단 짧은뜨기 72코
15단 [짧은뜨기 8코, 늘림]×8 80코
16단 [짧은뜨기 9코, 늘림]×8 88코
  (17~27단까지 같은 방법으로 늘려준다.)
28단 짧은뜨기 176코
29단 [짧은뜨기 21코, 늘림]×8 184코
30~31단 짧은뜨기 184코
32단 [짧은뜨기 22코, 늘림]×8 192코
33단 짧은뜨기 192코
34단 [짧은뜨기 23코, 늘림]×8 200코
35단 돌핀 하늘색으로 짧은뜨기 200코
36단 [짧은뜨기 24코, 늘림]×8 208코
37~40단 짧은뜨기 208코
41단 아이보리로 짧은뜨기 208코
42단 [짧은뜨기 25코, 늘림]×8 216코
43단 짧은뜨기 216코
44단 [짧은뜨기 26코, 늘림]×8 224코
45단 [짧은뜨기 27코, 늘림]×8 232코
46~47단 돌핀 하늘색으로 짧은뜨기 232코
48단 [짧은뜨기 28코, 늘림]×8 240코
  (49~52단까지 같은 방법으로 늘려준다.)
53단 아이보리색으로 [짧은뜨기 33코, 늘림]×8 280코
  (54~70단까지 같은 방법으로 늘려준다.)
71단 마카롱실 하늘색으로 [짧은뜨기 51코, 늘림]×8 424코
  (72~76단까지 같은 방법으로 늘려준다.)
77단 마카롱실 진하늘색으로 [짧은뜨기 57코, 늘림]×8 472코

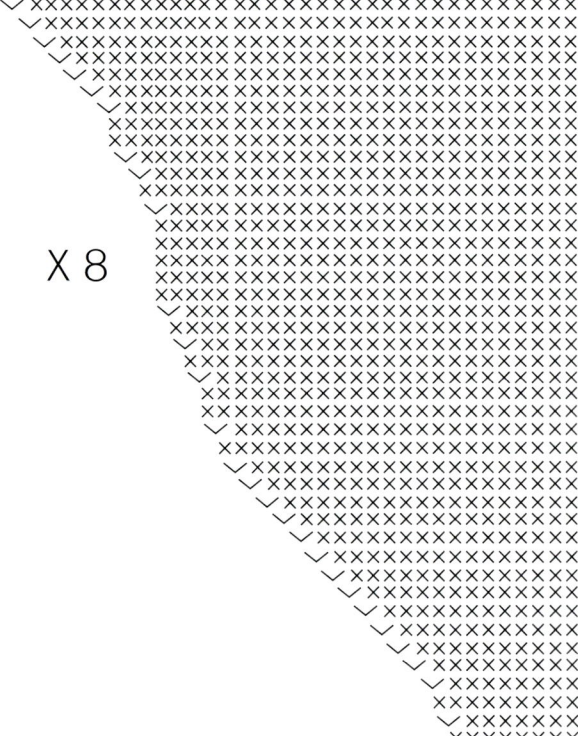

카펫레이스 (마카롱실, 코바늘 5호)

1. 41단의 1코에  1단
2. 53단, 54단에 1번과 같이 뜬다.
3. 73단에 하늘색으로 1번과 같은 방법으로 뜨고 한 번 더 같은 단에 떠준다.
4. 77단에 진하늘색으로 1번과 같이 뜬다.

은상

Wattle 식탁 세트

조향미　맨디

사용실과 사용량: 매트(코드사 멀티122번 7볼), 꽃볼(몽블랑 스탠다드 – 노랑색 조금, 주황색 조금, 연두색 조금) **사용 도구:** 모사용 코바늘 6/0, 5/0호 **사이즈:** 가로 36cm, 세로 24cm
난이도: ★★★★ 작품사진: 22쪽

매트

사용실과 사용량 : 매트(코드사 멀티122번 7볼), 꽃볼(몽블랑 스탠다드 – 노랑색 조금, 주황색 조금, 연두색 조금)
사용 도구 : 모사용 코바늘 6/0, 5/0호
사이즈 : 가로 36cm, 세로 24cm

무늬패턴 A

28무늬 3세트 +2+(1)

무늬패턴 A

1단 사슬 87코를 만들어 *[3번째 사슬코에 짧은뜨기 1, 사슬 1, 같은 코에 1길긴뜨기 1] 반복

2단 사슬 1, 편물지 돌려서 1단째의 [1길긴뜨기와 짧은뜨기 사이의 사슬 1코가 있는 자리에 짧은뜨기 1, 사슬 1, 1길긴뜨기 1] 반복

무늬패턴 B

에이징 뜨는 법ㆍ코바늘 6/0호로 매트의 가로를 떠주고 5/0호로 세로를 떠준다.

무늬패턴 B

1단 무늬뜨기의 각 코에 짧은뜨기를 1코씩 떠주고 코너 부분에는 3코를 떠 준다.

2단 1단과 같은 방법으로 2단을 뜨고 실끝을 마무리 해준다.

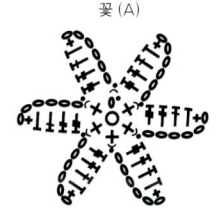 

꽃 (A)　　꽃 (B)

꽃

1. 노란색 실로 (A)의 꽃을 4개 뜬다.
2. 연두색 실로 (B)의 꽃심 1단을 뜨고 실끝을 마무리한 다음, 주황색 실로 2단 떠주고, (A)의 가운데 놓고 부착해 준다.

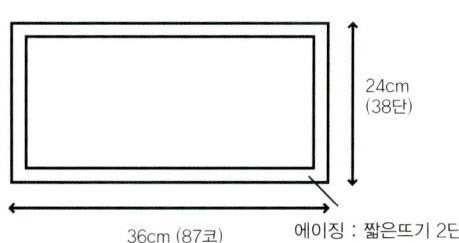

다이어그램 1

24cm (38단)

36cm (87코)　　에이징 : 짧은뜨기 2단

매트 만들기

(1Set = 4) 코바늘 5/0호를 사용

1. 사슬 87코를 만들어 무늬패턴 A를 참조하여 38단을 뜬다.
2. 편물지 돌려서 무늬패턴 B를 참조하여 2단을 뜬 다음 실을 잘라내고 실끝을 마무리한다.
3. 마무리 : 각 코에 짧은뜨기 1코씩 떠주고 코너 부분에는 짧은뜨기 3코씩 떠준다.
4. 4개의 꽃을 떠서 부착해준다.
5. 위와 같은 방법으로 4개의 매트를 뜬다.

수저 케이스

사용실과 사용량 : 케이스-코드사 멀티 122번, 꽃-몽블랑 스탠다드 핑크색 조금, 자주색 조금, 잎줄기-몽블랑 스탠다드 연두색 조금
사용 도구 : 모사용 코바늘 5/0호
사이즈 : 가로 26cm, 세로 9cm, 높이 5cm

다이어그램 2(둘레 코잡기)

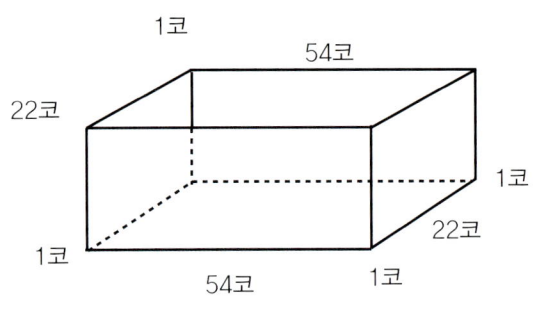

다이어그램 3

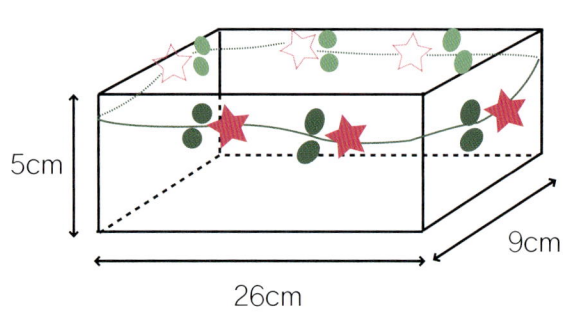

수저 케이스 만들기

1. 바닥 : 무늬패턴 B를 참조하여 사슬 54+1(기둥)을 만들어 편물지를 돌려가며 54코, 20단을 뜬다.
2. 밑판을 전체적으로 짧은뜨기로 1단 돌려 뜬다(156코).
3. 둘레 : 무늬패턴 A를 참조하여 높이가 5cm 될 때까지 돌려가며 떠주고, 실끝을 마무리해준다.

꽃:(C) 6개

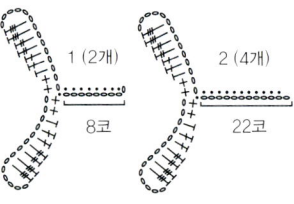

잎줄기: (D)
1 (2개) 2 (4개)
8코 22코

잎줄기 D 만들기

1. 분홍색 실로 꽃(C) 1단을 뜬다.
2. 자주색을 연결하여 2단째를 떠서 실끝을 마무리한다.
3. 잎줄기 1번 2개 뜨고, 잎줄기 2번은 4개 뜬다.
4. 다이어그램 3을 참조하여 꽃과 잎줄기를 꿰맨다.

브레드 바스켓

사용 도구 : 모사용 코바늘 5/0호
부자재 : 구름솜 조금
사이즈 : 가로 25cm, 세로 16cm

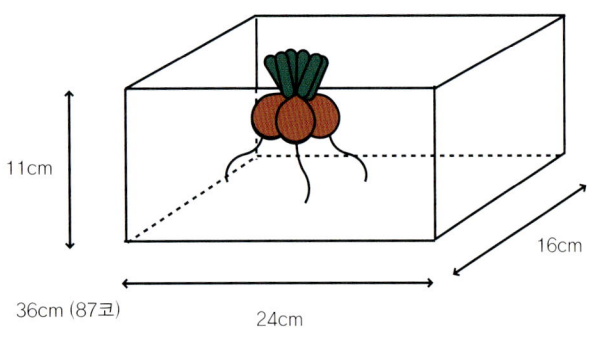

브레드 바스켓 만들기

1. 바닥 : 무늬패턴 B를 참조하여 사슬 52+1(기둥)을 만들어 편물지를 돌려가며 52코, 40단(16cm)을 뜬다.
2. 밑판을 전체적으로 짧은뜨기로 1단 돌려 떠주되, 코너 부분은 다이어그램 2를 참조하여 떠 준다.
3. 둘레 : 무늬패턴 A를 참조하여 돌려가며 둥글게 떠주고, 실끝을 마무리해준다.
4. 마무리 : 무와 잎 3개를 묶어서 글루건으로 바구니에 부착해 준다.

은 상

장미 장식 냉장고 매트(침대매트)

송 미 애   나일동

사용실과 사용량: 24합 콘사 5kg **사용 도구:** 대바늘 4mm
사이즈: 가로 165cm, 세로 210cm **난이도:** ★ ★ ★ ☆ ☆ **작품사진:** 23쪽

만들기

1. 실을 약 5~6m 지점에서 접어서 4mm 바늘로 275코 잡는다. 이때 바늘 끝에 고무줄을 감아 잡은 코가 빠지지 않도록 한다.
2. 4mm 대바늘 다른 1개로 겉뜨기로 2코 걸러주고 겉뜨기 30단 한다(다른 바늘 끝에 고무줄을 감아주어 코가 빠지지 않게 한다).
3. 양쪽 가장자리 20코만 가터뜨기를 뜨고 중간 부분 235코는 메리야스뜨기로 한다.
4. 자수 도안을 참고하여 자수실로 꽃과 잎을 수놓는다(수놓기 전 매트를 세탁하여 수축으로 인한 변형을 막는다).

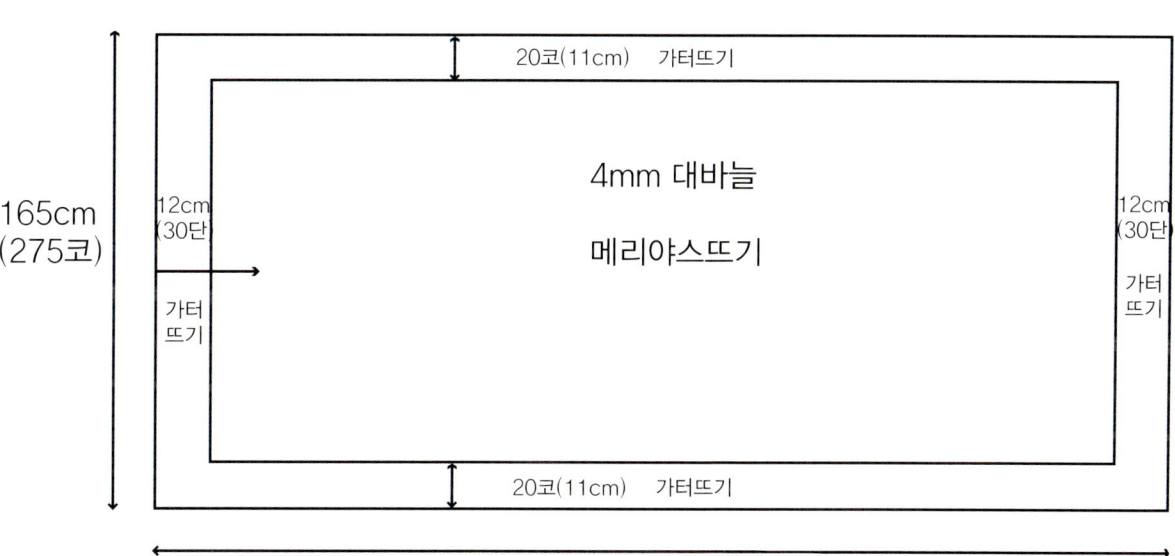

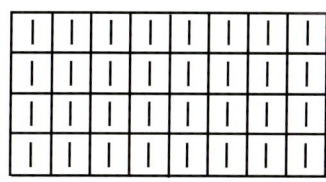

가터뜨기   메리야스뜨기

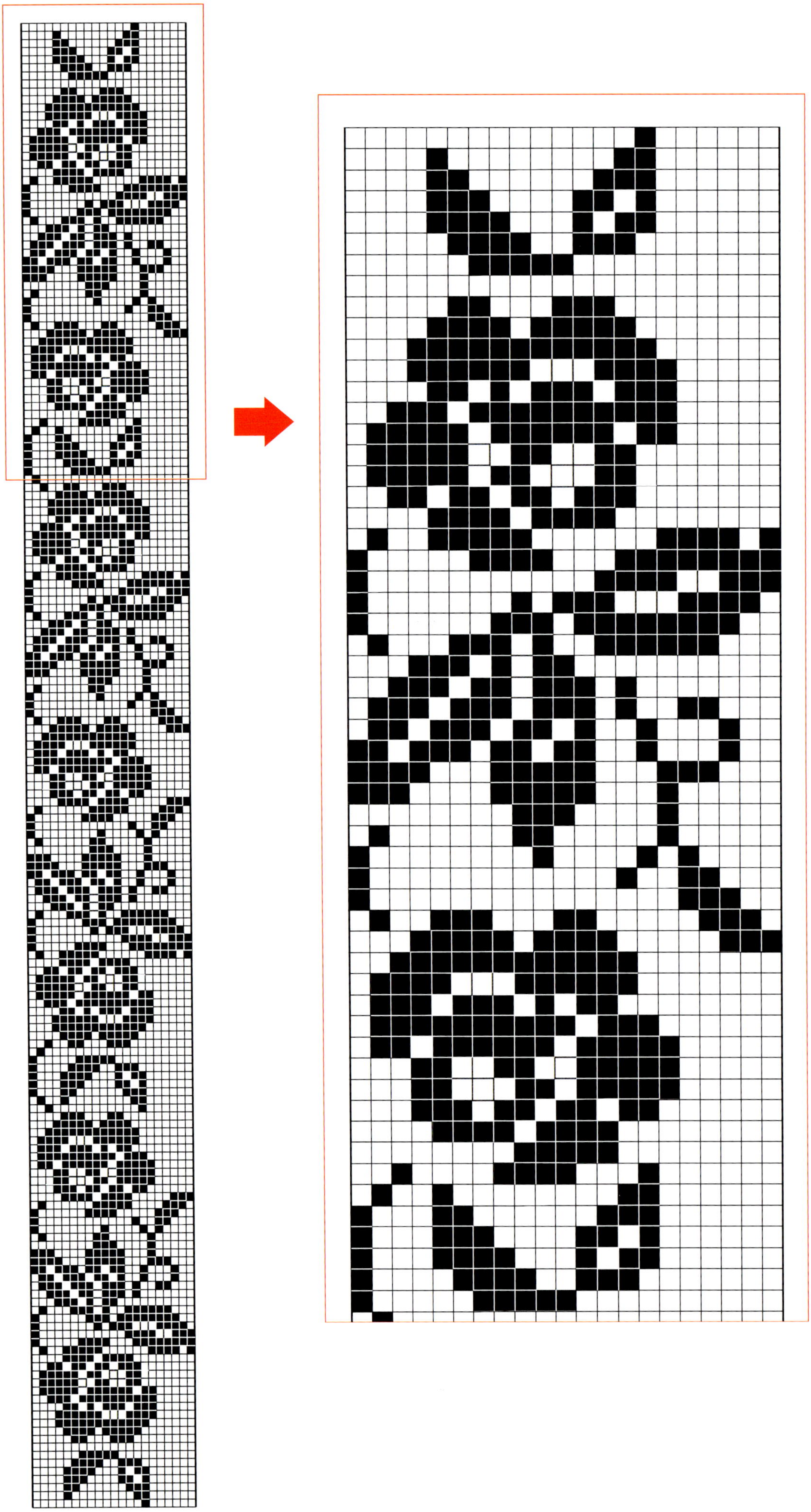

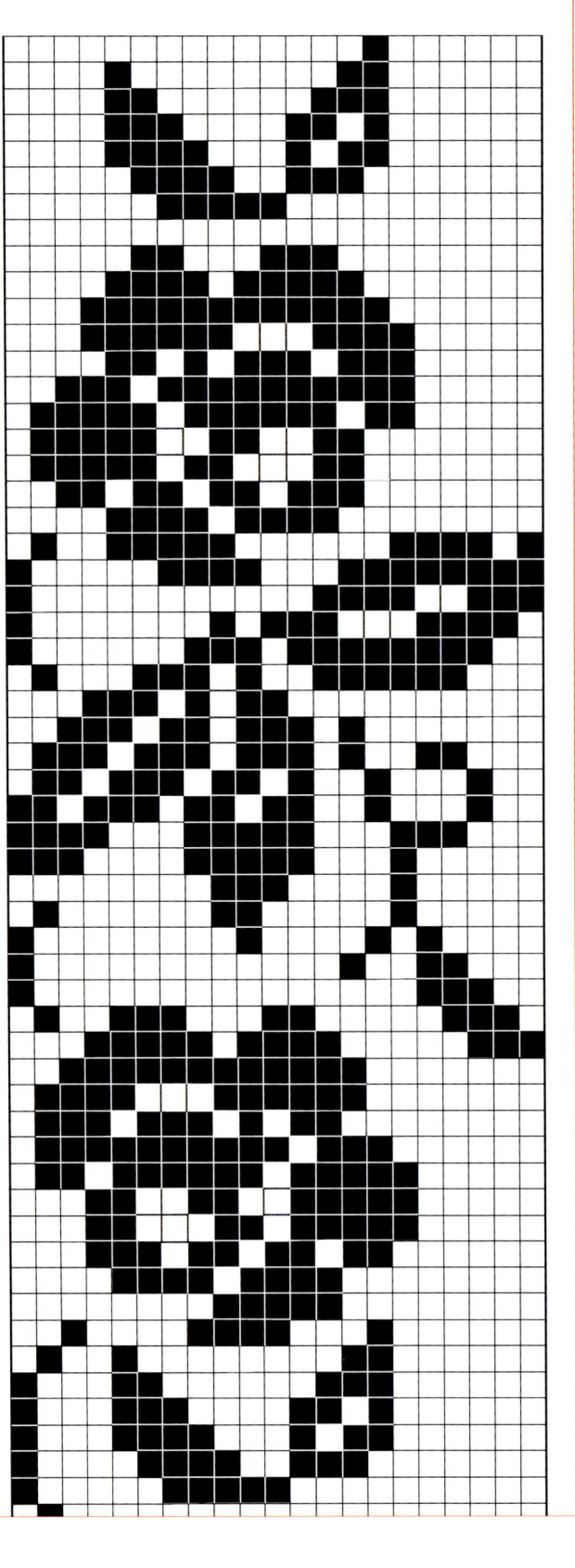

은 상

달콤함 블랭킷

김 현 옥 하늘여자

사용실과 사용량: 네코 1350g **사용 도구:** 모사용 코바늘 5/0호
사이즈: 가로 100cm, 세로 125cm **난이도:** ★ ☆ ☆ ☆ ☆ **작품사진:** 24쪽

만들기

1. 사슬 182코 만들어서 3번째 사슬부터 한길긴뜨기 180개를 한다.
2. 사슬 1코, 한길긴뜨기 1개, [앞걸어뜨기 1개, 한길긴뜨기 2개] 59세트, 앞걸어뜨기 1개, 한길긴뜨기 1개 한다.
3. 사슬 1코, 한길긴뜨기 1개, [한길긴뜨기 1개, 앞걸어뜨기 2개] 59세트, 한길긴뜨기 2개
4. 2번과 3번을 반복하여 127단을 뜬다.
5. 사슬 1코, 한길긴뜨기 1단 뜨고 마무리한다.
6. 짧은뜨기 1단 한 후, 사슬 1코, 짧은뜨기 1개 [사슬 1개, 한 코 건너 짧은뜨기 1개] 89세트, 짧은뜨기 1개
7. 반대쪽 끝에도 (시작 부분) 6번을 한다.

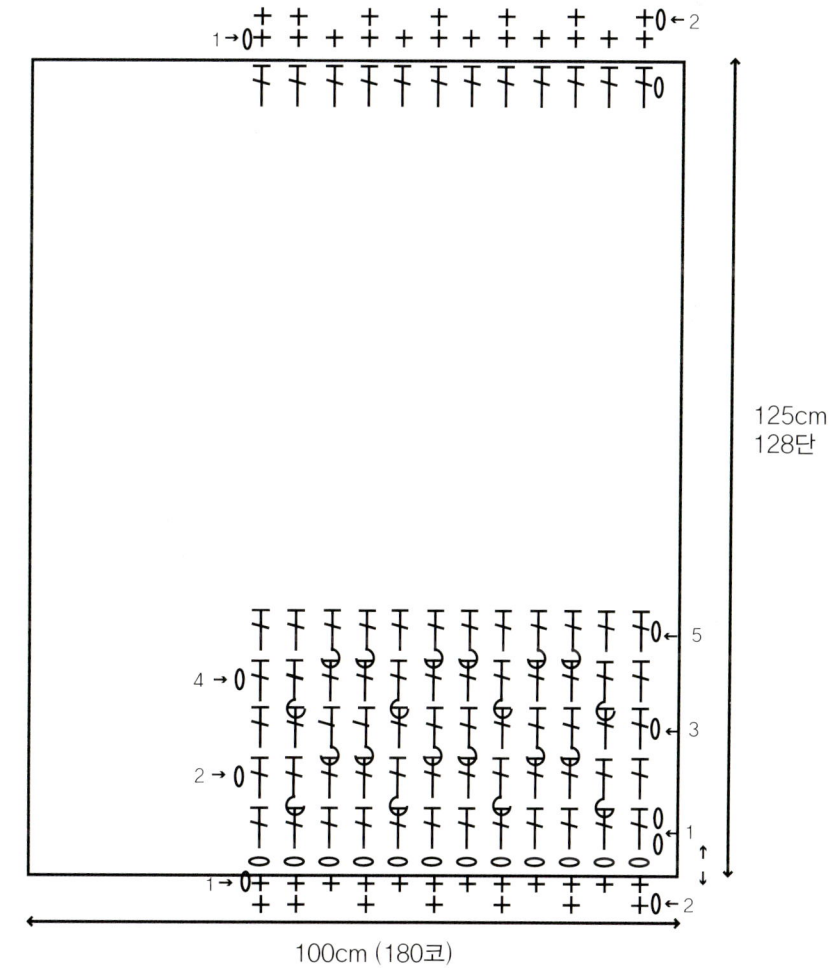

은상

허니콤 블랭킷

김 진 아 나들코티지

사용실과 사용량: 네코(머스터드 13볼, 네이비 3볼, 다크그레이 6볼, 크림 아이보리 7볼)
사용 도구: 모사용 코바늘 5/0호 **사이즈:** 가로 138cm, 세로 150cm
난이도: ★ ★ ★ ☆ ☆ **작품사진:** 25쪽

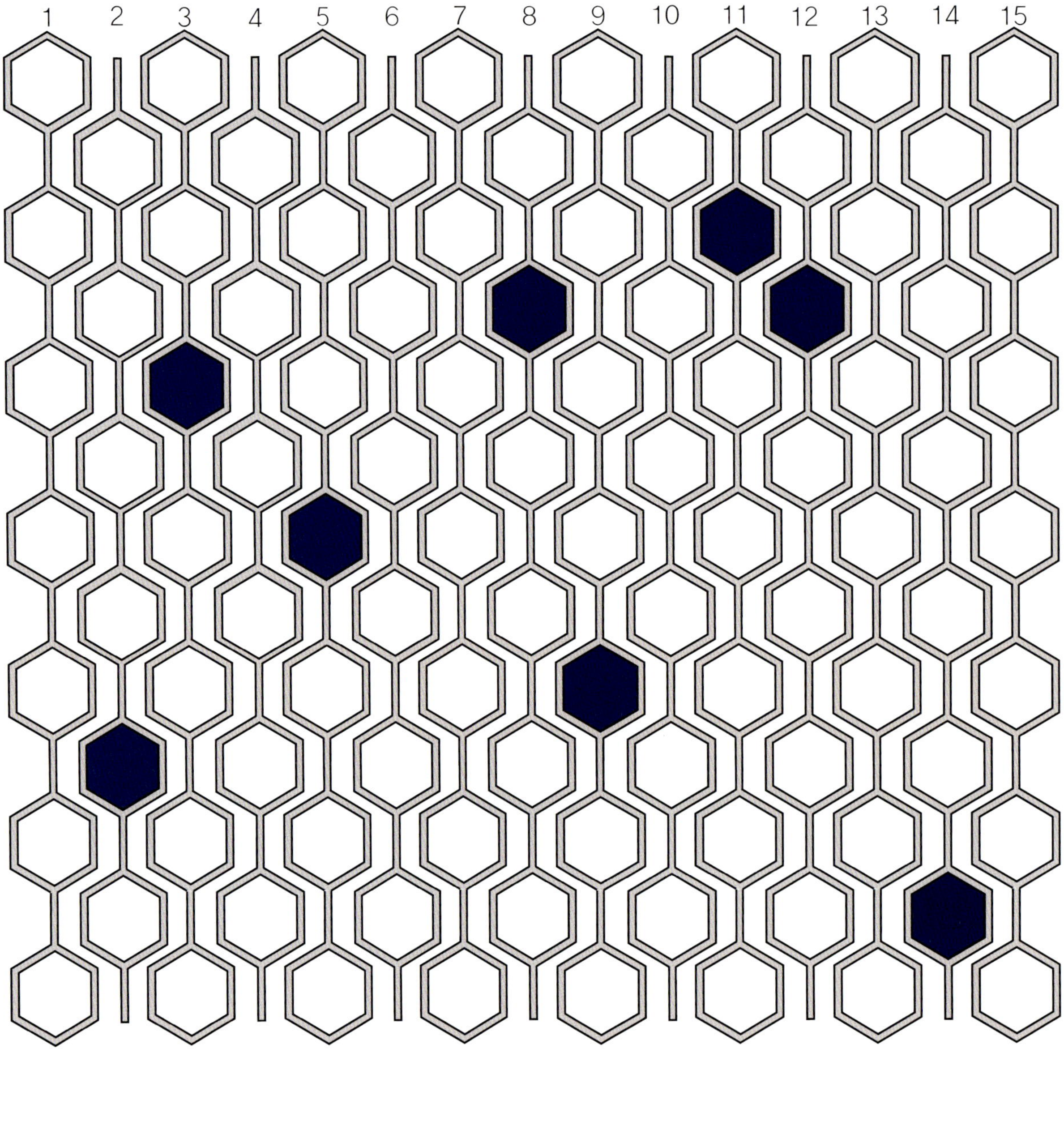

만들기

1. 헥사곤 모티브를 98개 만든다.
2. -홀수열은 헥사곤의 3면에 짧은뜨기를 뜨고 사슬 19코를 하고 다음 모티브의 3면에 짧은뜨기를 하는 방식으로 6장 연결, 사슬 19코하고 마지막 7장째 모티브 둘레를 짧은뜨기해서 반대방향으로 짧은뜨기한다.
   - 짧은뜨기 한 바퀴 한다.
   - 한길긴뜨기 한 바퀴 돌린다(상세도안 참고).
3. -짝수열은 사슬 18코를 먼저 뜨고 모티브의 3면에 짧은뜨기, 사슬 19코, 다음 모티브에 짧은뜨기를 하며 연결한다. 6장을 연결한 후에 사슬 18코를 뜨고, 방향을 바꿔 기둥코 사슬 한 개, 짧은뜨기를 계속해서 처음 사슬코에 짧은뜨기 한다.
   - 사슬 하나 해서 처음 사슬코에 짧은뜨기로 시작해서 전체 한 바퀴 뜬다.
   - 한길긴뜨기 한 바퀴 돌린다(상세도안 참고).
4. 세로열이 완성되면, 모서리의 각이 잘 맞도록 주의하면서 돗바늘로 감침질로 연결한다.
5. 포인트 색상으로 전체 테두리에 짧은뜨기 1단, 백짧은뜨기 1단으로 마무리한다.

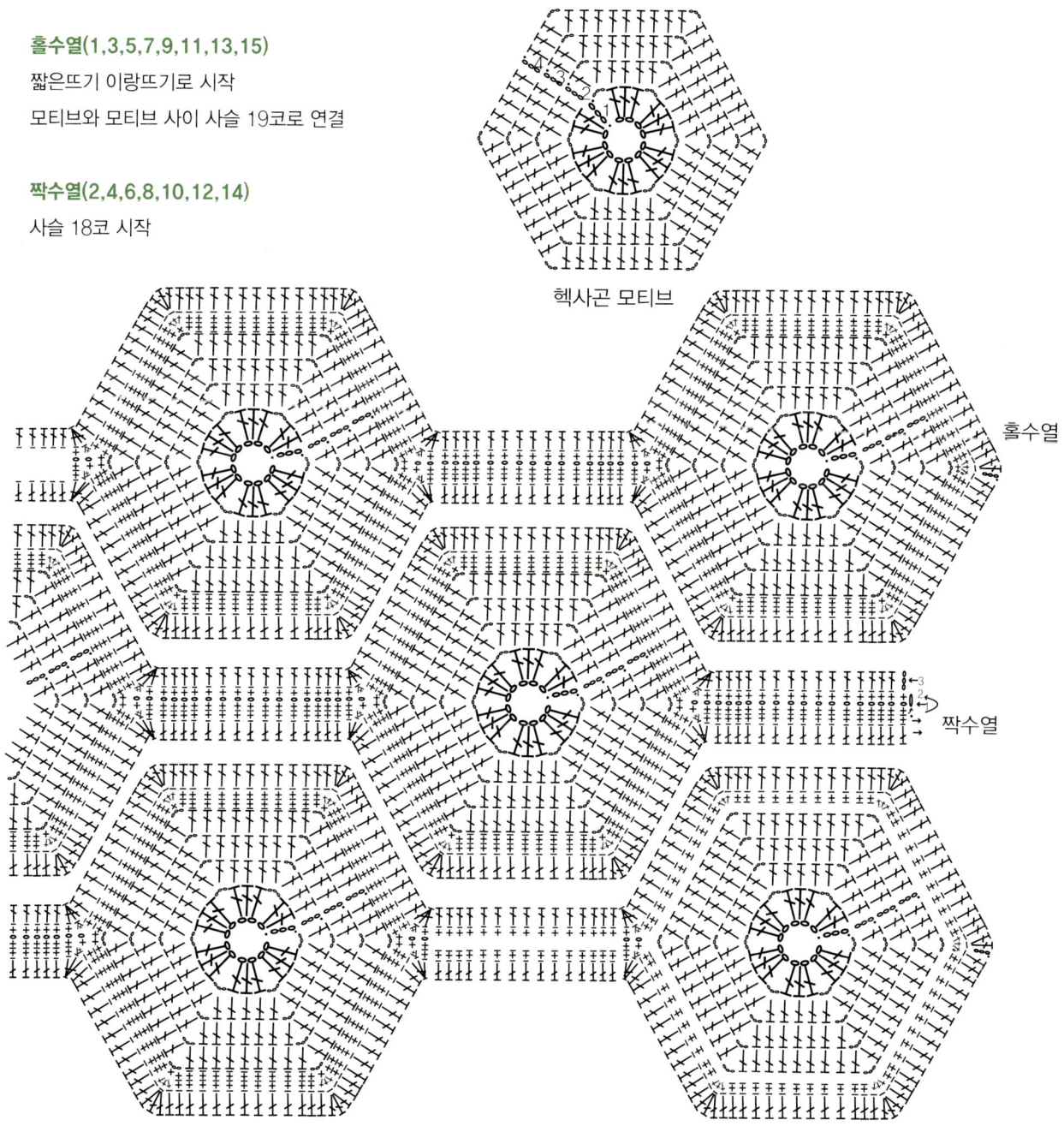

홀수열(1,3,5,7,9,11,13,15)
짧은뜨기 이랑뜨기로 시작
모티브와 모티브 사이 사슬 19코로 연결

짝수열(2,4,6,8,10,12,14)
사슬 18코 시작

헥사곤 모티브

홀수열

짝수열

은 상

꽃보다 햇님

이 다 진 햇님이

사용실과 사용량: 청록 아크릴 실, 보라 아크릴 실, 반짝이 실 합사
사용 도구: 대바늘 5mm, 모사용 코바늘 5/0호 **사이즈:** 목둘레 20cm, 허리둘레 36cm, 길이 30cm
난이도: ★ ★ ★ ☆ ☆ **작품사진:** 26쪽

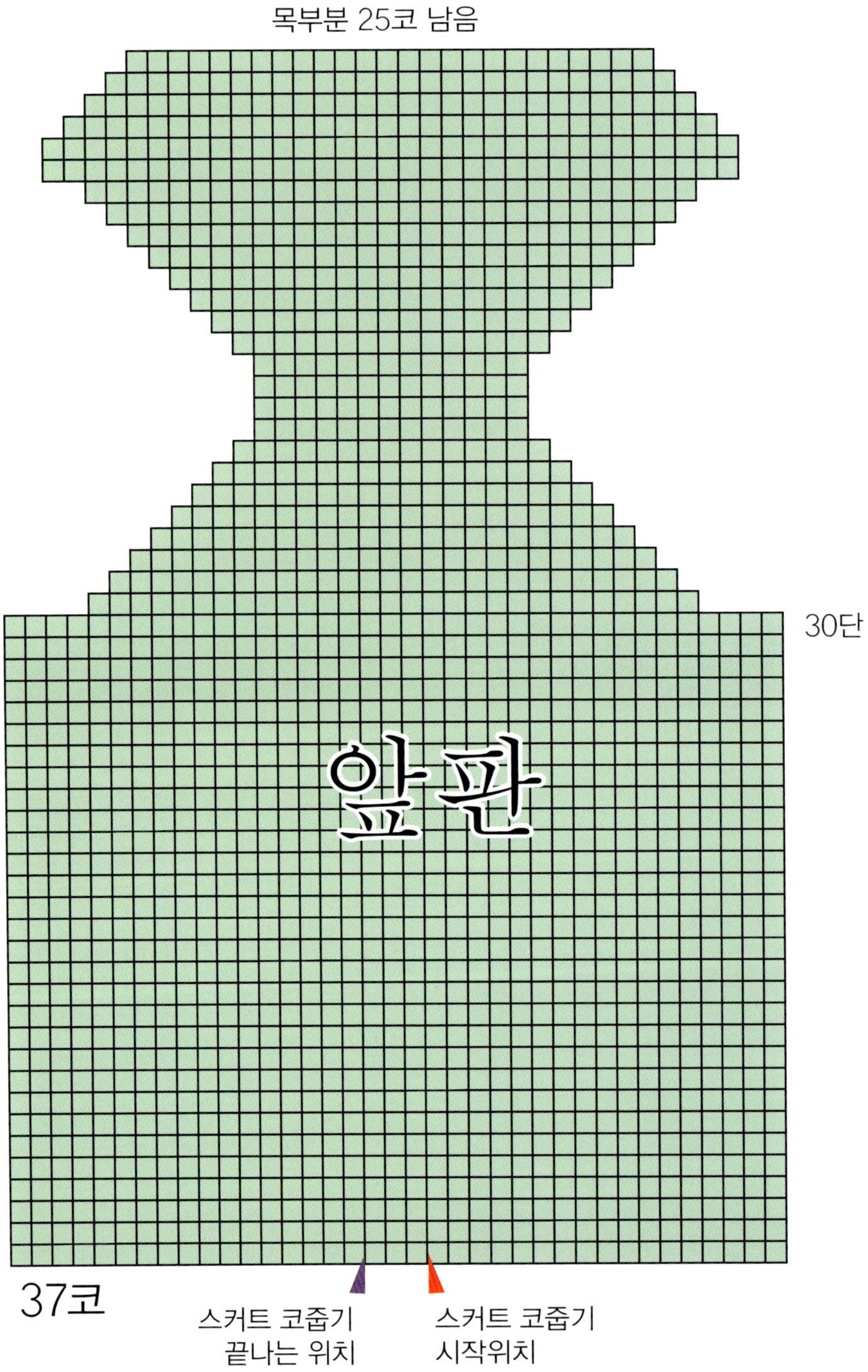

목부분 25코 남음

30단

앞판

37코

스커트 코줍기 끝나는 위치

스커트 코줍기 시작위치

만들기

1. 앞판 뒷판을 각각 뜬 후 옆선과 어깨를 꿰매 옷 모양으로 이어준다.
2. 소매 : 팔 부분에서 색상 A(청록)로 42코를 주워 원통뜨기로 메리야스뜨기 17단을 뜬다. 바늘 사이즈를 2.5mm로 바꿔 1단 뜨고, 색상 B(보라)로 색을 바꿔 고무뜨기를 3단 하고 코막음 한다.
3. 목폴라 : 색상 B로 54코를 주워 원통뜨기 1코 고무뜨기로 10단 뜬다. 색상 A로 4단, 색상 B로 4단, 색상 A로 3단 더 뜨고 코막음 한다. 색상 A와 코바늘로 되돌아 짧은뜨기 한 단을 둘러준다.
4. 스커트 : 색상 A로 앞판 가운데 3코 왼쪽 부분부터(도안상 빨간 화살표) 코를 줍기 시작한다. 몸판을 둘러 79코를 줍는다. 다음 단에서는 스커트 주름을 위해 코를 늘린다. 모든 코를 2번씩 뜨는 코늘림을 한다. 총 콧수는 158코가 된다. 메리야스 뜨기로 7단을 뜬다. 스커트 앞섶 라인을 위해 다음 단부터는 매 단 처음과 끝에서 코줄임을 하면서 35단을 더 뜬다. 총 콧수는 88코가 된다. 코막음 한다.
5. 스커트 레이스 : 보라 실로 코바늘로 짧은뜨기 88코를 한다(빼뜨기로 연결하여 스커트 터진 부분을 이어준다).
    - 아래 도안을 보고 레이스를 완성한다.

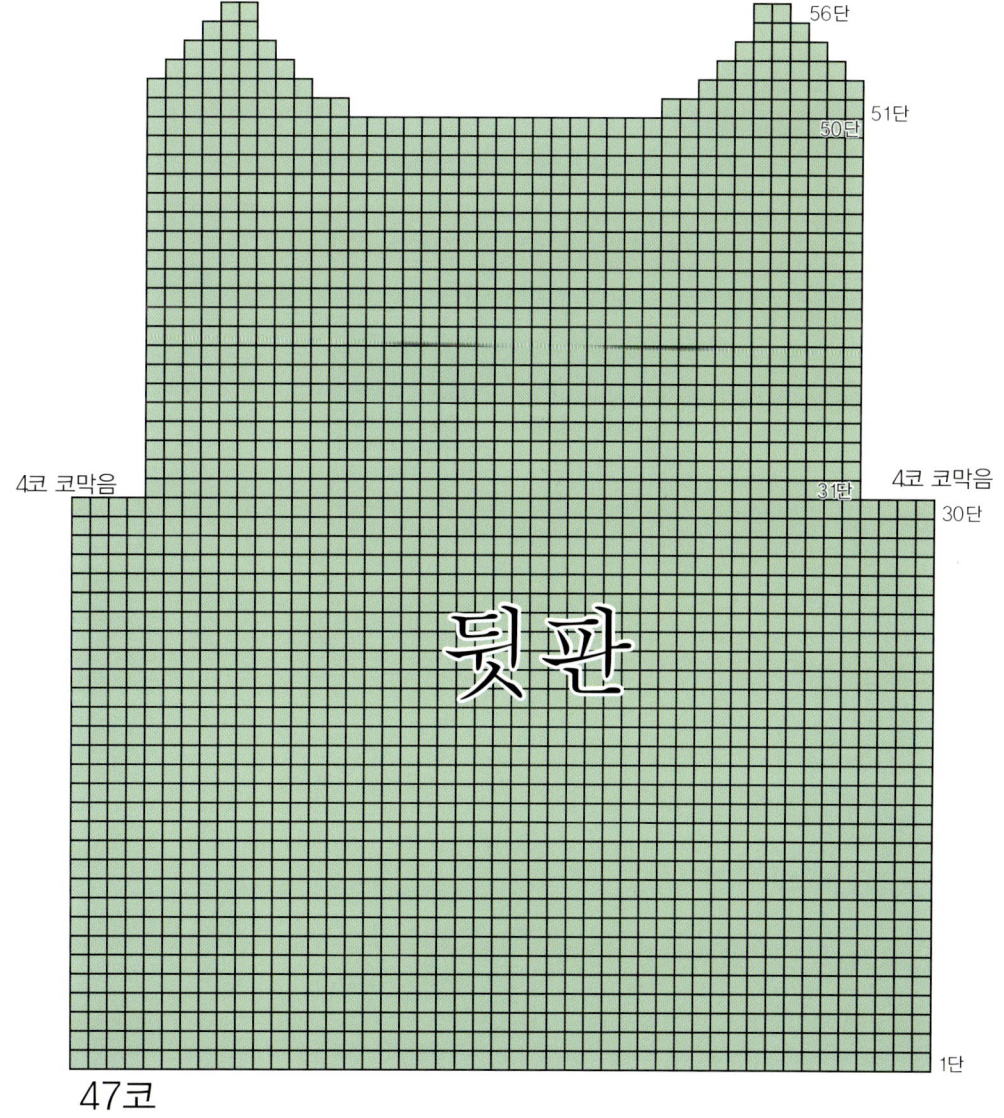

은상

나른한 오후의 동물 친구들

조선미

사용실과 사용량: 문름소(고양이, 여우 전체, 곰의 귀, 입, 꼬리) 실명분실(곰)
사용 도구: 모사용 코바늘 4/0호 **부자재:** 인형눈, 인형코, 와이어, 구름솜
사이즈: 가로 9cm, 세로 17cm **난이도:** ★ ★ ★ ☆ **작품사진:** 27쪽

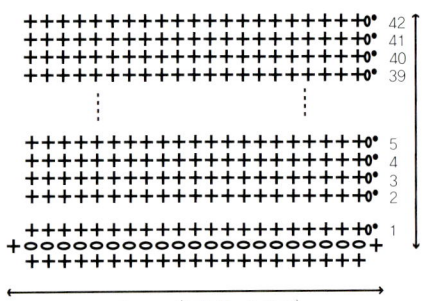

바디

1. 사슬코 21개를 만든다.
2. 기둥코 1개를 제외한 20코를 사용한다. 첫 코와 마지막 코에 짧은뜨기 3코씩, 총 44코로 진행한다.
3. 2단째부터 마지막 단까지 가감없이 뜬다.

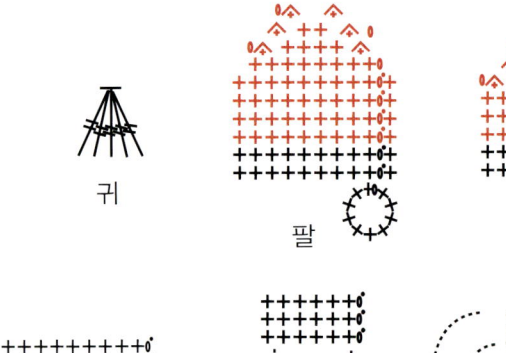

팔

1. 모두 동일하게 진행한다. 도안 참고하여 뜬다.
   - 고양이 : 보조색 흰색, 메인 겨자색
   - 여우 : 보조색 검정, 메인 주황색
   - 곰 : 메인 보라색

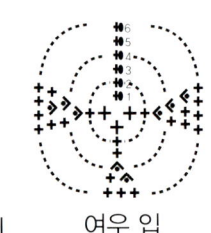

귀

1. 바디 정면 중앙에서 좌우로 4코씩 총 8코를 띄우며, 좌우로 5코 두길긴뜨기 모아뜨기 한다.
2. 짧은뜨기 한 단 더 떠 주어서 마무리 한다.
   - 고양이 : 1, 2 메인 겨자색
   - 여우 : 귀 안쪽 1은 검정, 2는 주황색
   - 곰 : 1, 2 모두 검정색

다리

1. 모두 동일하게 진행한다.
   - 고양이 : 보조색 흰색, 메인 겨자색
   - 여우 : 보조색 검정, 메인 주황색
   - 곰 : 메인 보라색

※ 고양이 볼 2개, 고양이 꼬리, 여우 입, 여우꼬리, 곰 입은 도안을 참고하여 뜬다.
※ 곰 꼬리는 흰색 실로 지름 4cm 방울을 만든다.

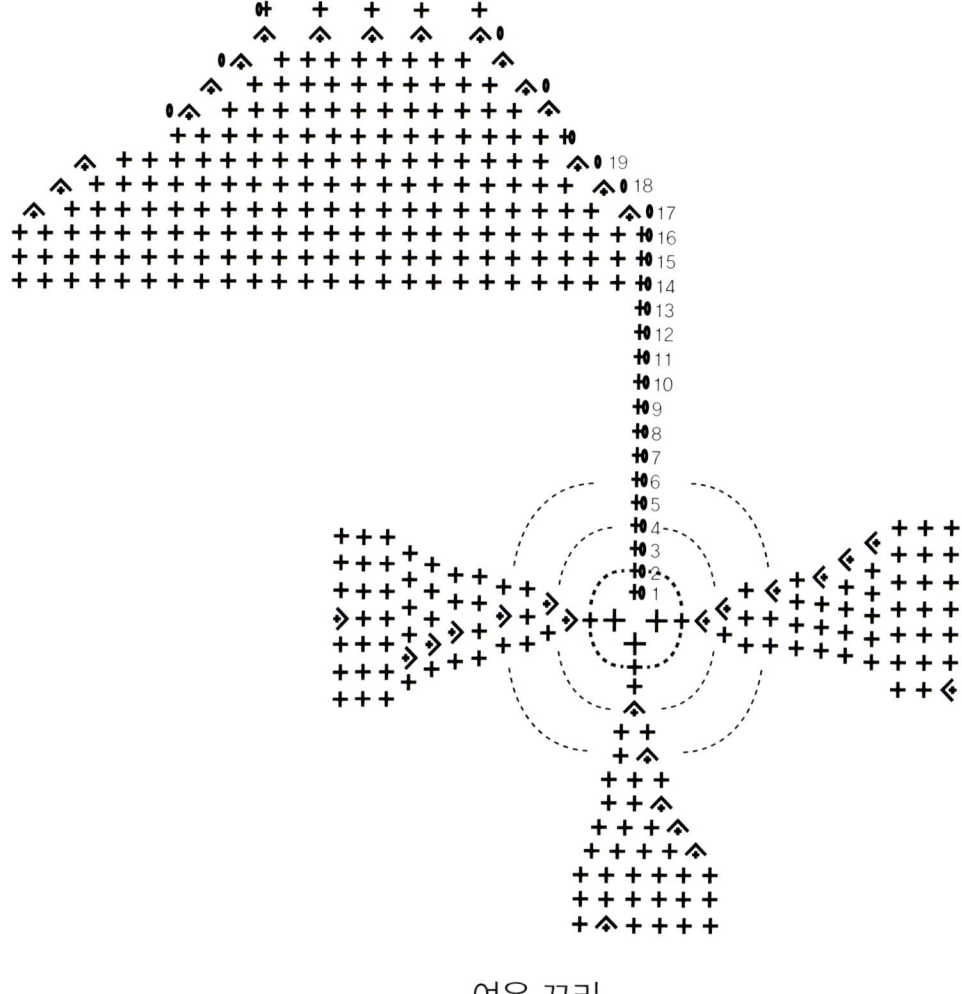

여우 꼬리

곰 꼬리
흰색 실로 지름 4cm 방울을 만들어 단다.

바느질 방법
1. 고양이 볼, 여우 입, 곰 입은 귀를 만든 단은 제외하고, 아래로 8단째에 원형 그대로 맞추서 감침질한다.
2. 동물들의 팔(앞다리)은, 볼과 입을 고정한 마지막에 맞추어서 감침질한다.
3. 모든 꼬리는 시작 첫 단에 맞춰서 달며, 고양이 꼬리에는 앞부분은 와이어를 넣어 주고, 뒷부분은 솜을 넣어 준다.

마무리
1. 고양이 볼, 여우 입, 곰 입은 귀 뜬 단은 제외하며, 위에서 아래로 8단에 원형 그대로 맞추어서 감침질한다.
2. 동물들 팔은 볼과 입을 고정한 마지막에 맞추어서 감침질한다.
3. 모든 꼬리는 바닥 첫 단에 맞추어서 달며, 고양이 꼬리 앞부분은 와이어를 넣어 주고, 뒷부분은 솜을 넣어 준다.

은상

모티브 블랭킷

함귀화 실뭉치

사용실과 사용량: 빈센트 외 1300g **사용 도구:** 3.5mm, 4mm 대바늘
사이즈: 가로 143cm, 세로 117cm **난이도:** ★ ★ ★ ☆ ☆ **작품사진:** 28쪽

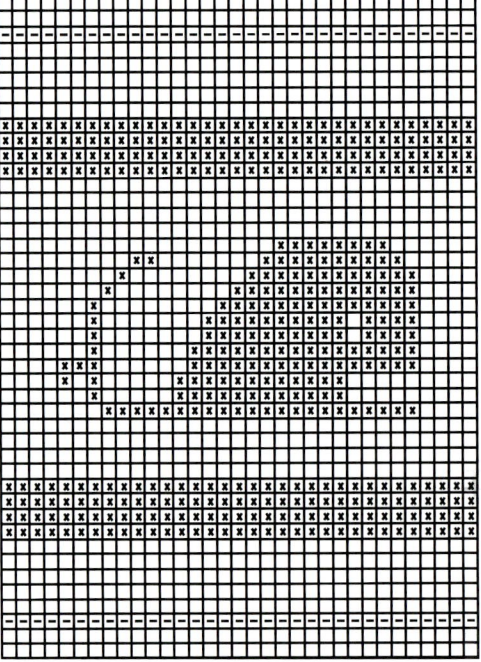

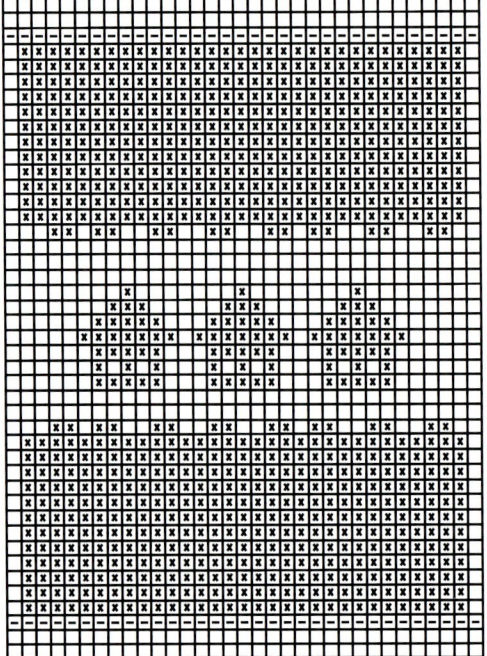

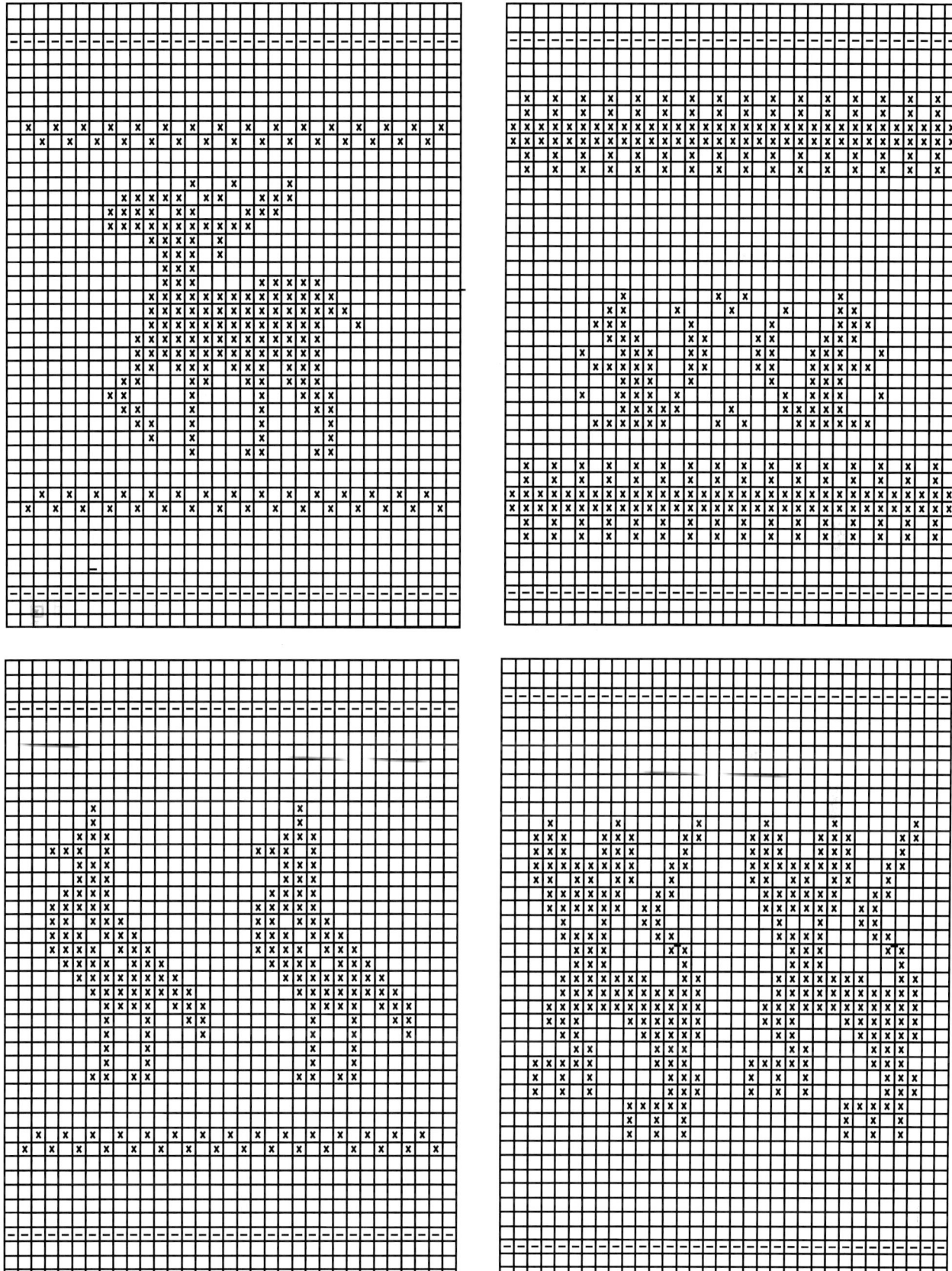

만들기

1. 3.5mm 대바늘로 모티브를 33코 44단에 맞춰서 여러 무늬와 배색을 넣어 80장을 만든다.
2. 돗바늘로 감침질하듯이 겉에서 잇는다.
3. 가장자리는 3mm 대바늘로 도안대로 코를 주워 10단 메리야스뜨기, 두코모아뜨기, 바늘비우기, 10단 메리야스뜨기 한다.
4. 안쪽으로 접어 감침질로 잇는다.

※ 모티브 80장 만들 때 무늬도안집 참고하여 콧수와 단수만 맞춰서 마음에 드는 것으로 골라서 만들어도 좋아요.
  (무늬가 많아 몇 가지만 구성하였습니다.)

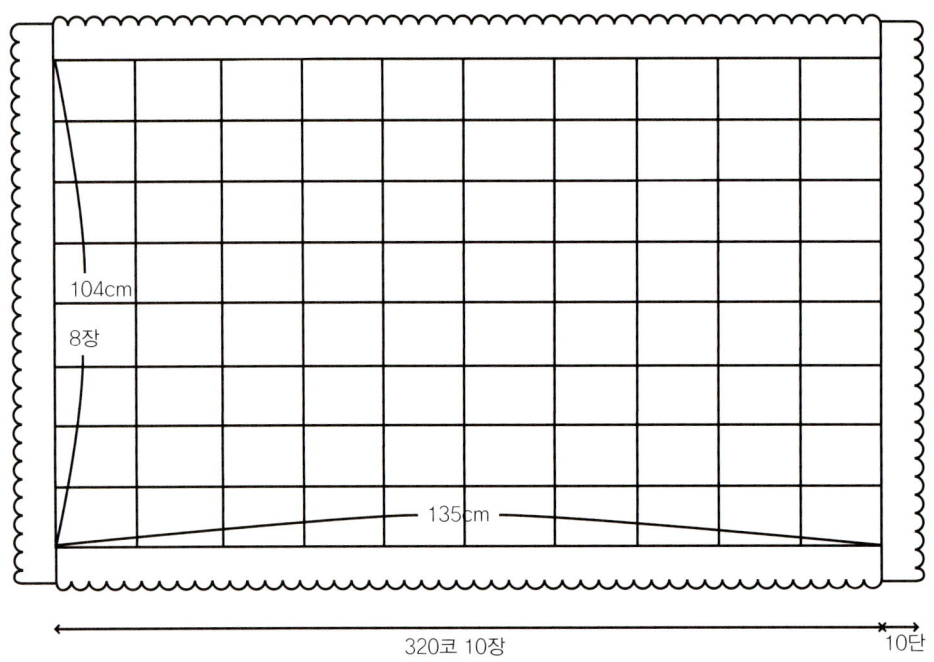

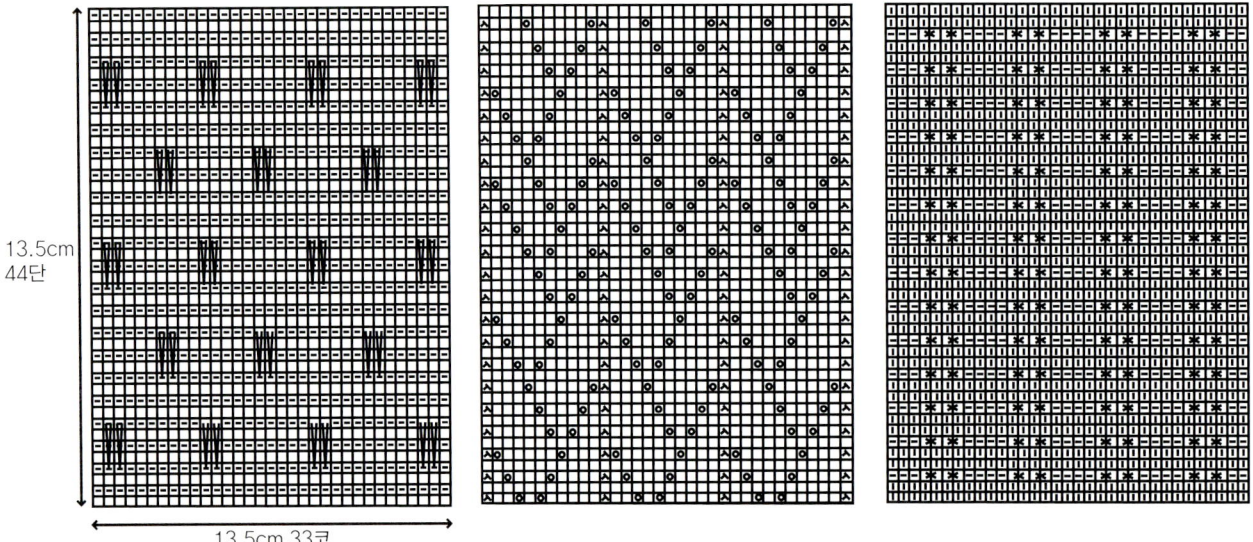

은 상

입체꽃 스탠드

이수미

사용실과 사용량: 빈센트(흰색 210g, 분홍색 10g)　**사용 도구:** 모사용 코바늘 2/0호
부자재: 진주구슬　**사이즈:** 둘레 60cm, 세로 19cm　**난이도:** ★ ★ ★ ☆ ☆　**작품사진:** 29쪽

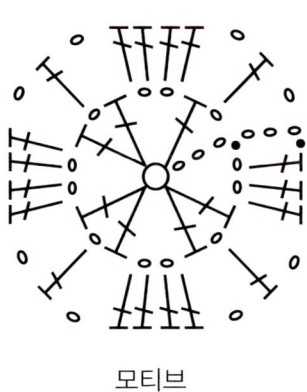

모티브

입체꽃 스탠드 만들기

1. 모티브 세로 7개, 가로 19개, 총 133개를 원통으로 연결한다.
2. 모티브 첫 번째 단 위에 도안과 같이 꽃술을 만들어 구슬을 넣어준다
3. 모티브 두 번째 단 위에 꽃잎을 만들어 연결하고 구슬을 넣어 가며 뜬다.

모티브 만들기

1. 흰색 실로 시작해서 도안과 같이 뜬다.
   1단 : 사슬 5코를 만들어 첫 번째 사슬에 한길긴뜨기[사슬 2개, 한길긴뜨기 1, 사슬 1, 한길긴뜨기 1] 3세트, 사슬2개, 빼뜨기한다.
   2단 : 사슬 4, [한길긴뜨기 1, 사슬 1, 사슬 4, 사슬 1] 3세트, 한길긴뜨기 1, 사슬 1, 한길긴뜨기 3, 빼뜨기(28코)
2. 밑면 모티브를 도안과 같이 연결하면서 뜬다.

윗면 줄여 주기

1. 흰색 실을 연결해서 도안과 같이 꽃 사이에 짧은뜨기와 사슬을 반복하면서 뜬다.
2. 마지막 빼뜨기로 마무리하고 실을 정리한다.

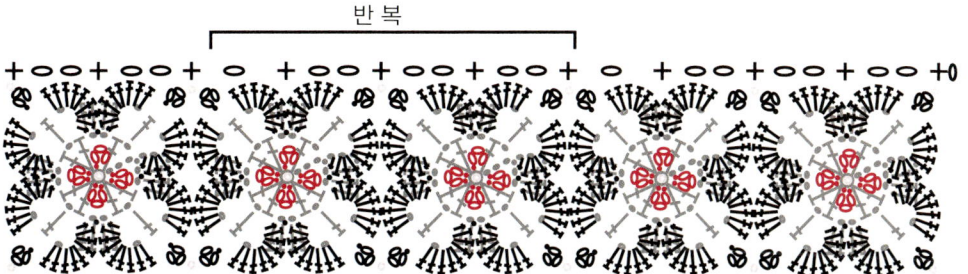

입체꽃 액자

이수미

사용실과 사용량: 빈센트(흰색 60g, 분홍색 10g) **사용 도구:** 모사용 코바늘 2/0호
부자재: 진주구슬 **사이즈:** 둘레 26cm, 세로 21cm
난이도: ★ ★ ★ ☆ ☆ **작품사진:** 29쪽

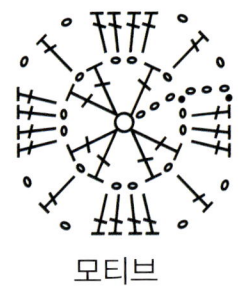

모티브

○ 사슬뜨기
┼ 짧은뜨기
T 긴뜨기
₸ 한길긴뜨기
• 빼뜨기
▸ 실연결

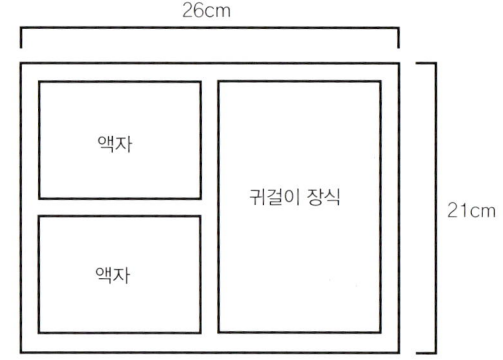

모티브 만들기

1. 흰색 실로 시작해서 도안과 같이 뜬다.

   1단 : 사슬 5코를 만들어 첫 번째 사슬에 한길긴뜨기 [사슬 2개, 한길긴뜨기1, 사슬 1, 한길긴뜨기 1] 3세트, 사슬 2개, 빼뜨기한다.

   2단 : 사슬 4, [한길긴뜨기 1, 사슬 1, 한길긴뜨기 4, 사슬 1] 3세트, 한길긴뜨기 1, 사슬 1, 한길긴뜨기 3, 빼뜨기(28코)

2. 모티브를 도안과 같이 연결하면서 뜬다.

액자 귀걸이 만들기

1. 분홍색 실로 사슬 44개를 만들어 도안과 같이 뜬다.
2. 사진과 같은 위치에 뒷면에서 연결해 준다.

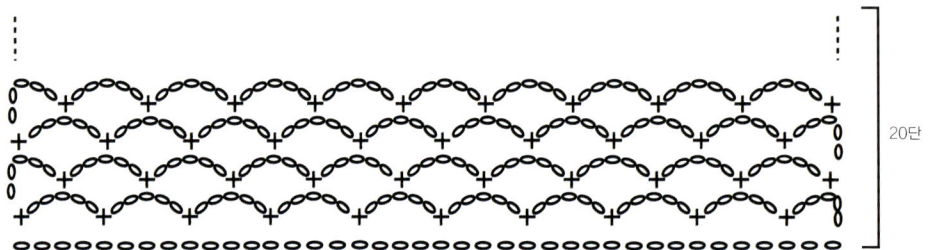

액자 둘레 줄여주기

1. 흰색 실을 연결해서 도안과 같이 꽃 사이에 짧은뜨기와 사슬을 반복하면서 뜬다.
2. 마지막 빼뜨기로 마무리하고 실을 정리한다.

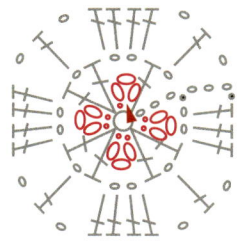

꽃술 만들기

1. 분홍색 실을 밑면 모티브 첫 번째 단 첫 번째 사슬에 실을 연결해서 도안과 같이 뜬다.
2. 사슬 3, 빼뜨기, [빼뜨기, 사슬 3, 빼뜨기] 3세트
3. 실을 길게 남겨 구슬을 넣어 실을 뒤로 넘겨 정리해 준다.

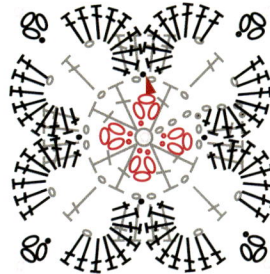

꽃잎 만들기

1. 흰색 실을 모티브 두 번째 단 한길긴뜨기 4개 중간에 연결해서 도안과 같이 뜬다.
2. [빼뜨기, 짧은뜨기 1, 긴뜨기 1, 한길긴뜨기 4, 한길긴뜨기 3, 피콧 빼뜨기, 한길긴뜨기 3, 한길긴뜨기 4, 긴뜨기 1, 짧은뜨기 1] 3세트 피콧 빼뜨기 할 때 구슬을 넣어 빼뜨기 해준다.
(모티브를 연결하면서 뜰때는 구슬 없는 곳에만 넣어준다.)

은 상
The Lighthouse
윤 소 정

사용실과 사용량: 테리우스(7029) 1/3볼 **사용 도구:** 레이스 코바늘 2호
부자재: 도배용 풀, 풍선 **사이즈:** 11cm x 12cm **난이도:** ★ ★ ☆ ☆ ☆ **작품사진:** 30쪽

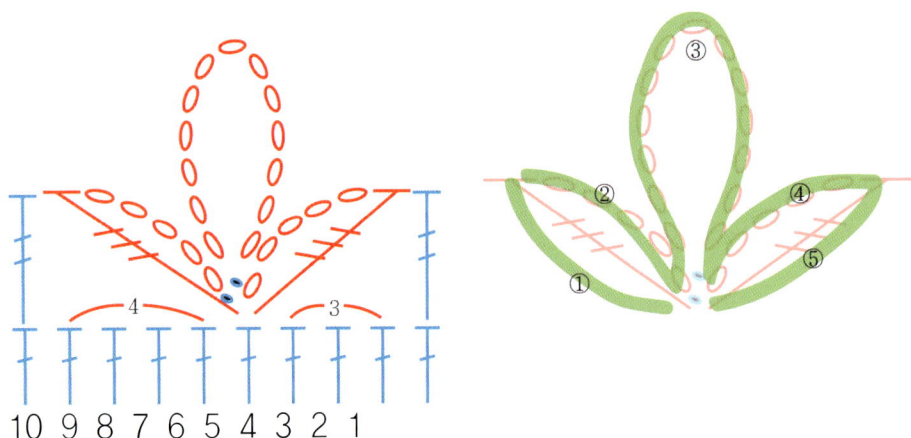

바디

1. 사슬 60코를 잡고 빼뜨기로 이어 원을 만든다.
2. 짧은뜨기 60코를 뜬다.
3. 중간의 무늬는 아랫단에서 5번째 코에 3길긴뜨기를 해주고 사슬 5코, 빼뜨기로 연결하고 사슬 13코, 빼뜨기로 연결하여 큰 고리를 만든다. 다시 사슬 5코를 뜨고 3길 긴뜨기를 5번째 코에 떠준다. 칸을 나누는 2길긴뜨기는 10번째 코에 해준다.
4. 도안을 따라 떠서 마무리 해준다.
5. 도배용 풀(가루면 풀어준다)을 준비하고 풀에 작품을 적셔 준다.
6. 적신 작품 안에 풍선을 넣고 불어서 원하는 모양으로 부풀어 오르면 묶어준다.
7. 풀이 너무 많은 곳은 나무젓가락 같은 걸로 걷어내서 레이스가 막히지 않도록 한다.
8. 바람이 잘 통하는 음지에 하루 정도 말린다.
9. 잘 말랐으면 풍선의 매듭 부분에 가위로 살짝 구멍을 내서 바람을 빼고 모양이 망가지지않도록 살살 풍선을 제거한다.

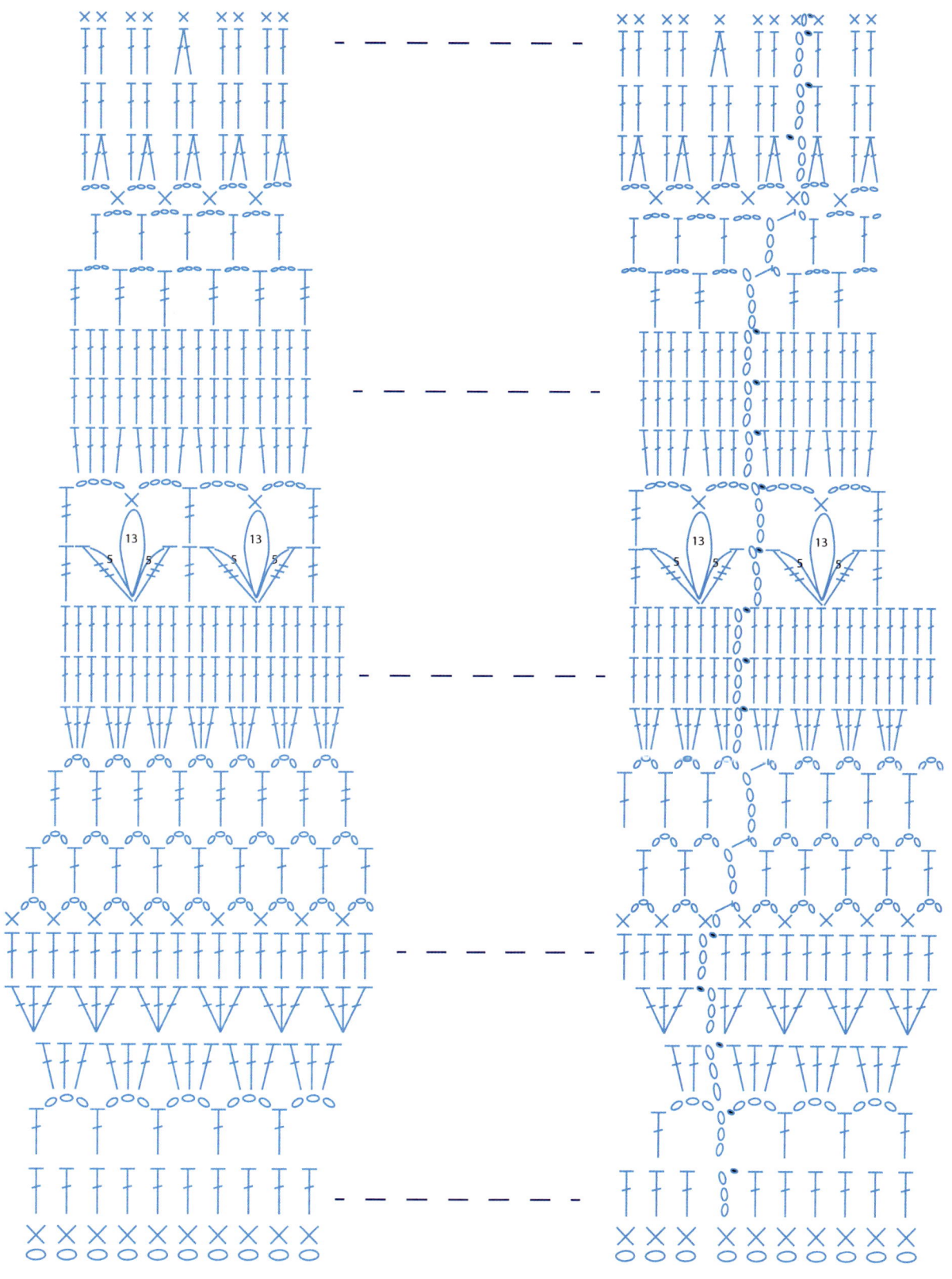

<전체 도안>

은상
밤의 꽃 정원 블랭킷
이 미 경 틸실뭉치

사용실과 사용량: 헤라코튼 1800g **사용 도구:** 모사용 코바늘 5/0호 **사이즈:** 가로 144cm, 세로 96cm
난이도: ★ ☆ ☆ ☆ ☆ **작품사진:** 31쪽

모티브 만들기
1. 코바늘 5호로 사슬 3개를 만들어 처음 코에 한길긴뜨기 15개 빼뜨기 한다.
2. 두 번째 단은 사슬 4개, 두길긴뜨기 4개, 방울뜨기, 사슬 3개, [두길긴뜨기 5개, 방울뜨기, 사슬 3개] 7세트, 처음 사슬 4개째에 빼뜨기 한다.
3. 세 번째 단은 사슬 3개, 한길긴뜨기 2개, 사슬 1개, 두길긴뜨기 3개, 사슬 3개, 두길긴뜨기 3개, [사슬 1개, 한길긴뜨기 3개, 사슬 1개, 두길긴뜨기 3개, 사슬 3개, 두길긴뜨기 3개] 3세트, 사슬1개, 처음 사슬 3개 마지막 코에 빼뜨기 한다.
4. 네 번째 단은 사슬 3개, 한길긴뜨기 2개, 사슬 1개, 한길긴뜨기 3개, 사슬 3개, 한길긴뜨기 3개 [사슬 1개, 한길긴뜨기 3개, 사슬 1개, 한길긴뜨기 3개, 사슬 1개, 한길긴뜨기 3개, 사슬 3개, 한길긴뜨기 3개] 3세트, 사슬 1개, 한길긴뜨기 3개, 사슬 1개, 처음 사슬 3개 마지막 코에 빼뜨기 한다.

블랭킷 테두리 도안

모티브 도안

블랭킷 만들기
1. 모티브는 260장 만든다.
2. 모티브 마지막 단을 뜨면서 가로 20장, 세로 13장으로 연결되도록 잇는다(초보자의 경우 다 떠놓은 후 짧은뜨기로 모티브를 이어준다).
3. 블랭킷 테두리 부분을 한길긴뜨기 3개, 사슬 1개를 반복하여 두 단 뜬다.
4. 마지막 단 짧은뜨기 1개, 사슬 1개 반복하고 코너만 사슬 3개 하면서 한 단 뜨고 마무리한다.

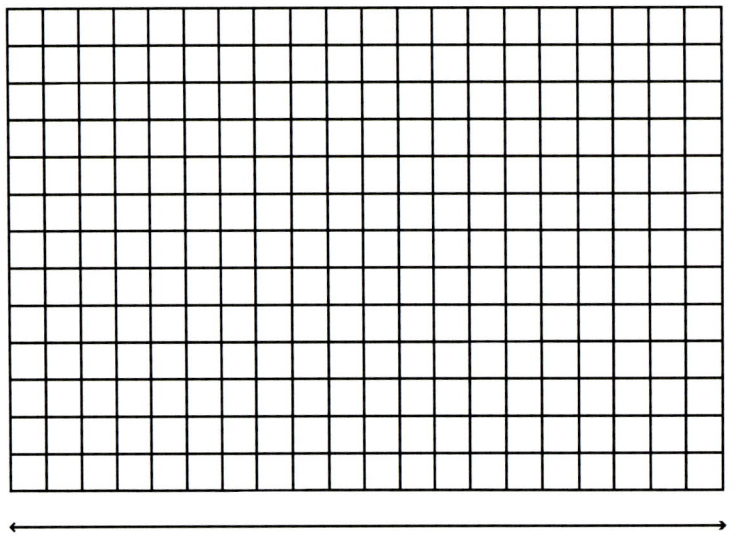

세로 13장 (96cm)

가로 20장 (144cm)

밤의 꽃 정원 빅백

이 미 경 털실뭉치

사용실과 사용량: 헤라코튼 500g **사용 도구:** 모사용 코바늘 5/0호
사이즈: 가로 35cm, 세로 29cm **난이도:** ★ ★ ★ ☆ ☆ **작품사진:** 32쪽

만들기

1. 코바늘 5호로 사슬 4개를 만들어 처음 코에 한길긴뜨기 15개 원형으로 만든다.
2. 두 번째 단은 사슬 4개, 두길긴뜨기 4개, 방울뜨기, 사슬 3개, [두길긴뜨기 5개, 방울뜨기, 사슬 3개] 7세트, 빼뜨기 한다.
3. 세 번째 단은 사슬 3개, 한길긴뜨기 2개, 사슬 1개, 두길긴뜨기 3개, 사슬 3개, 두길긴뜨기 3개, [사슬 1개, 한길긴뜨기 3개, 사슬 1개, 두길긴뜨기 3개, 사슬 3개, 두길긴뜨기 3개] 3세트, 사슬 1개, 빼뜨기 한다.
4. 네 번째 단은 사슬 3개, 한길긴뜨기 2개, 사슬 1개, 한길긴뜨기 3개, 사슬 3개, 한길긴뜨기 3개, [사슬 1개, 한길긴뜨기 3개, 사슬 1개, 한길긴뜨기 3개, 사슬 1개, 한길긴뜨기 3개, 사슬 3개, 한길긴뜨기 3개] 3세트, 사슬 1개, 한길긴뜨기 3개, 사슬 1개, 빼뜨기 한다.
5. 모티브를 53장 만든다.
6. 그림 참고하여 앞판, 뒤판, 옆선을 짧은뜨기로 잇는다.
7. 가방 모양 입구 둘레에서 짧은뜨기 168코 만들어 겹짧은뜨기로 5단 뜬다.
8. 손잡이를 달아준다.

꽃 모티브 도안

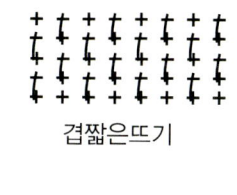

겹짧은뜨기

모티브 배치표

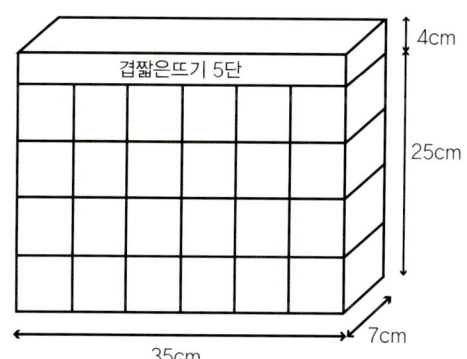

은 상

네코 플라워 숄더백

김 미 란 그린

사용실과 사용량: 네코(그레이 3볼, 인디핑크 1볼) **사용 도구:** 대바늘 3mm
부자재: 지퍼, 꽃 스티치 단추 21cm 2개, 25cm 1개 **사이즈:** 30cm x 20cm
난이도: ★★★★ 작품사진: 33쪽

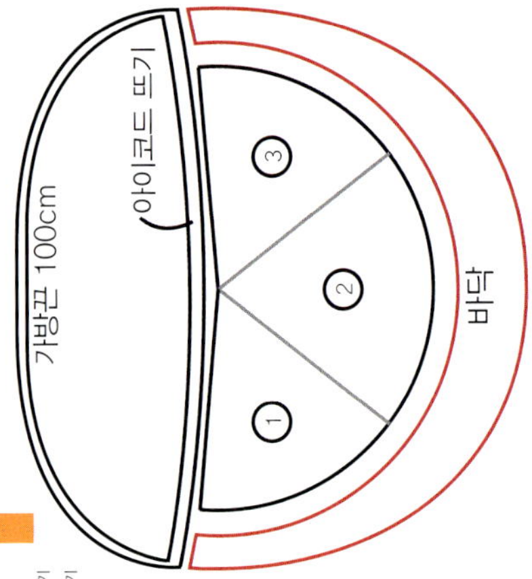

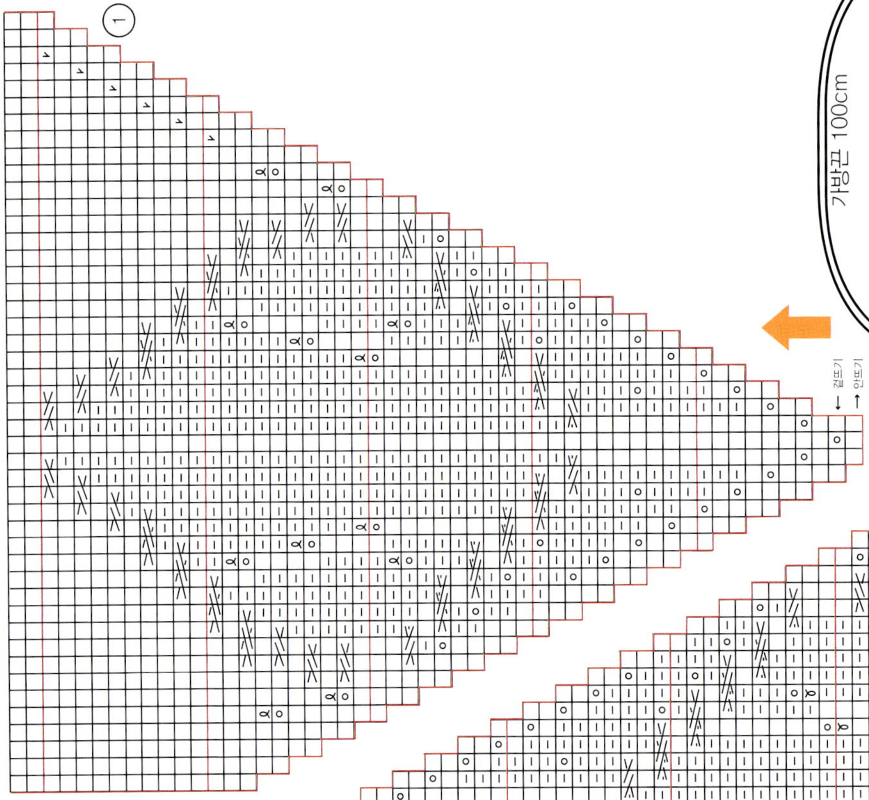

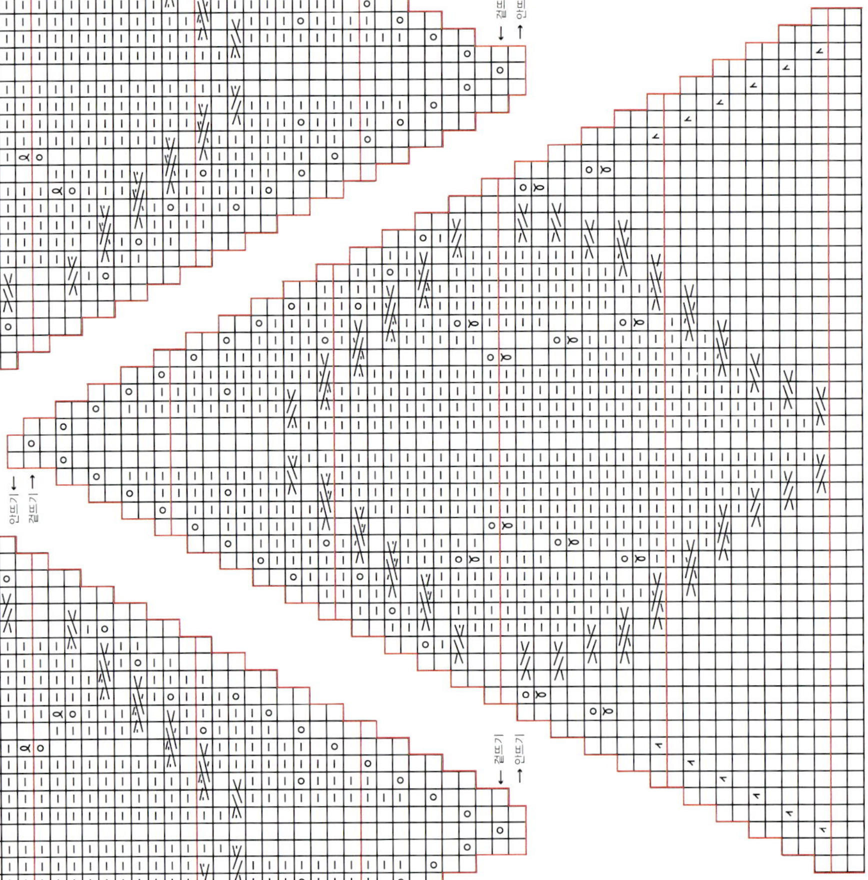

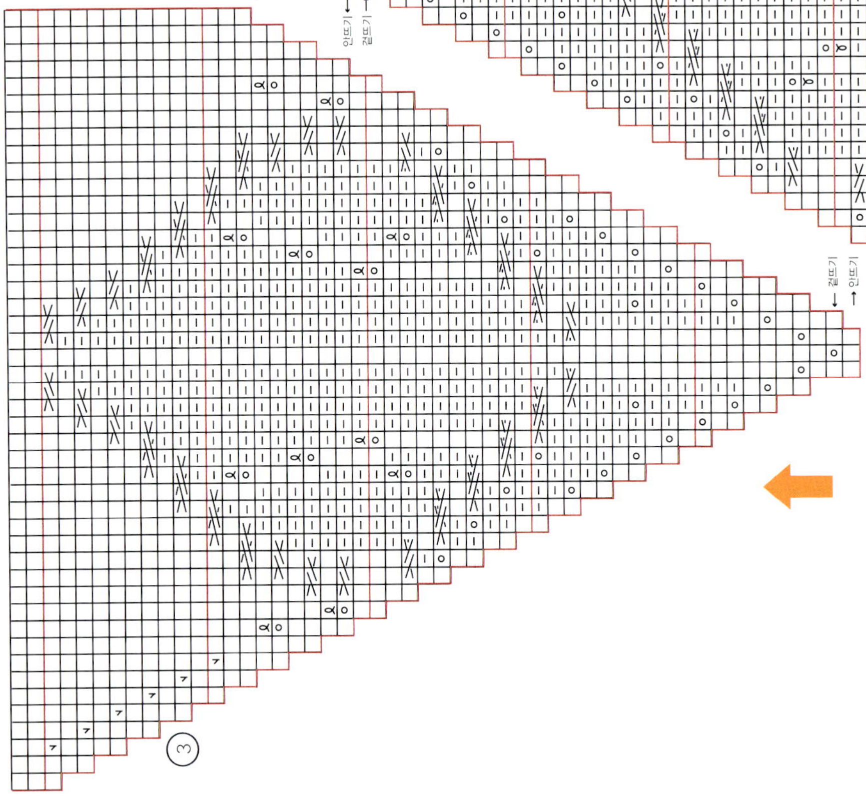

만들기

1. 대바늘 3mm로 네코 회색 1겹해서 원형코 8코 잡아 안뜨기 한다.
2. 1, 2, 3번 도안을 연결하여 한번에 보면서 도안대로 무늬뜨기 하며 51단 뜬다.
3. 52단은 아이코드뜨기 한다.
4. 1~3번 한 장 더 뜬다.
5. 가방 입구는 2코 줍고 1단 걸러 반복해서 140코 잡아 2코 고무뜨기 3단 한 후 아이코드로 입구(지퍼 달릴 곳) 끝까지 마무리 후 4코로 연결해서 아이코드 끈을 길게(100cm) 양쪽으로 만들어 양끝에 모아서 단추를 달아 고정한다.
6. 지퍼를 달아주고 겉면 중앙에 꽃 단추로 장식한다.
7. 가방 옆면 142코 잡아 도안 참고하여 12단까지 2장 뜬다.
8. 두 장을 겉끼리 마주대고 안뜨기로 같이 뜨면서 코막음하여 잇는다.
9. 가방끈 손잡이는 18코 만들어 30단 뜨고 코막음하여 손잡이에 감싸듯 돗바늘로 잇는다.

아이코드 뜨는 법

1. 143코 중 시작코에서 만들기코 3코 늘림, 오른바늘에 4코 있고, 3코 겉뜨기 한 후 오른바늘의 1코와 왼바늘의 1코를 같이 뜬다.
2. 왼바늘의 4코를 오른바늘에 옮겨 겉뜨기 3코 한 후 오른바늘의 1코와 왼바늘의 1코를 같이 뜬다.
3. 2번을 끝까지 반복한다.

2코 1코 꽈배기: 3코 중 1코를 꽈배기 바늘에 꼽아 뒤에다 두고 1코를 안뜨기 한 후 꽈배기 바늘의 2코를 겉뜨기

2코 2코 꽈배기: 4코 중 2코를 꽈배기 바늘에 꼽아 뒤에다 두고 2코를 겉뜨기 한 후 꽈배기 바늘의 2코를 안뜨기

2코 2코 꽈배기: 4코 중 2코를 꽈배기 바늘에 꼽아 뒤에다 두고 2코를 겉뜨기 한 후 꽈배기 바늘의 2코를 겉뜨기

2코 2코 꽈배기: 4코 중 2코를 꽈배기 바늘에 꼽아 앞에다 두고 2코를 겉뜨기 한 후 꽈배기 바늘의 2코를 겉뜨기

2코 2코 꽈배기: 4코 중 2코를 꽈배기 바늘에 꼽아 앞에다 두고 2코를 안뜨기 한 후 꽈배기 바늘의 2코를 겉뜨기

2코 1코 꽈배기: 3코 중 2코를 꽈배기 바늘에 꼽아 앞에다 두고 1코를 겉뜨기 한 후 꽈배기 바늘의 2코를 겉뜨기

2코 1코 꽈배기: 3코 중 1코를 꽈배기 바늘에 꼽아 뒤에다 두고 2코를 겉뜨기 한 후 꽈배기 바늘의 1코를 안뜨기

방울뜨기

1코 겉뜨기 한 후 떠내는 코로 (코 빼지 말고 실 앞으로 두고 그 자리에 다시 겉뜨기, 다시 실 앞으로 두고 그 자리에 다시 겉뜨기)
총 5코를 만든 후 편물 돌려서 안뜨기 5코, 다시 편물 돌려서 겉뜨기 5코 한 후 실이 걸린 코 다음에 있는 4코를 전부 실 걸린 코 쪽으로 넘겨서 없앰(1코 남음)

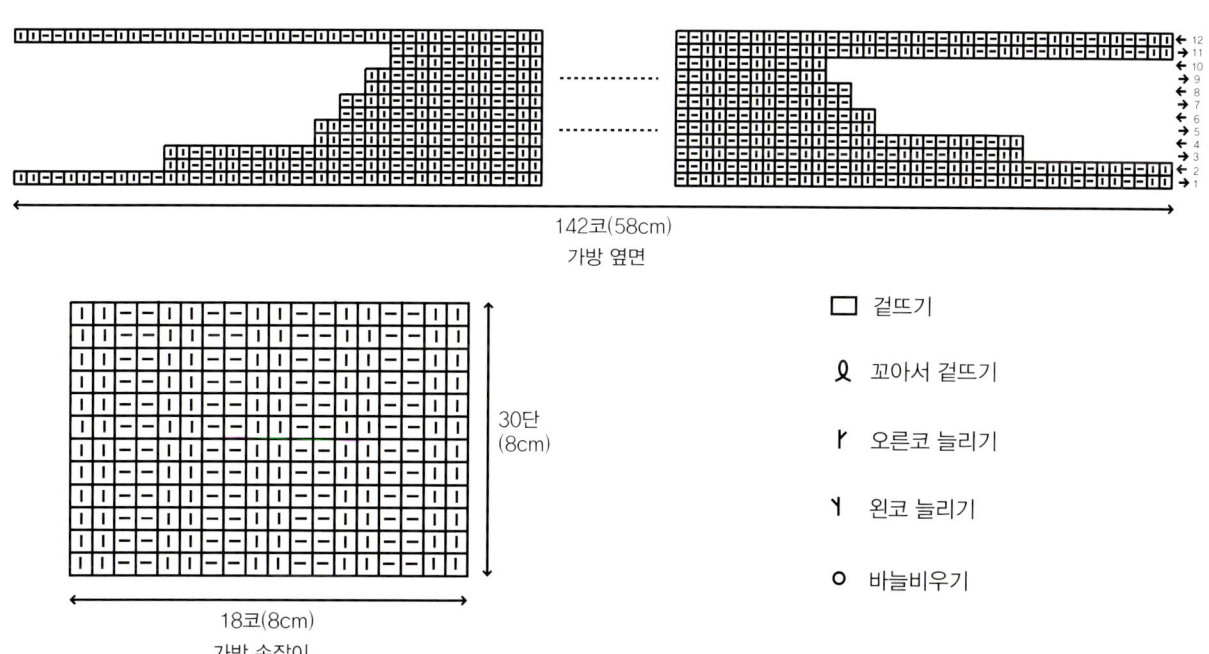

142코(58cm)
가방 옆면

30단 (8cm)

18코(8cm)
가방 손잡이

□ 겉뜨기
Ω 꼬아서 겉뜨기
⋏ 오른코 늘리기
⋎ 왼코 늘리기
○ 바늘비우기

마카롱 플라워 토트백

김미란 그린

사용실과 사용량: 마카롱(진회색 6볼, 연핑크 약간) **사용 도구:** 대바늘 4mm
부자재: 하비 우드 핸들 138, 지퍼, 꽃 스티치 단추(30cm), 똑딱이 단추
사이즈: 가로 43cm, 세로 24cm **난이도:** ★★★★ **작품사진:** 34쪽

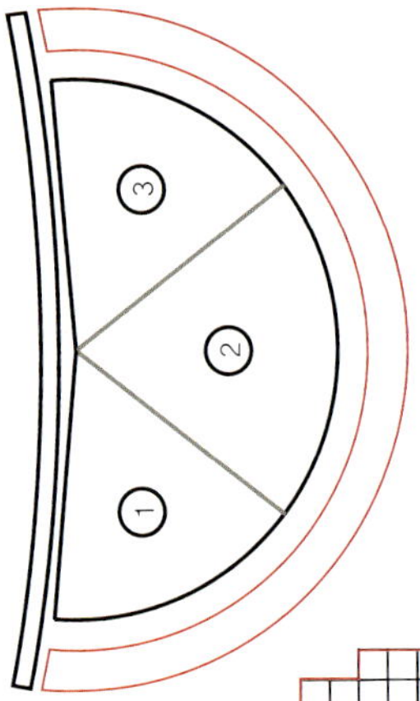

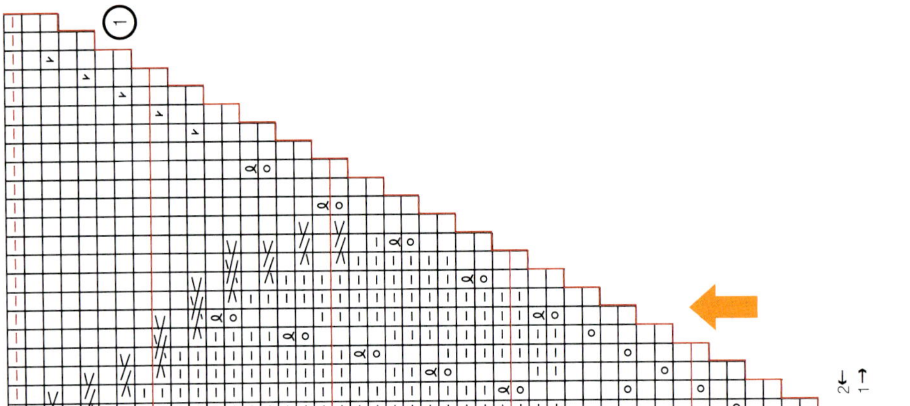

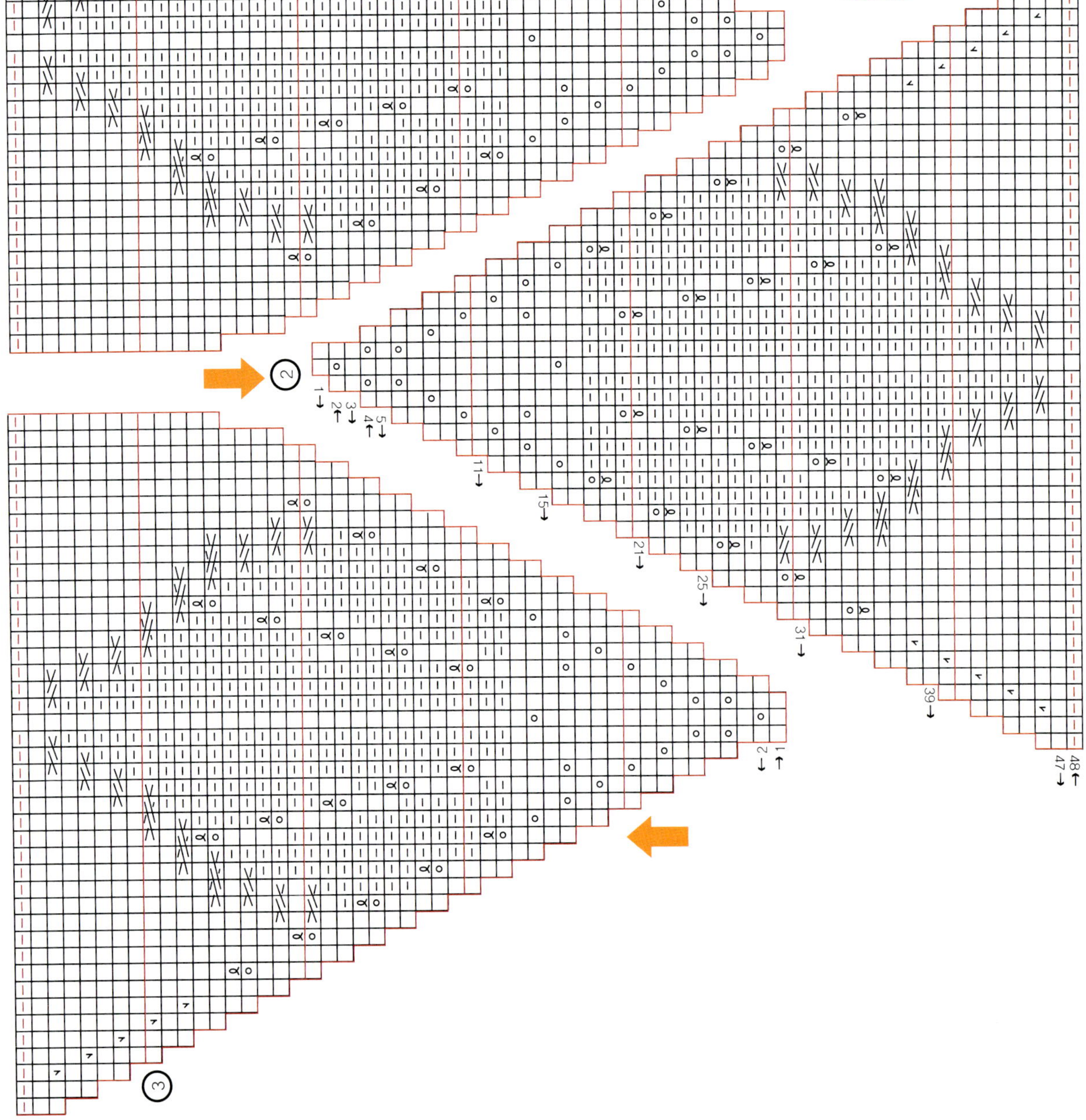

만들기

1. 대바늘 4mm로 마카롱 진회색 2겹하여 원형코 8코 잡아 안뜨기 한다.
2. 1, 2, 3번 도안을 연결하여 한번에 보면서 도안대로 무늬뜨기 하며 48단 뜬다.
3. 한 장 더 만든다.
4. 가방 바닥은 대바늘 4mm로 마카롱 진회색 2겹하여 131코 잡아 메리야스뜨기 12단 하고 코막음 한다.

마무리

1. 옆면과 바닥을 겉에서 핑크색 실을 가방 바닥 길이 2.5배만큼 잘라서 돗바늘로 잇는다.
   (바닥면의 메리야스코와 옆면의 안뜨기 한 코씩 감침질로 연결한다.)
2. 가방 입구 : 바닥과 옆면이 전부 연결된 상태에서 옆중심부터 반대 옆중심까지 대바늘 4mm로 2코 줍고 1단 건너기로 147코 주워 겉뜨기 1단 한다.
3. 앞면 아이코드뜨기 한다.
4. 뒤면 아이코드뜨기를 하다가 중앙에서 4코로만 13cm가량 떠서 단추고리처럼 중앙에 고정하고 나머지 아이코드뜨기 한다.

아이코드 뜨는 법

1. 시작코에서 만들기코 3코 늘림, 오른바늘에 4코 있고, 3코 겉뜨기 한 후 오른바늘의 1코와 왼바늘의 1코를 같이 뜬다.
2. 왼바늘의 4코를 오른바늘에 옮겨 겉뜨기 3코 한 후 오른바늘의 1코와 왼바늘의 1코를 같이 뜬다.
3. 2번을 끝까지 반복한다.

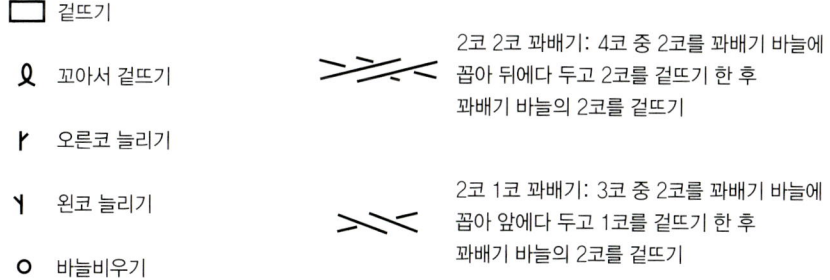

- □ 겉뜨기
- ℓ 꼬아서 겉뜨기
- ʏ 오른코 늘리기
- ʏ 왼코 늘리기
- ○ 바늘비우기

2코 2코 꽈배기: 4코 중 2코를 꽈배기 바늘에 꽂아 뒤에다 두고 2코를 겉뜨기 한 후 꽈배기 바늘의 2코를 겉뜨기

2코 1코 꽈배기: 3코 중 2코를 꽈배기 바늘에 꽂아 앞에다 두고 1코를 겉뜨기 한 후 꽈배기 바늘의 2코를 겉뜨기

방울뜨기

1코 겉뜨기 한 후 떠내는 코로(코 빼지 말고 실 앞으로 두고 그 자리에 다시 겉뜨기, 다시 실 앞으로 두고 그 자리에 다시 겉뜨기) 총 5코를 만든 후 편물 돌려서 겉뜨기 5코, 다시 편물 돌려서 겉뜨기 5코 한 후 실이 걸린 코 다음에 있는 4코를 전부 실 걸린 코 쪽으로 넘겨서 없앰(1코 남음)

은 상

아기동물 딸랑이 – 곰돌이, 강아지, 여우

안 재 희

사용실과 사용량: 아이돌(곰돌이: 보라색 10g, 흰색 2g, 강아지: 흰색 10g, 하늘색 2g),
올리브2(여우: 주황색 10g, 흰색 2g) **사용 도구**: 모사용 코바늘 4/0호 **사이즈**: 가로 8cm, 세로 11cm
난이도: ★ ☆ ☆ ☆ ☆ **작품사진**: 36쪽

1. 얼굴 부분 + 옆 테두리

단 수	콧 수	방 법	비 고
1	6코	원형고리로 짧은뜨기 6코 만들기	
2	12코	[한 코에 두 코씩 짧은뜨기] × 6번	
3	18코	[짧은뜨기 1코, 한 코에 두 코씩 짧은뜨기] × 6번	
4	24코	[짧은뜨기 2코, 한 코에 두 코씩 짧은뜨기] × 6번	
5	30코	[짧은뜨기 3코, 한 코에 두 코씩 짧은뜨기] × 6번	원형 딸랑이 크기에 맞춰
6	36코	[짧은뜨기 4코, 한 코에 두 코씩 짧은뜨기] × 6번	늘리기 단수를 많이 하거나
7	42코	[짧은뜨기 5코, 한 코에 두 코씩 짧은뜨기] × 6번	적게 할 수 있음
8	48코	[짧은뜨기 6코, 한 코에 두 코씩 짧은뜨기] × 6번	
9~19	48코	짧은뜨기 11단	
20	4코	짧은뜨기 4코	
21~50	4코	딸랑이 테두리를 따라 띠를 두를 수 있도록 길이에 맞춰 4코씩 올려 뜸(4코 짧은뜨기-사슬1) × 반복	

※ 4코짜리 가는 면이 반대쪽 면에 닿을 수 있게 완성되면 실을 잘라 반대편 얼굴 부분에 맞닿게 꿰맨다. 만들어진 원통 안에 솜을 채워 딸랑이를 가운데 두고 오므려 맞닿는 부분을 꿰맨다.

2. 입 부분

단 수	콧 수	방 법	비 고
1	5코	원형고리로 짧은뜨기 5코 만들기	
2	10코	[한 코에 두 코씩 짧은뜨기] × 5번	여우는 2단째 5번 반복 중
3	15코	[짧은뜨기 1코, 한 코에 두 코씩 짧은뜨기] × 5번	2번은 흰색 실로 바꿔 떠주고
4	20코	[짧은뜨기 2코, 한 코에 두 코씩 짧은뜨기] × 5번	4단까지만 뜬다.
5	25코	[짧은뜨기 3코, 한 코에 두 코씩 짧은뜨기] × 5번	

동물별 입 모양 잡기

– 강아지 : 4단까지 뜨고 마무리 후, 솜을 넣어 모양이 동그랗게 잡히도록 꿰맨다.

– 곰돌이 : 5단까지 뜨고 마무리 후, 솜을 넣어 동그란 모양을 넓게 잡아 꿰맨다.

– 여우 : 4단까지 뜨고 마무리 후, 흰 부분은 아래로 가도록, 윗부분은 조금 납작하게 모양이 잡히도록 꿰맨다.

3. 귀(2개)

단 수	콧 수	방 법	비 고
1	5코	원형고리로 짧은뜨기 5코 만들기	
2	10코	[한 코에 두 코씩 짧은뜨기] × 5번	여우는 1단 검정실, 2단부터는
3	15코	[짧은뜨기 1코, 한 코에 두 코씩 짧은뜨기] × 5번	주황색과 흰색을 3:2로 배색
4	20코	[짧은뜨기 2코, 한 코에 두 코씩 짧은뜨기] × 5번	하면서 떠서 귀 안쪽을 함께
5	25코	[짧은뜨기 3코, 한 코에 두 코씩 짧은뜨기] × 5번	표현한다.
6	30코	[짧은뜨기 4코, 한 코에 두 코씩 짧은뜨기] × 5번	

동물별 귀 모양 잡기

– 강아지 : 빼뜨기로 마지막 코 마무리 후, 반으로 살짝 구부려 딸랑이 얼굴 상단 옆면에 6~7코 정도만 맞대어 박음질 한다.

– 곰돌이 : 빼뜨기로 마지막 코 마무리 후, 반으로 접어 눌러 맞닿은 코를 박음질하여 반원을 만든다.

– 여우 : 빼뜨기로 마지막 코 마무리 후, 흰 부분이 앞으로 오도록 삼각형으로 모양을 잡아 솜을 채워 딸랑이 얼굴 상단 옆면에 꿰맨다.

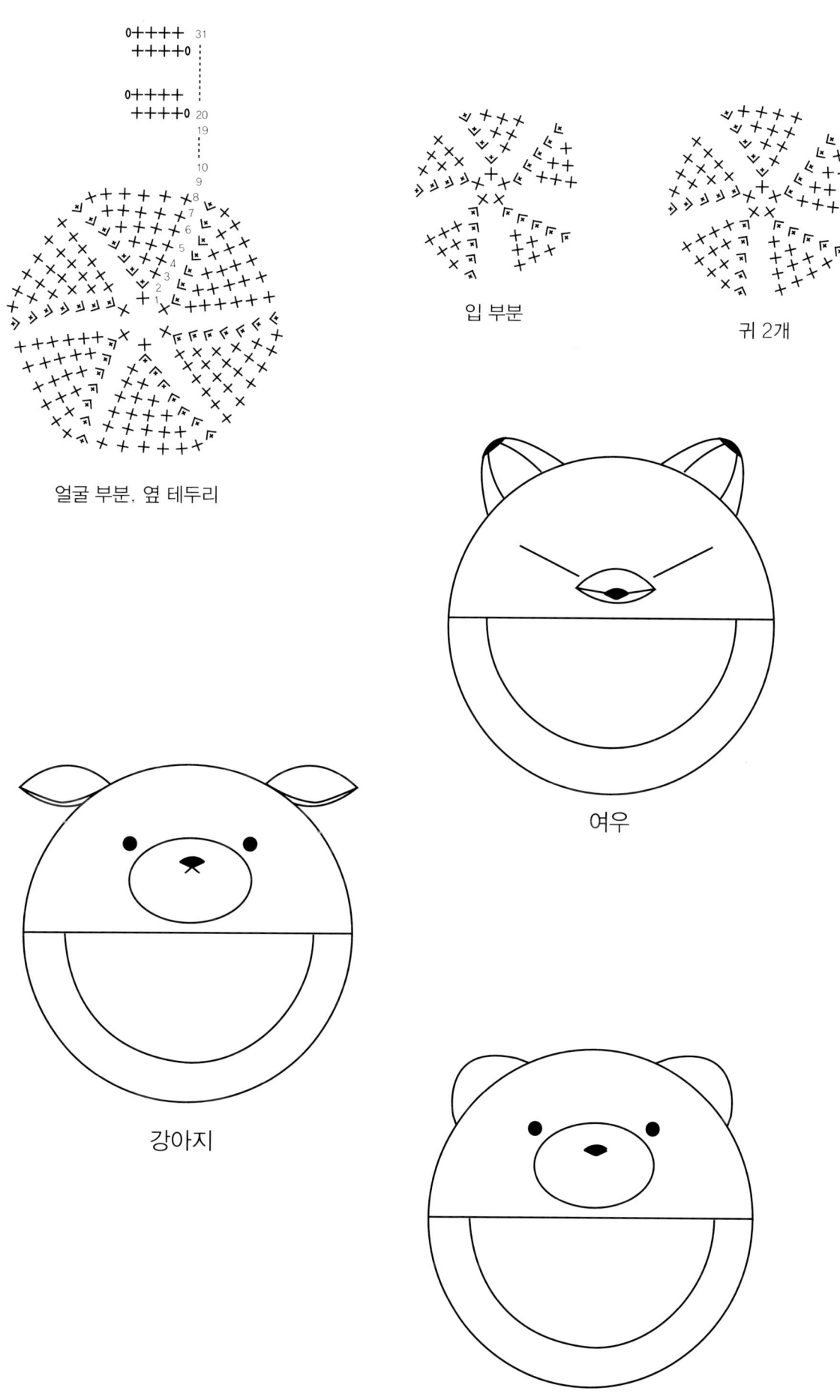

얼굴 부분, 옆 테두리

입 부분

귀 2개

여우

강아지

곰돌이

은상

아기 돌잡이 – 수납바구니 커버, 마이크, 딸랑이 등

장 민 순 모든

사용실과 사용량: 코스모스(베이지 100g) **사용 도구:** 모사용 코바늘 2/0호 **부자재:** 플라스틱 바구니
사이즈: 가로 24cm, 세로 18cm **난이도:** ★ ☆ ☆ ☆ ☆ **작품사진:** 37쪽

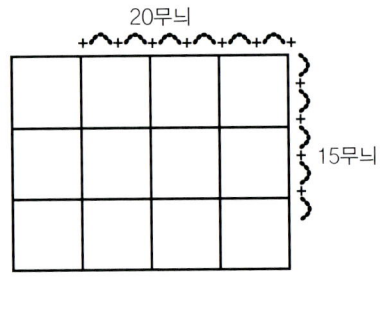

20무늬
15무늬

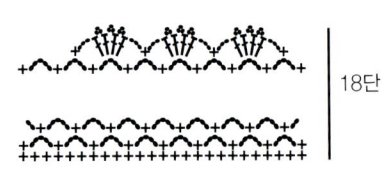

18단

테두리 무늬

모티브 12장

수납 바구니 만들기

1. 코바늘 2호로 베이지색 실 모티브 12장을 만들어 가로 4장, 세로 3장씩을 감침질로 연결한다.
2. 가장자리를 짧은뜨기로 한 바퀴 돌린다.
3. 사슬뜨기 17단을 뜨고 무늬뜨기 1단을 뜨고 마무리한다.
4. 사슬뜨기 1m를 떠서 바구니 테두리에 끼워 움직이지 않게 묶어준다.
5. 아래쪽 모서리 부분도 고정한다.

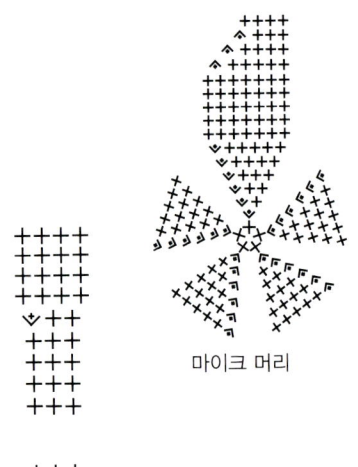

마이크 머리

마이크 손잡이

마이크 손잡이

1. 코바늘 2호로 밤색 실로 원형코 5코를 뜬 후 빼뜨기 연결 없이 15코가 될 때까지 늘린다.
2. 평면뜨기 18단을 뜬 후 20코로 늘려 주고 4단 더 뜬 다음 실을 20cm 정도 남겨둔다.

마이크 머리

1. 코바늘 2호로 빨간색 실로 원형코 5코를 뜬 후 빼뜨기 연결 없이 35코가 될 때까지 늘린다.
2. 평면뜨기 5단을 더 떠 준 다음 20코가 될 때까지 줄여준다.
3. 초록색 실로 1단 더 떠 준다.

마무리

1. 머리 부분에 솜과 딸랑이를 넣어주고 손잡이 부분에도 솜을 채운 다음 돗바늘로 감침질한다.
2. 자투리실을 모아 손잡이 끝부분에 술을 달아준다.

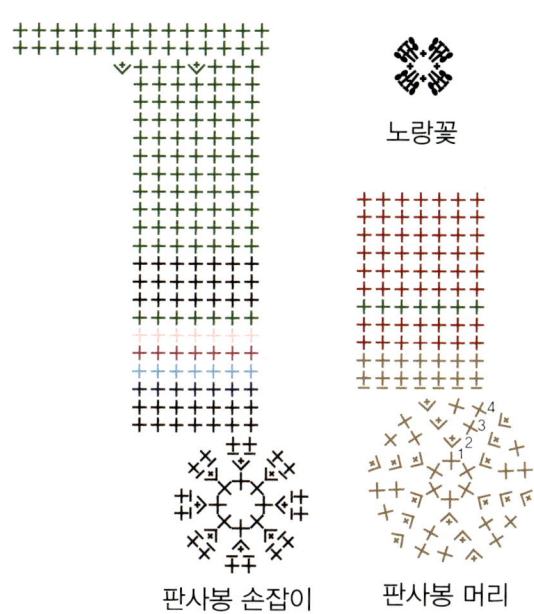

판사봉 손잡이 　 판사봉 머리

판사봉 머리

1. 코바늘 2호로 베이지색 실로 원형코 6코 만들어 24코가 될 때까지 늘린다.
2. 이랑짧은뜨기 1단을 뜨고 배색을 넣어 가며 1단을 뜬다.
3. 같은 방법으로 1장을 더 만들어 2/3 정도 연결하고 솜을 넣은 후 나머지 부분도 돗바늘로 연결한다.

판사봉 손잡이

1. 코바늘 2호로 밤색 실로 원형코 8코 만들어 16코로 늘려준다.
2. 이랑짧은뜨기 1단을 뜬 후 배색을 넣어 가며 20단을 뜬다.
3. [짧은뜨기 4코, 한 코에 짧은뜨기 2코] × 4회 반복 (20코)
4. 2단 짧은뜨기
5. 솜을 넣어주고 머리 가운데 부분에 붙여 준 후 빨강 이음선 부분에 꽃을 달아준다.

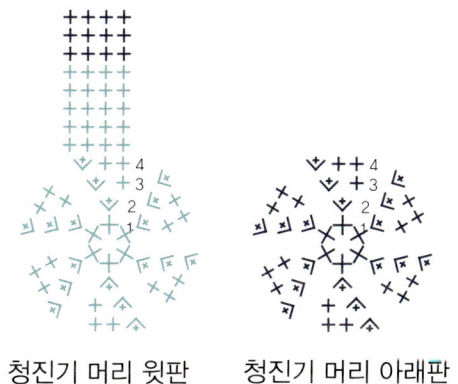

청진기 머리 윗판 　 청진기 머리 아래판

청진기 머리

1. 코바늘 2호로 하늘색 실로 원형코 짧은뜨기 6코를 만들어 24코가 될 때까지 늘려준다.
2. 짧은뜨기 5단을 뜬 다음, 남색 실로 3단을 더 뜬다.
3. 남색 실로 1번과 같이 1장 더 뜬다.

청진기 몸통

1. 코바늘 2호로 빨간색 실로 원형코 짧은뜨기 6코를 만들어 12코로 늘린 다음, 짧은뜨기 3단을 뜬다.
2. 남색 실로 짧은뜨기 3단 뜬 후 도안 ✿표 부분 4단을 6회 반복한다.
3. 같은 방법으로 1장을 더 만든 다음 와이어와 솜을 넣어주고 돗바늘로 연결한다.

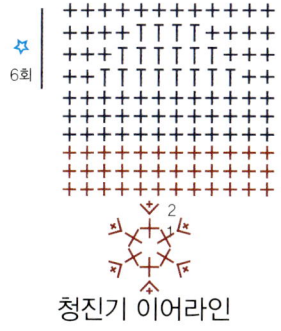

청진기 이어라인

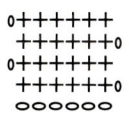

중간 라인 　 빨간 십자 장식

+○○○+○○○---+○○○+○○○+○○○+○

진찰줄

마무리

1. 하늘색 머리 부분에 남색 줄을 고정시킨 다음 솜과 뻑뻑이를 넣어주고 남색 판을 연결한다.
2. 흰색 띠에 1번의 줄을 고정시키고 십자 장식을 붙인 다음 몸통 가운데 부분에 꿰매준다.

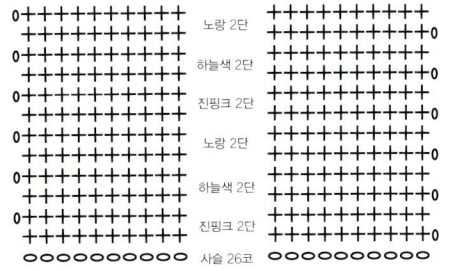

몸 통

연필 몸통

1. 코바늘 2호로 진핑크색 실로 사슬 26코 잡아서 짧은뜨기 2단 뜬다.
2. 색 바꿔가며 12단을 뜬 후 시작 부분과 감침질로 연결한다.

지우개 부분

1. 코바늘 2호로 연핑크색 실로 원형코 짧은뜨기 6코 만들어서 12코로 늘려준다.
2. 이랑짧은뜨기 1단을 뜨고 배색을 넣어가며 5단을 뜬다.

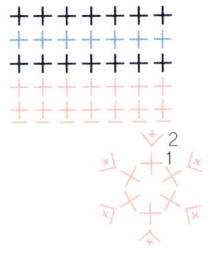

지우개 부분

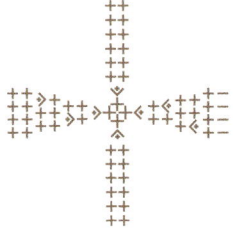

연필 깎는 부분

밤색 연필심

연필 깎는 부분

1. 코바늘 2호로 베이지색 실로 원형코 짧은뜨기 4코 만들어 8코로 늘린 다음 1단 더 뜬다.
2. [짧은뜨기 3코, 한 코에 짧은뜨기 2코] × 2회 (10코)
3. 짧은뜨기 2코, 한 코에 짧은뜨기 2코, 짧은뜨기 4코, 한 코에 짧은뜨기 2코, 짧은뜨기 2코(12코)

마무리

1. 연필 깎는 부분에 연필심을 고정하고 솜을 넣는다.
2. 각 부분에 솜을 넣어 몸통 부분에 연결한다.

대장모자 만들기

1. 코바늘 2호로 초록색 실로 원형코 짧은뜨기 7코를 뜬 후 빼뜨기 연결 없이 9코가 될 때까지 늘린다.
2. 짧은뜨기 7단 뜬다.
3. 챙 부분 21코를 앞쪽에서 짧은뜨기 한 올만 잡아 뜨고, 사슬 1코를 뜬 다음, 뒤쪽에서 다시 한 올씩 잡아 21코를 뜨고, 사슬 1코를 떠서 빼뜨기로 연결한다.
4. 같은 방법으로 도안을 보면서 다섯 단까지 뜨고 돗바늘로 감침질한다.
5. 코바늘 2호로 노랑색 실로 도안 참고하여 별 4개를 떠서 챙 윗부분 앞에 붙여 준다.

대장모자

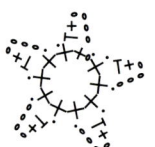

노란색 별

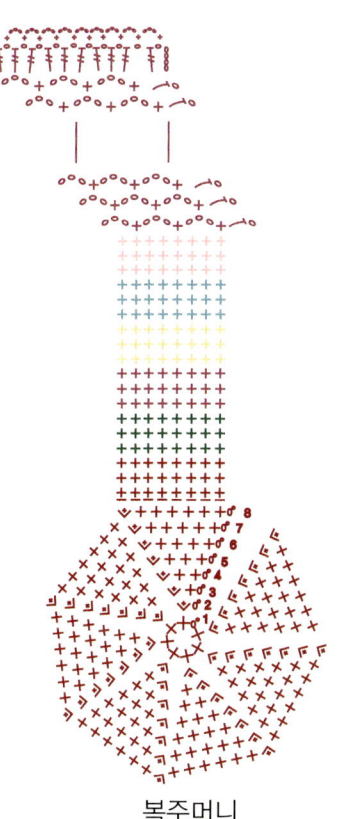

복주머니

1. 코바늘 2호로 빨간색 실로 원형코 8코 만들어서 64코가 될 때까지 늘린다.
2. 평면뜨기 1단을 뜨고 이랑짧은뜨기 1단을 뜬 다음 색을 바꿔가며 뜬다.
3. 진핑크색으로 그물뜨기 7단을 뜨고 무늬뜨기 2단을 뜬다.
4. 꽃 2장, 끈 2장을 떠서 그물뜨기 5단, 6단 부분에 끈을 넣어주고 꽃을 달아준다.
5. 주머니 안에 플라스틱 물병을 잘라 넣어주고, 안에 동전을 넣어준다.

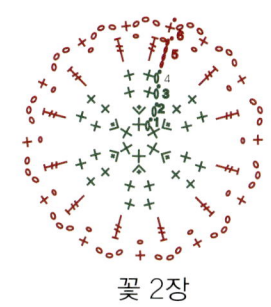

꽃 2장

사슬코 30cm 2장

복주머니

육각형 20장

축구공 육각형 만들기

1. 코바늘 2호 사용하여 베이지색 실로 원형코 6코 만들어 18코까지 늘려준다.
2. 흰색 실로 바꿔서 24코 늘리면서 1단을 뜬다.
3. 20장을 만든다.

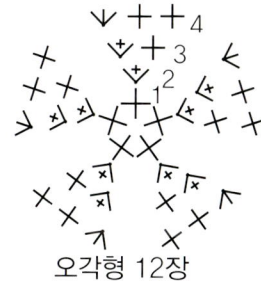

오각형 12장

축구공 오각형 만들기

1. 코바늘 2호 사용하여 밤색 실로 원형코 5코 만들어 15코까지 늘려준다.
2. 흰색 실로 바꿔서 25코 늘리면서 1단 뜬다.
3. 12장을 뜬다.

16장 배치 2개

마무리

1. 16장 배치하면서 돗바늘 사용하여 흰색 실로 한 올씩 잡아 감침질로 연결한다.
2. 같은 배치 한 장 더 만들어 서로 맞물리게 연결하고 솜을 넣어 주고 마무리한다.

은상
한글 블랭킷

강솔희 *성현맘스*

사용실과 사용량: 네코(베이지 6.5볼, 브라운 5.5볼) **사용 도구:** 대바늘 4mm, 모사용 코바늘 5/0호
사이즈: 가로 104cm, 세로 92cm **난이도:** ★ ★ ★ ☆ ☆ 작품사진 38쪽

만들기

1. 4.4mm 대바늘에 바탕실로 40코 잡아 가터뜨기 6단 뜬다.
2. 양쪽 5코는 계속 가터뜨기, 가운데 30코는 메리야스뜨기 13단 뜬다.
3. 도안 3, 도안 4 참고하여 배색실로 자음과 모음을 뜬다.
4. 바탕실로 양쪽 5코 가터뜨기, 가운데 30코 메리야스뜨기 13단 뜬다.
5. 바탕실로 가터뜨기 6단, 코막음 한다.
7. 가로는 모사용 코바늘 5호 사용하여 빼뜨기로 잇는다.
8. 세로는 돗바늘을 사용하여 가터뜨기 잇기를 한다.

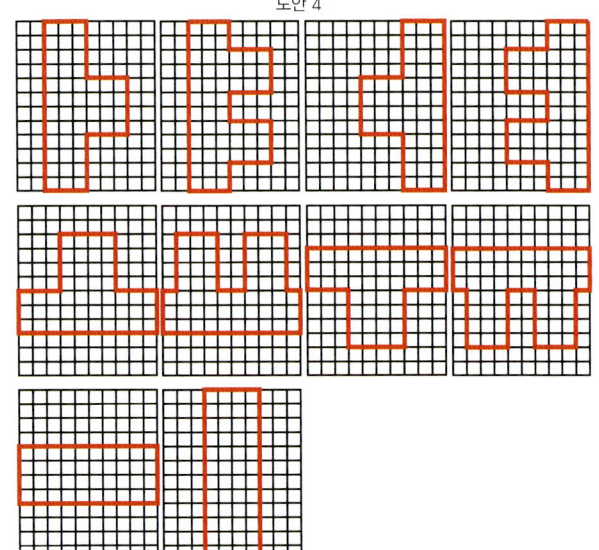

은 상

대형 러그

김 민 주 해오름맘

사용실과 사용량: 스타킹 **사용 도구:** 코바늘 12mm **사이즈:** 지름 200cm
난이도: ★ ★ ★ ☆ ☆ **작품사진:** 39쪽

만들기

1. 1단 : 원형코 만들고 사슬 3코, 한길긴뜨기 19개 빼뜨기한다.

2. 2단 : 사슬 3개, [두 번째 코에 한길긴뜨기 2개, 사슬 2개] 9세트, 두 번째 코에 한길긴뜨기 1개, 빼뜨기한다.

3. 3단 : 사슬 3개, 한길긴뜨기, [사슬 3개, 한 코에 한길긴뜨기 2개, 다음 코에 한길긴뜨기 2개] 9세트, 사슬 3개, 한 코에 한길긴뜨기 2개, 빼뜨기한다.

4. 4단 : 사슬 3개, 다음 코에 한길긴뜨기 2개, [사슬 3개, 한 코에 한길긴뜨기 2개, 한길긴뜨기 2개, 다음 코에 한길긴뜨기 2개] 9세트, 사슬 3개, 한 코에 한길긴뜨기 2개, 한길긴뜨기 1개, 빼뜨기한다.

5. 5단 : 한 코에 사슬 3개, 한길긴뜨기, 한길긴뜨기 2개, [사슬 3개, 한길긴뜨기 2개, 다음 코에 한길긴뜨기 2개, 사슬 1개, 다음 코에 한길긴뜨기 2개, 한길긴뜨기 2개] 9세트, 사슬 3개, 한길긴뜨기 2개, 다음 코에 한길긴뜨기 2개, 사슬 1개, 빼뜨기한다.

6. 6단 : 한 코에 사슬 3개, 한길긴뜨기, 한길긴뜨기 3개, [사슬 3개, 한길긴뜨기 3개, 다음 코에 한길긴뜨기 2개, 사슬 2개, 다음 코에 한길긴뜨기 2개, 한길긴뜨기 3개] 9세트, 사슬 3개, 한길긴뜨기 3개, 다음 코에 한길긴뜨기 2개, 사슬 2개, 빼뜨기한다.

7. 7단 : 사슬 3개, 한길긴뜨기 4개, [사슬 3개, 한길긴뜨기 5개] 18세트, 사슬 3개, 빼뜨기한다.

8. 8단 : 사슬 3개, 한길긴뜨기 4개, [사슬 3개, 한길긴뜨기 5개, 사슬 5개, 한길긴뜨기 5개] 9세트, 사슬 3개, 한길긴뜨기 5개, 사슬 5개, 빼뜨기한다.

9. 9단 : 사슬 3개, 한길긴뜨기 4개, [사슬 3개, 한길긴뜨기 5개, 사슬 3개, 아래 사슬 중간에 한길긴뜨기 1개, 사슬 3개, 한길긴뜨기 1개 사슬 3개, 다음 코에 각각 한길긴뜨기 5개] 9세트, 사슬 3개, 한길긴뜨기 5개, 사슬 3개, 아래 사슬 중간에 한길긴뜨기 1개, 사슬 3개, 한길긴뜨기 1개, 사슬 3개, 빼뜨기한다.

10. 28단까지 도안 참고하여 뜬다.

11. 빼뜨기 5개(자리 이동)하여 28단 사슬 5개 중간에 짧은뜨기 1개, {[사슬 4개, 두길긴뜨기 3코 모아뜨기, 사슬 4개, 28단 사슬 3개 중간에 짧은뜨기 1개] 8세트, 사슬 4개, 두길긴뜨기 3코 모아뜨기, 사슬 4개, 28단 사슬 5개 중간에 짧은뜨기 1개, 사슬 7개, [한길긴뜨기 2코 모아뜨기] 2세트, 사슬 7세트, 28단 사슬 5개 중간에 짧은뜨기 1개} 10세트, 빼뜨기한다.

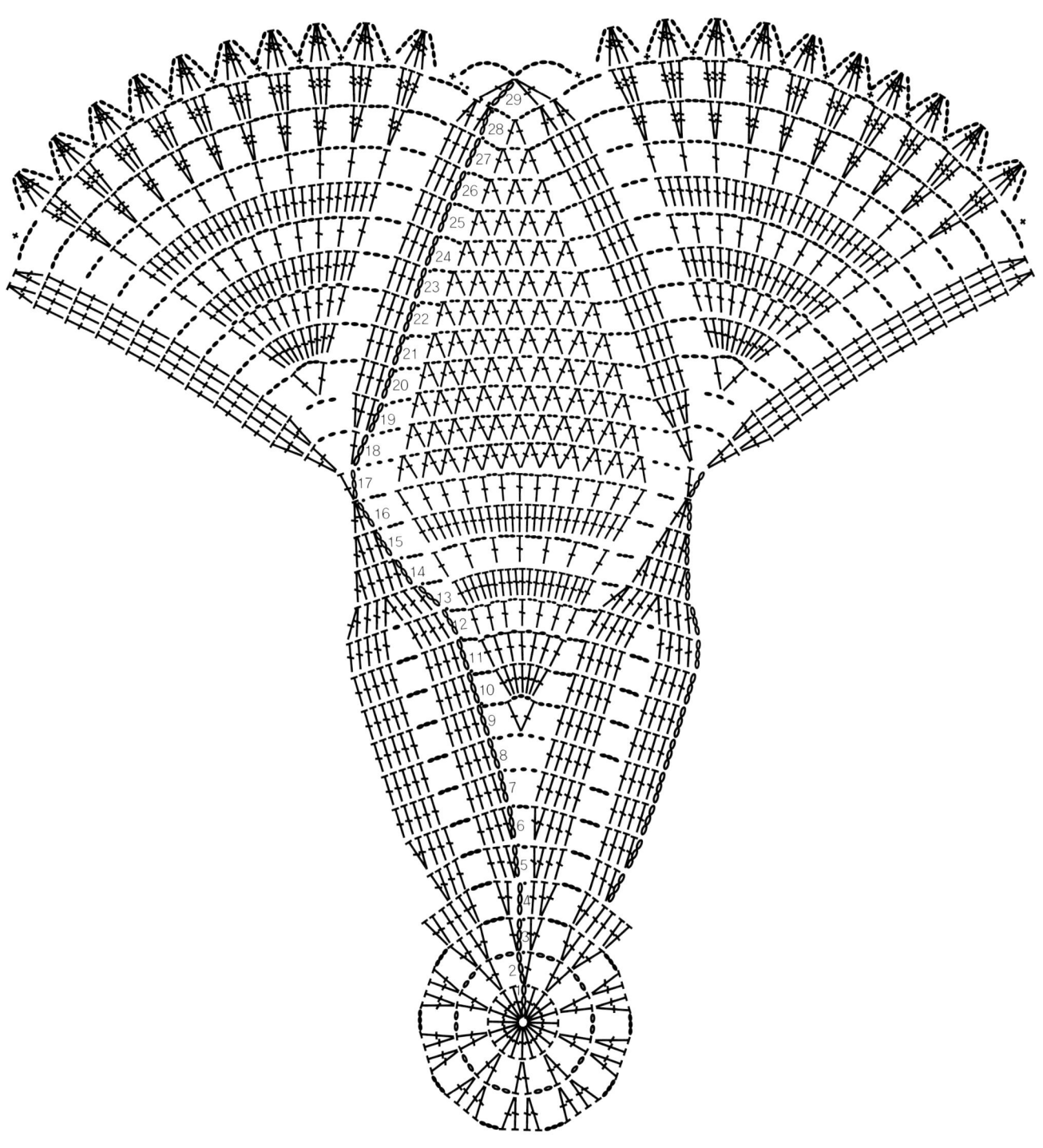

은상

Lady Hoo Doily

문은경 차차

사용실과 사용량: 리즈베스 약 3g **사용 도구:** 셔틀 2개, 레이스 코바늘
사이즈: 24cm x 24cm **난이도:** ★ ★ ★ ☆ ☆ **작품사진:** 40쪽

⊗ : 조세핀 넛(10으로)

★ : SCMR

만들기

1. 1라운드에서 링 6-3-3-6을 만들고 체인 3-3-3-3에서 롱피코 두 개의 길이는 리즈베리 #40수를 기준해 14mm로 해준다.
2. 2라운드에서 링 1+8+8+1을 진행할 때 켈틱으로 조인해준 후 조세핀넛은 10으로 진행한 후 체인 6을 들어간다 (모든 조세핀넛은 10으로 한다).
3. 6-2-2-2-2-6에서 링 올리는 실남기기 부분은 3mm, 4mm, 5mm, 4mm, 3mm로 둥글게 표현해준다.
4. 3라운드에서 2라운드의 링을 잘 조인해주고 4라운드에서는 SCMR을 진행한다.
5. 시작을 SCMR 부분을 먼저 해야 실꼬리가 깔끔하게 정리되므로 시작은 11-1-1-1-1-11부터 한다. 2라운드와 마찬가지로 링을 실 위에 올려주는데 7mm와 9mm로 작업해준다.
6. 마지막 라운드에서는 각각의 롱피코에 링을 잘 조인하고 7mm 롱피코 2개는 한꺼번에 조인해주는데 여기서 한 방향으로 겹치게 조인해야 균일하게 나온다.
7. 이 도안의 포인트는 4라운드로 실남기기와 롱피코의 블로킹이 관건이다.

은 상

태비 파우치

정현주 빨간 구름

사용실과 사용량: 네코 2볼(100g) **사용 도구:** 모사용 코바늘 5/0호
사이즈: 큰 것(가로 24cm, 세로 17.5cm), 중간(가로 22cm, 세로 15cm), 작은 것(가로 19cm, 세로 13cm)
난이도: ★ ☆ ☆ ☆ ☆ **작품사진:** 41쪽

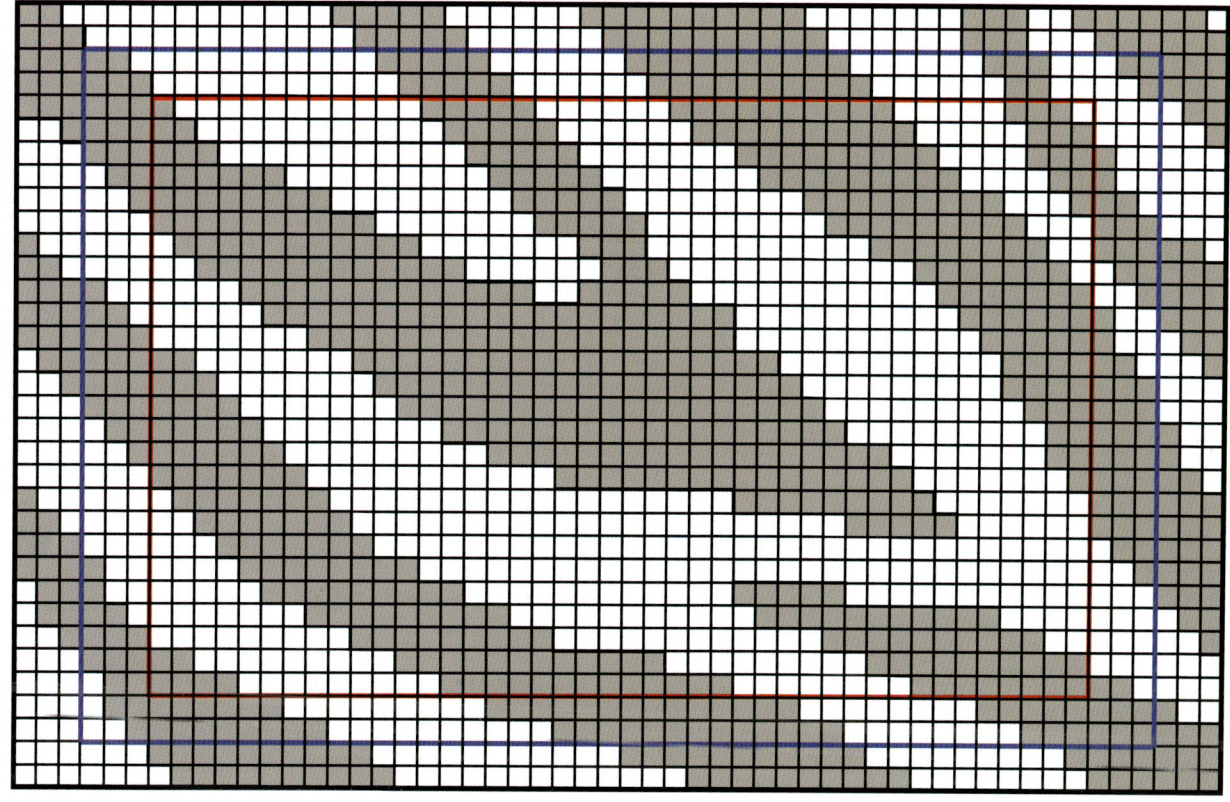

큰 사이즈 파우치 만들기

1. 검정실로 사슬 51코 만들고 도안 참고하여 검정과 흰색을 색상 바꿔가면서 두 번째 사슬코에 짧은뜨기 3개, 짧은뜨기 48개, 한 코에 짧은뜨기 5개, 반대방향 짧은뜨기 48개, 한 코에 짧은뜨기 2개, 빼뜨기한다.
2. 사슬 하나 짧은뜨기로 도안배색 참고하여 35단을 뜬다.

중간 사이즈 파우치 만들기

1. 검정실로 사슬 45코 만들고 도안 참고하여 검정과 민트색을 색상 바꿔가면서 두 번째 사슬코에 짧은뜨기 3개, 짧은뜨기 42개, 한 코에 짧은뜨기 5개, 반대방향 짧은뜨기 42개, 한 코에 짧은뜨기 2개, 빼뜨기한다.
2. 사슬 하나 짧은뜨기로 도안배색 참고하여 31단을 뜬다.

작은 사이즈 파우치 만들기

1. 검정실로 사슬 39코 만들고 도안 참고하여 검정과 살구색을 색상 바꿔가면서 두 번째 사슬코에 짧은뜨기 3개, 짧은뜨기 36개, 한 코에 짧은뜨기 5개, 반대방향 짧은뜨기 36개, 한 코에 짧은뜨기 2개, 빼뜨기한다.
2. 사슬 하나 짧은뜨기로 도안배색 참고하여 27단을 뜬다.

은 상

곰 세 마리 소풍 가요 – 피크닉 가방

박 경 숙 버럭 할매

사용실과 사용량: I love Doll **사용 도구:** 대바늘 3mm, 모사용 코바늘 3/0호.
사이즈: 가로 38 cm, 세로 25cm **난이도:** ★ ☆ ☆ ☆ ☆ **작품사진:** 42쪽

피크닉 가방 만들기

1. 바닥 : 1~38단 – [1단은 한길긴뜨기, 2단은 짧은뜨기] × 19반복, 39단 – 한길긴뜨기로 마무리
2. 바닥에서 단 올리기 : 가장자리에 80+50+80+50코 만들어 진갈색 실로 짧은뜨기 뜨면서 4단, 밝은갈색 짧은뜨기 2단, 진갈색 짧은뜨기 4단, 밝은갈색 짧은뜨기 2단, 진갈색 짧은뜨기 9단, 진갈색으로 백짧은뜨기 1단
3. 뚜껑 만들기 : 1~38단 – [1단은 1길 긴뜨기, 2단은 짧은뜨기] × 19반복, 39단 – 한길긴뜨기로 마무리
4. 뚜껑에서 단 올리기 : 가장자리에 80+50+80+50코 만들어 진갈색 실로 짧은뜨기 9단, 백짧은뜨기 1단 뜬 후 실을 정리한다.
5. 수납A 모티브와, 수납B 모티브는 도안 참고하여 만든다.
6. 꽃 10개와 꽃잎 7개를 도안 참고하여 만든다.
7. 곰돌이 리본은 3mm 대바늘로 색상배색하며 10단 뜬다.
8. 곰돌이엄마 얼굴, 귀, 큰 코, 작은 코는 도안 참고하여 뜬다.

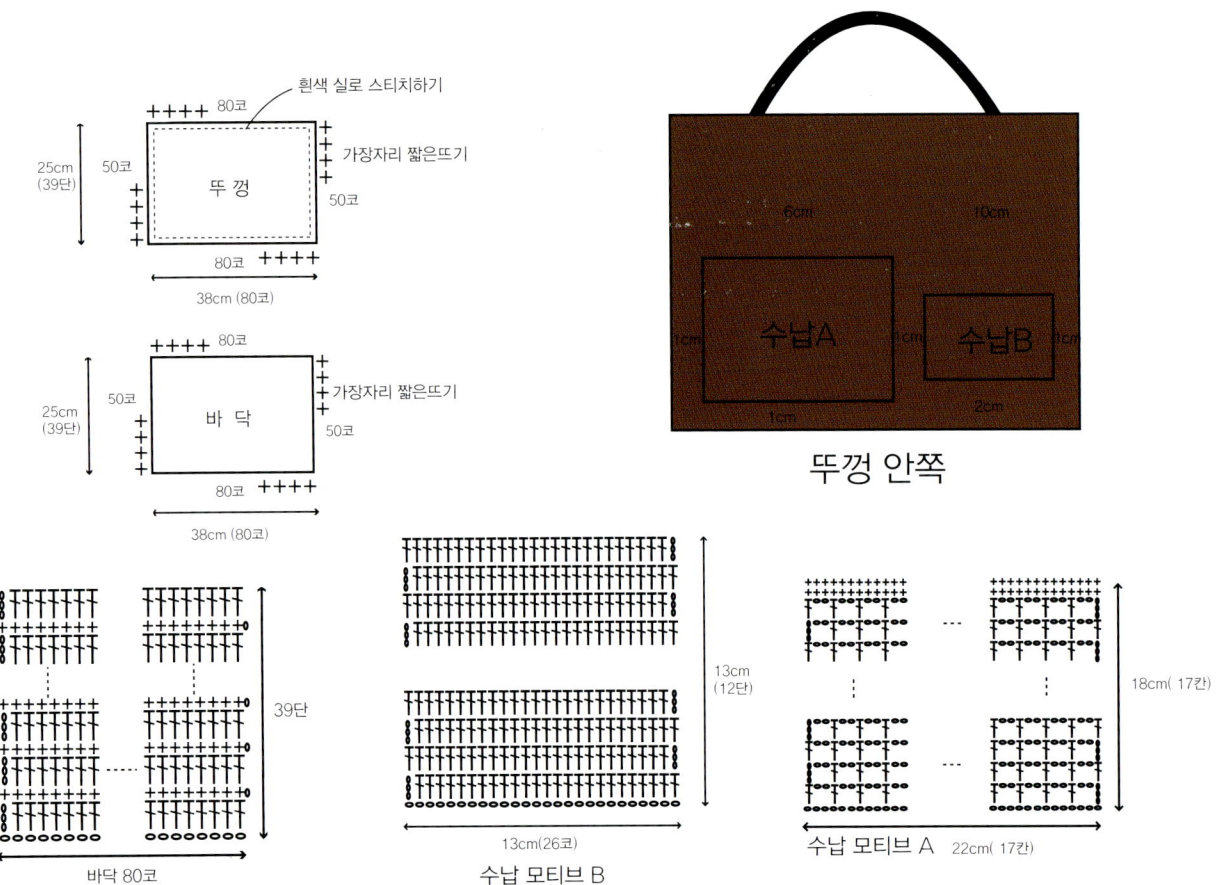

마무리

1. 피크닉 가방 바닥과 뚜껑을 맞대어 한 면에 감침질로 잇는다.
2. 뚜껑 안쪽에 수납A는 도안 참고하여 감침질로 3면만 고정한다. 수납B도 도안 참고하여 감침질로 3면 고정하고 고정하지 않은 입구에 3칸이 되도록 박음질한다.
3. 손잡이를 달고 뚜껑 겉면 손잡이 중앙에 엄마곰 얼굴을 고정한다.
4. 꽃 10개와 꽃잎 7개를 뚜껑 겉면 아랫부분에 고정한다.

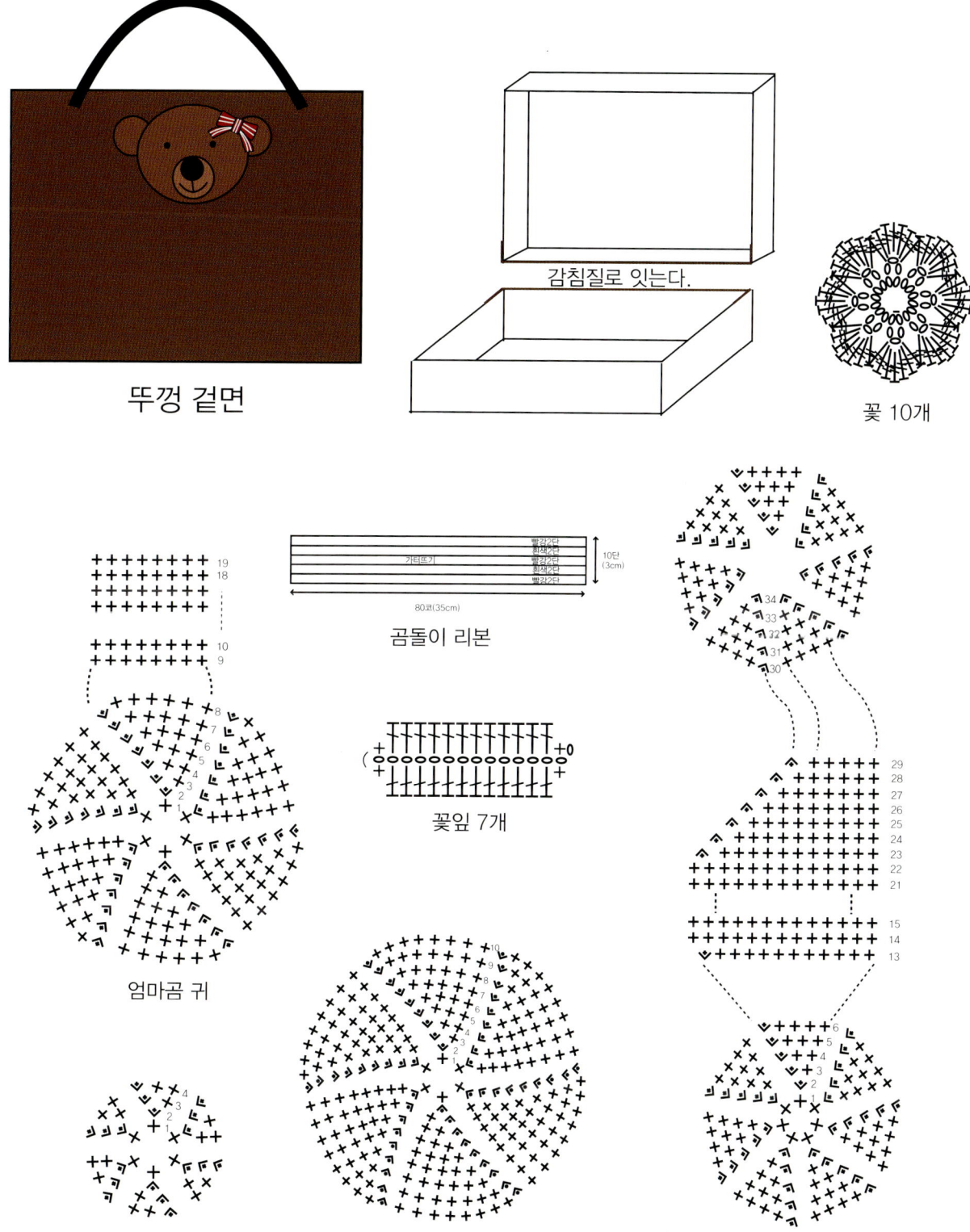

곰 세 마리 소풍가요 - 돗자리 겸 이불, 물통

박 경 숙 버럭 할매

사용실과 사용량: I love doll 3파운드 **사용 도구:** 모사용 코바늘 3/0호
사이즈: 가로 150cm, 세로 132cm **난이도:** ★ ☆ ☆ ☆ ☆ **작품사진:** 43쪽

돗자리 만들기

1. 3호 코바늘로 I love doll 주황색 실로 시작하고, 도안 참고하여 단마다 색상 달리하면서 164단을 뜬다.
2. 아빠곰 얼굴, 귀, 큰 코, 작은 코는 도안 참고하여 뜬다.
3. 얼굴에 솜을 넣어서 마무리한다.
4. 얼굴에 귀와 큰 코와 작은 코를 감침질로 고정한다.
5. 돗자리 맨위 손잡이 위치에 곰 얼굴을 고정한다.

돗자리 도안

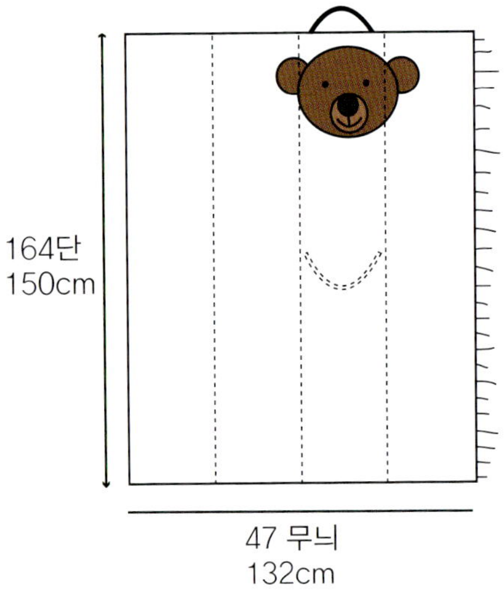

164단
150cm

47 무늬
132cm

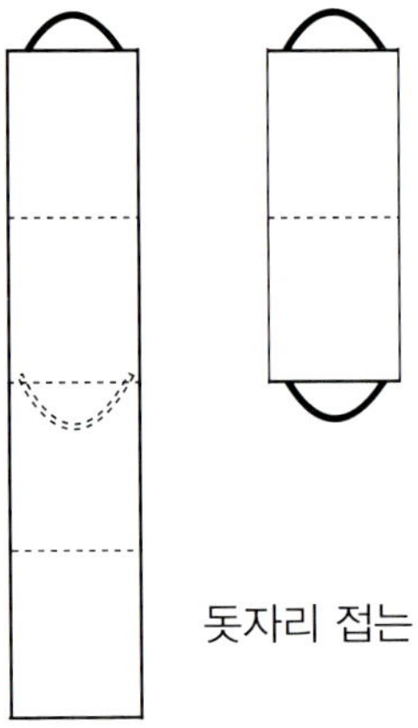

돗자리 접는 방식

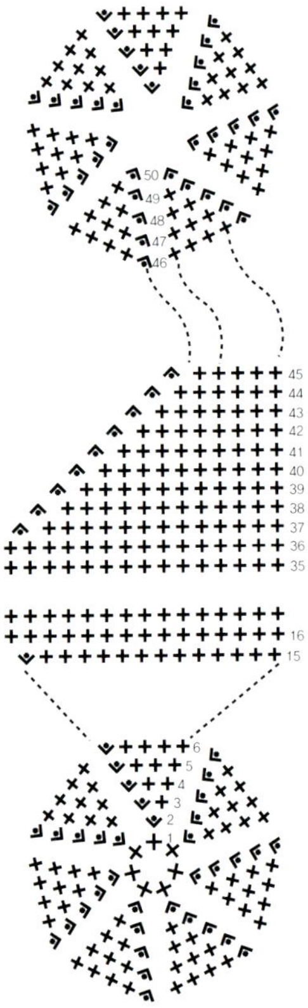

아빠곰 얼굴

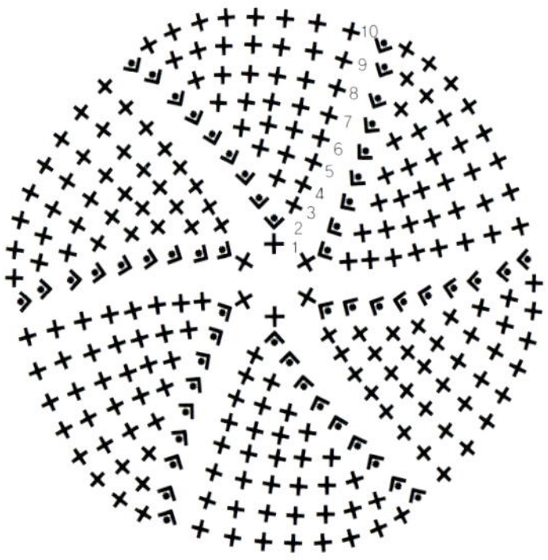

코 큰 원

코 작은 원

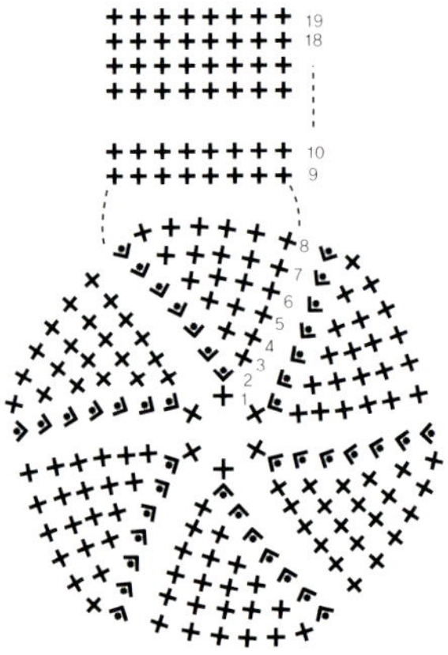

아빠곰 귀

물통 만들기

1. 3호 코바늘로 곤색 실 사용하여 원형코를 만들고 긴뜨기 16코를 만든다.
2. 한 코에 긴뜨기로 두 코씩 하여 32코를 만든다.
3. 단마다 색상 다르게 도안 참고하여 22단을 뜬다.
4. 22단의 색상과 같은 색으로 프릴단을 뜬다.

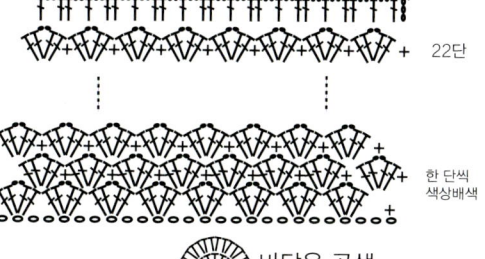

물통 / 바닥은 곤색

사슬 60코 / 물통 여밈끈 / 물통 어깨끈 사슬 150코

큰 코 / 작은 코

곰돌이 귀

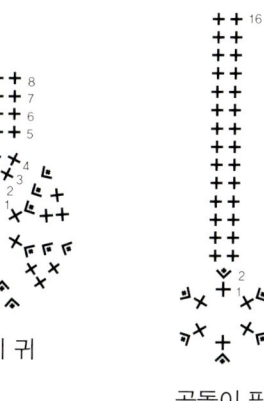
곰돌이 팔

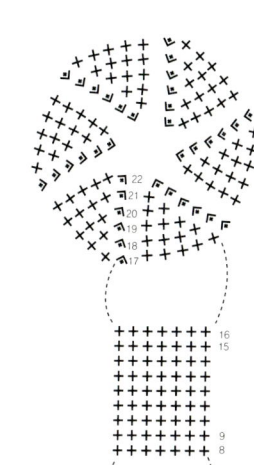
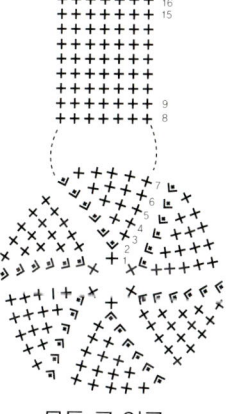

물통 곰 얼굴

마무리

1. 곰 얼굴에 솜을 넣어 오므린다.
2. 귀와 팔은 솜을 넣지 않고 위치에 고정한다.
3. 큰 코와 작은 코를 그림 참고하여 얼굴에 감침질로 고정한다.
4. 눈은 글루건으로, 입라인은 스티치로 표시한다.
5. 물병 커버를 가로인 상태에서 곰을 고정한다.

물병 뚜껑 / 프릴 레이스

은 상

벌집무늬 블랭킷, 가방

김 소 연 꼬마깡패

사용실과 사용량: 빈센트 3p (2734 딥그레이 300g, 2736 옐로우그린 68g, 2738 파스텔핑크 77g, 2755 허브그린 69g, 2764 인디핑크 64g, 2765 라일락 66g, 2769 엔틱베이지 74g, 2780 토마토핑크 90g) **사용 도구:** 대바늘 4mm **사이즈:** 블랭킷 70cm x 85cm, 가방 32cm x 30cm
난이도: ★ ★ ★ ☆ ☆ **작품사진:** 44쪽

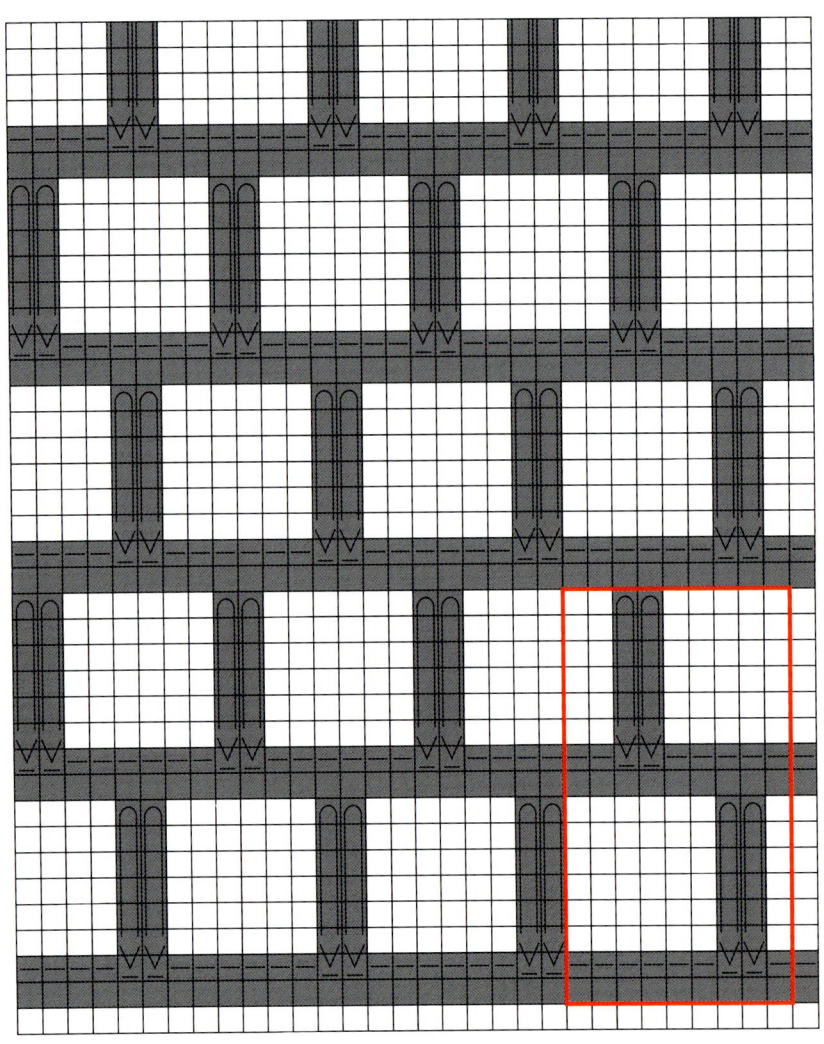

블랭킷

1. 딥그레이색 실 3겹으로 176코를 만들어 가터뜨기 6단을 뜬다.
2. 배색실을 묶어주고 겉뜨기(돌아올때는 안뜨기) 6코, 걸러뜨기 2코를 반복하며 6단을 뜬다.
3. 딥그레이색 실로 가터 2단을 뜬다.
4. 우측 배색도를 참고하여 2~3번을 반복하여 뜬다.
5. 딥그레이색 실로 가터뜨기 6단을 뜬다.
6. 코막음(덮어씌우기)으로 마무리한다.
7. 양옆 밴딩 부분은 모사용 5/0호 코바늘로 짧은뜨기 3단을 떠 준다.

물통 만들기

1. 딥그레이 3겹으로 50코를 잡고 메리야스뜨기 52단을 떠서 바닥을 만든다.
2. 1번의 둘레에서 176코(8의 배수-무늬콧수)를 줍고 원통뜨기로 무늬뜨기를 시작한다.
3. 무늬뜨기 96단까지(러브토마토) 뜨고 딥그레이실로 가터뜨기 5단을 뜬다.
4. 6번째 단은 손잡이를 만들 방향을 잡고 26코막음, 62코, 26코막음, 62코를 뜬다.
5. 가터뜨기 순서로 뜨면서 코막음한 부분에 감아코늘리기로 40코를 만든다.
6. 5단 가터뜨기를 더 뜬다.
7. 코바늘로 되돌아 짧은뜨기로 테두리를 떠서 완성한다.

은상

태양 블랭킷

김 미 경 바늘소리

사용실과 사용량: 빈센트 리치 8p (라이트 브라운, 브라운, 다크브라운, 오렌지, 옐로우, 겨자) 643g
사용 도구: 모사용 코바늘 5/0호 **사이즈:** 96cm x 96cm **난이도:** ★ ★ ☆ ☆ ☆
작품사진: 45쪽

블랭킷

1. 오렌지색 실로 10단을 뜬다.
2. 노란색 실로 5단을 뜬다.
3. 브라운색 실로 5단을 뜬다.
4. 라이트 브라운으로 5단, 겨자실로 5단, 다크 브라운으로 5단을 뜬다.

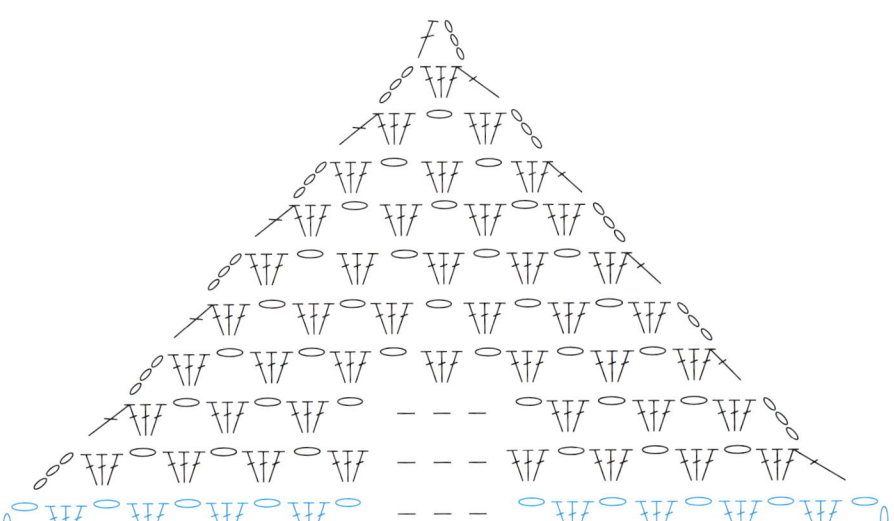

1. 노란색 실로 위 모티브의 한 변에다 위와 같이 떠 준다(34단+사슬 3코, 한길긴뜨기).
2. 4변에 다 떠 준다.

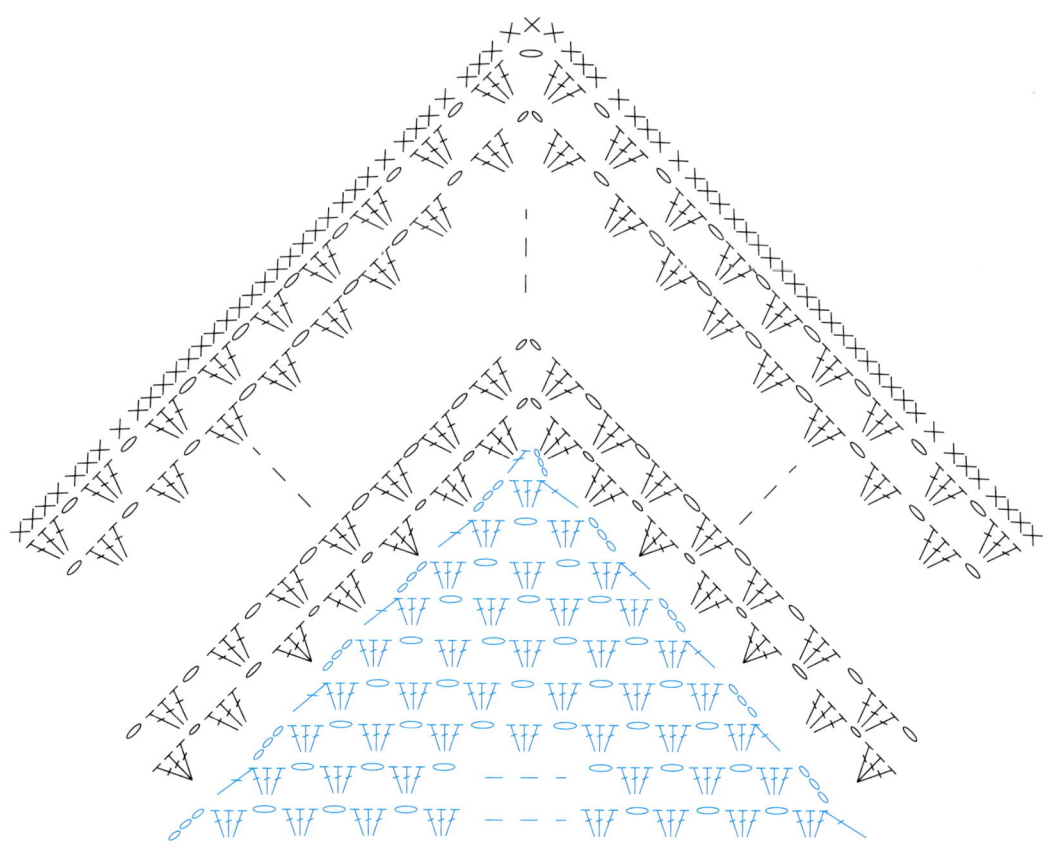

1. 겨자색 실로 한 번은 빈 고리에 한길긴뜨기 3개, 다음 빈칸은 건너뛰고 다음 빈칸의 코 머리 부분에 한길긴뜨기 3개를 한꺼번에 뜬다.
2. 4단을 뜬다.
3. 오렌지색 실로 5단을 뜨는데 마지막 단의 모서리 부분은 사슬 한 코로 뜬다.
4. 짧은뜨기 한 단을 떠서 마무리한다.

은 상

꽃바구니 밸런스 커튼

최 명 옥 이쁜나비

사용실과 사용량: 18합 대콘 850g, 노랑, 갈색 조금 **사용 도구:** 모사용 코바늘 4/0호
사이즈: 392cm x 31cm **난이도:** ★ ★ ★ ☆ ☆ **작품사진:** 46쪽

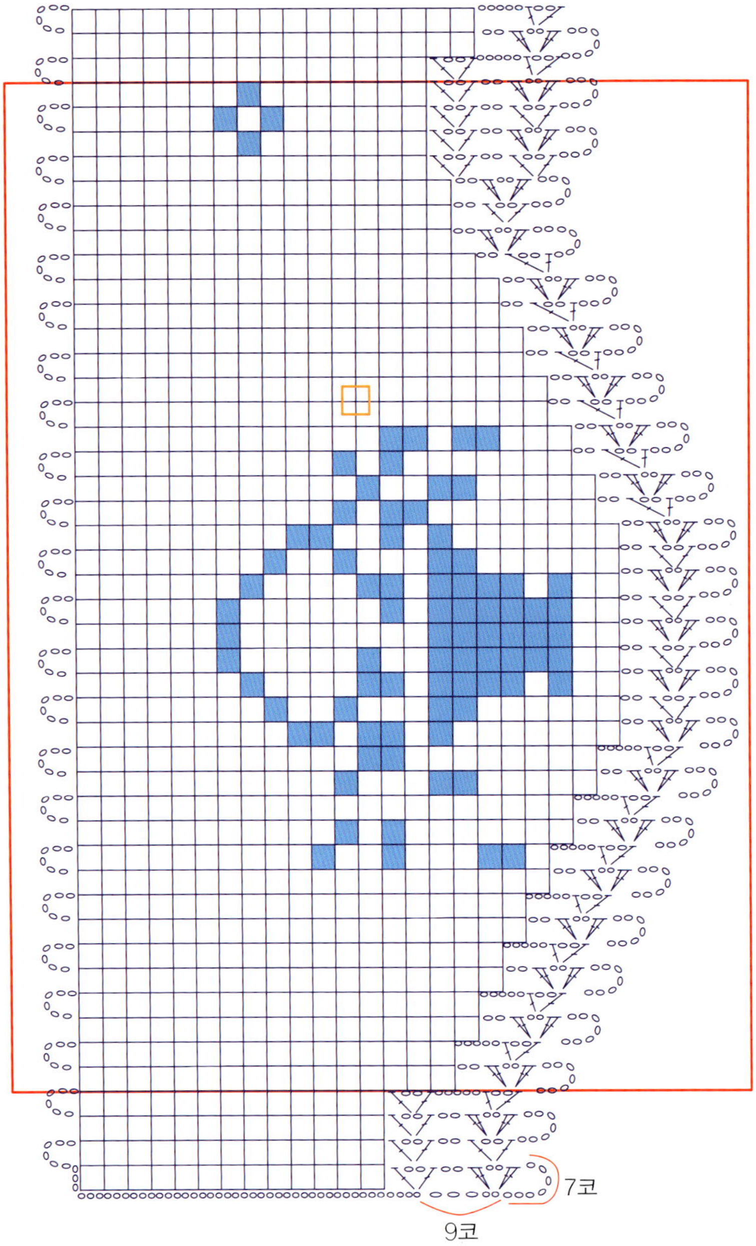

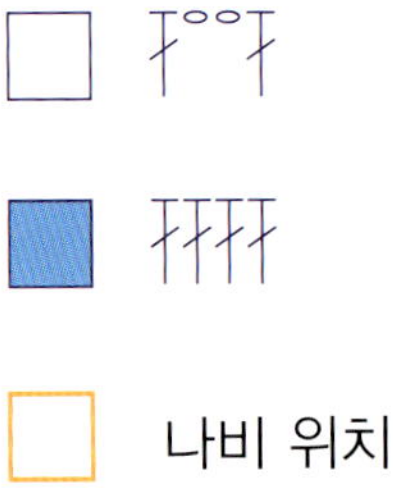

1. 사슬 49코로 시작한다.
2. 빨간 네모 부분을 9번 반복한다.

나비 위치

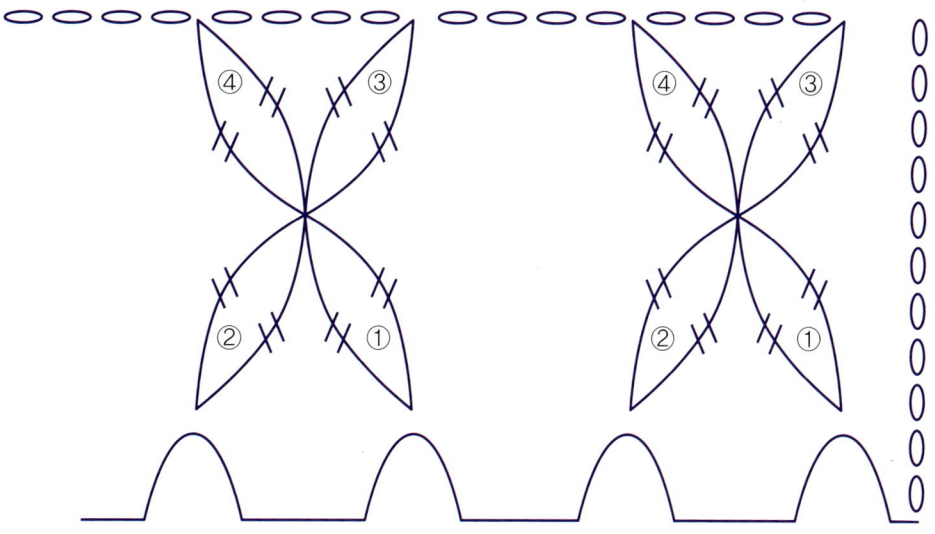

1. 사슬 11코를 만든다.
2. 바늘에 실을 5번 감아서 2코 빼고 2번 감아서 같은 고리로 들어가서 2코 빼고, 2코 빼고 1번 감아서 3코를 빼고 2번 감아서 다음 고리로 들어가 2코 빼고, 2코 빼고 2번 감아서 같은 고리로 들어가서 2코 빼고, 2코 빼고 1번 감아서 3코 뺀다.
3. 4코 남았을 때 위로 쭉 빼서 2코 빼고, 2코 빼고, 2코 빼고 2번 감아서 시작한 사슬고리 옆으로 넣어서 2코 빼고, 2코 빼고 나머지 2코를 다 빼 준다.
4. 그리고 사슬 4코를 하고 2번 감아서 쭉 뺀 부분 크로스 부위로 들어가서 2코 빼고, 2코 빼고, 2코 빼고, 다시 2번 감아서 크로스 부위로 바늘을 넣어 2코 빼고, 2코 빼고, 2코 빼 준다(2길긴뜨기 2번).

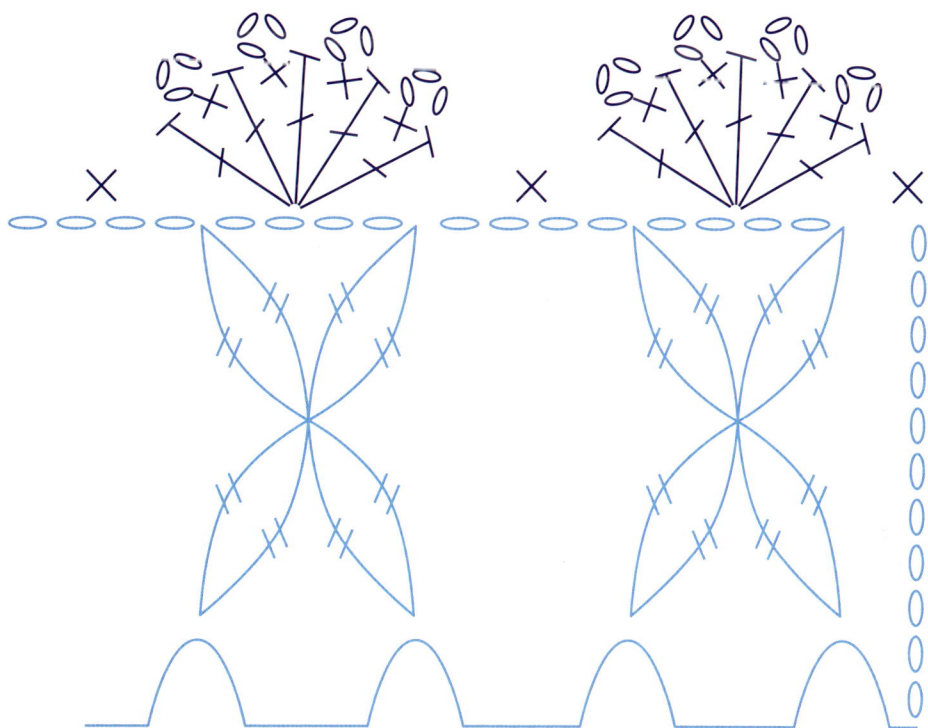

1. 짧은뜨기 1코, 한길긴뜨기, 사슬 3코, 짧은뜨기로 피콧을 만든다.
2. 반복하여 테두리를 완성한다.

1. 갈색 실로 사슬 8코, 짧은뜨기 5코, 사슬 3코를 뜨고 끊는다.
2. 노란색 실로 날개를 뜬다.
3. 9마리를 뜨고 위치에 연결한다.

동 상

웨딩드레스 커튼

배 경 숙 모나리자

사용실과 사용량: 크루즈 딥옐로우 350g, 엘리스 블루 280g, 화이트 500g, 블랙 280g, 핑크 100g, 레드 50g **사용 도구:** 모사용 코바늘 3/0호 **부자재:** 단추 2개, 구슬 26개
사이즈: 143cm x 230cm **난이도:** ★ ★ ★ ☆ **작품사진:** 47쪽

1. 도안을 한칸 한칸 잘 확인하면서 떠 준다.
2. 배색이 바뀔 때는 앞에 짠 실을 뒤로 숨기면서 다른 색으로 바뀔 때까지 같이 뜬다.
   현재 뜨는 실이 위로 가도록 뜨고 바꿀 때까지 너무 길면 실을 등분해서 떠도 좋다.
3. 꽃잎은 한칸 한칸 떠갈 때 같이 뜨고 구슬은 마지막에 글루건으로 붙여준다.
4. 리본 아래 와이셔츠 부분에 단추 2개를 달아준다.
5. 윗부분은 이어서 밸런스 봉 걸이를 만들어준다.

1. ☐ 비어 있는 한 칸은 딥 옐로우로 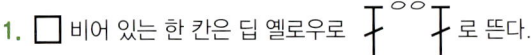 로 뜬다.
2. 속이 차 있는 칸은 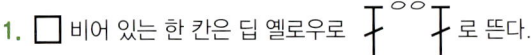 로 뜬다.
3. 꽃잎은 그림과 같이 한 칸에 걸어뜨면서 빙 둘러주고
   ④가 끝나면 다시 칸을 뜨기 위해 사슬을 뜬다.

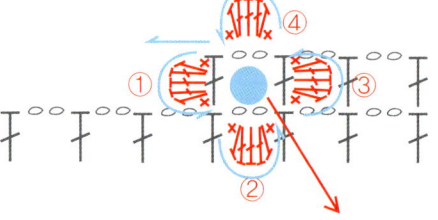

구슬은 글루건으로 붙여준다.

봉 걸이 부분

1. 짧은뜨기 한 단을 뜬다.
2. 사슬 10코(기둥코), 5길 긴뜨기, 사슬 3코, 5길 긴뜨기 2코로 봉 걸이를 만든다.

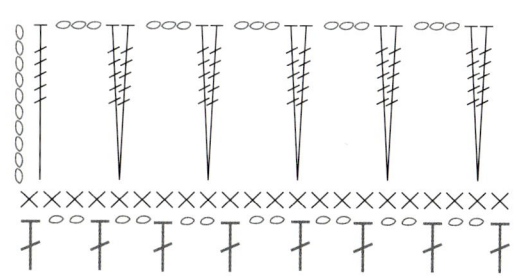

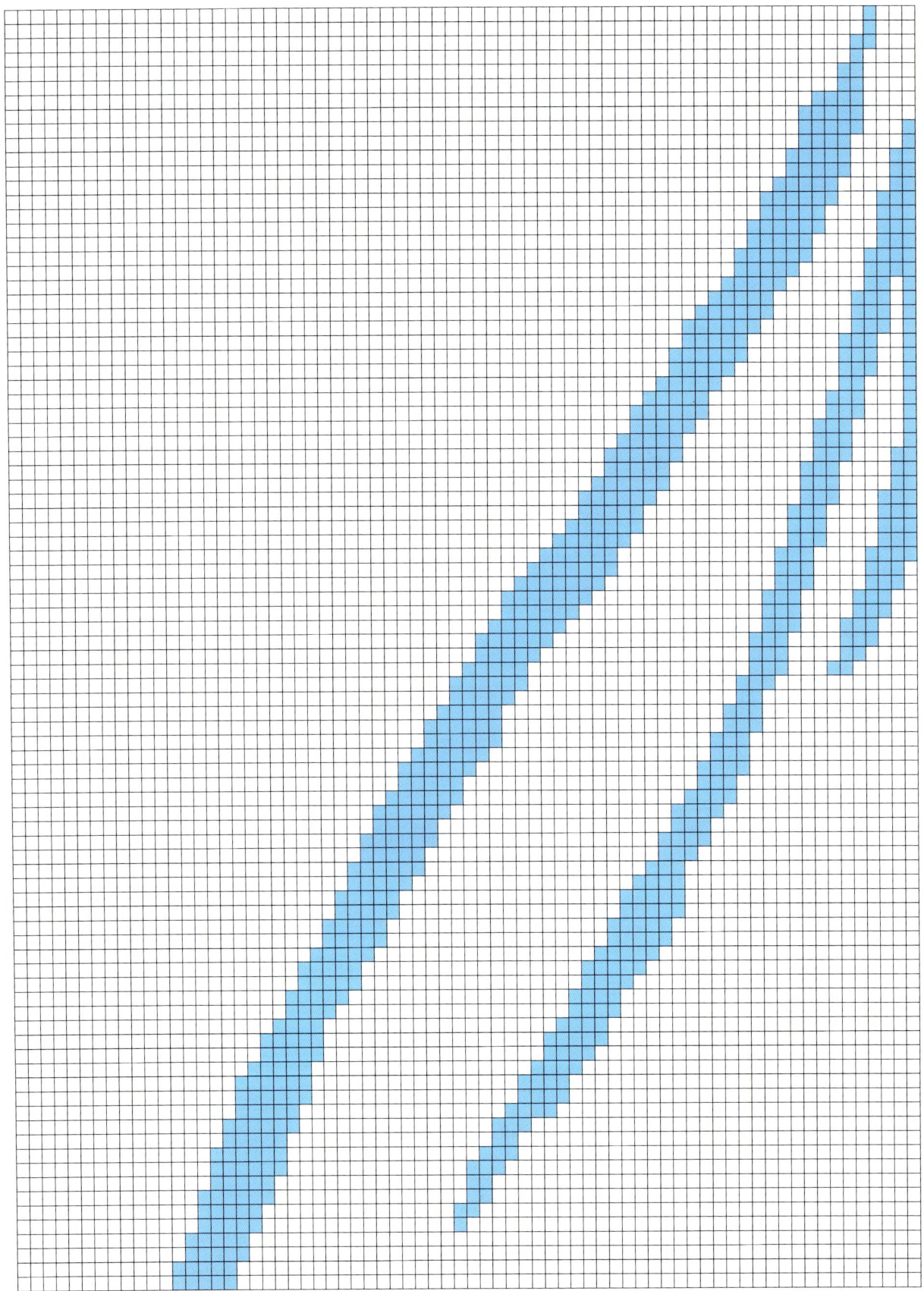

동 상

나뭇잎 모양 컵받침

손 정 희

사용실과 사용량: 18합 동방 유색콘사 색사 각 25g **사용 도구:** 모사용 코바늘 3/0호, 대바늘 3.0mm

사이즈: 10cm × 12.5cm **난이도:** ★ ★ ★ ☆ ☆ **작품사진:** 48쪽

만드는 방법

1. 모사용 코바늘 3/0호로 3mm 대바늘에 37코를 잡는다.
2. 도안대로 나뭇잎 모양을 뜬다.
3. 항상 첫 코는 빼뜨기한다.

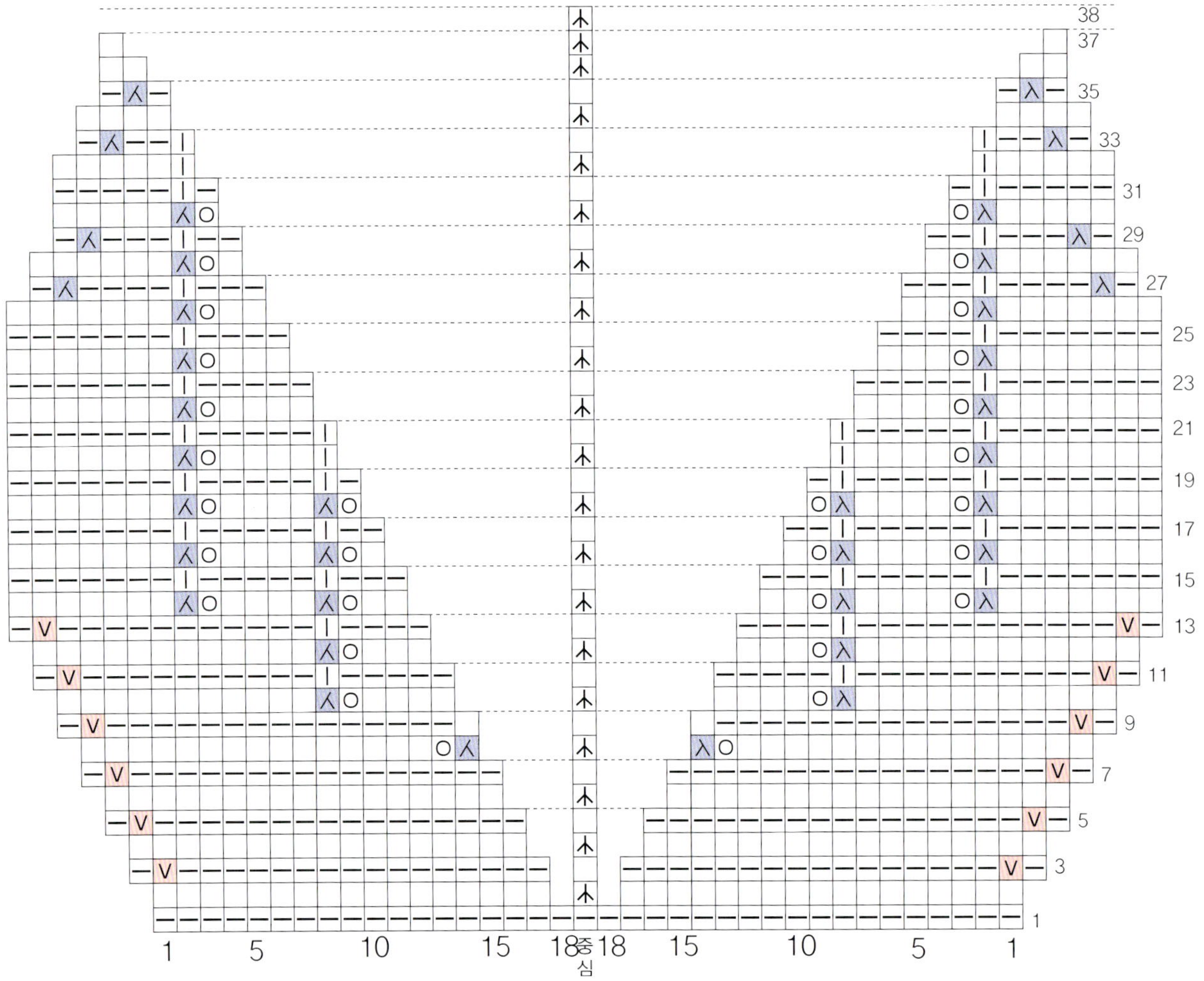

- □ 겉뜨기
- V 코늘림
- O 바늘비우기
- ⋏ 중심세코 모아뜨기
- ⋏ 왼코겹치기
- ⋏ 오른코겹치기

동상

모티브 블랭킷(꽃밭에서)

안 정 아 주희맘

사용실과 사용량: 네코(옐로우 70g, 피치 240g, 러브토마토 90g, 딥핑크 90g, 퍼플라이트 90g, 그리스그린 110g, 베이지 720g) **사용 도구:** 모사용 코바늘 5/0호 **사이즈:** 104cm x 140cm

난이도: ★ ★ ★ ☆ ☆ **작품사진:** 49쪽

모티브(35개, 4가지 색의 꽃을 정해서 9개, 9개, 9개, 8개)

1~3단 메인 꽃 색상을 정해서 뜬다.

4단 초록색으로 뜬다.

5~6단 피치색으로 뜬다.

7단 꽃 색상으로 뜬다.

8~9단 베이지색으로 뜬다. 9단에서는 다른 모티브와 연결하면서 뜬다.

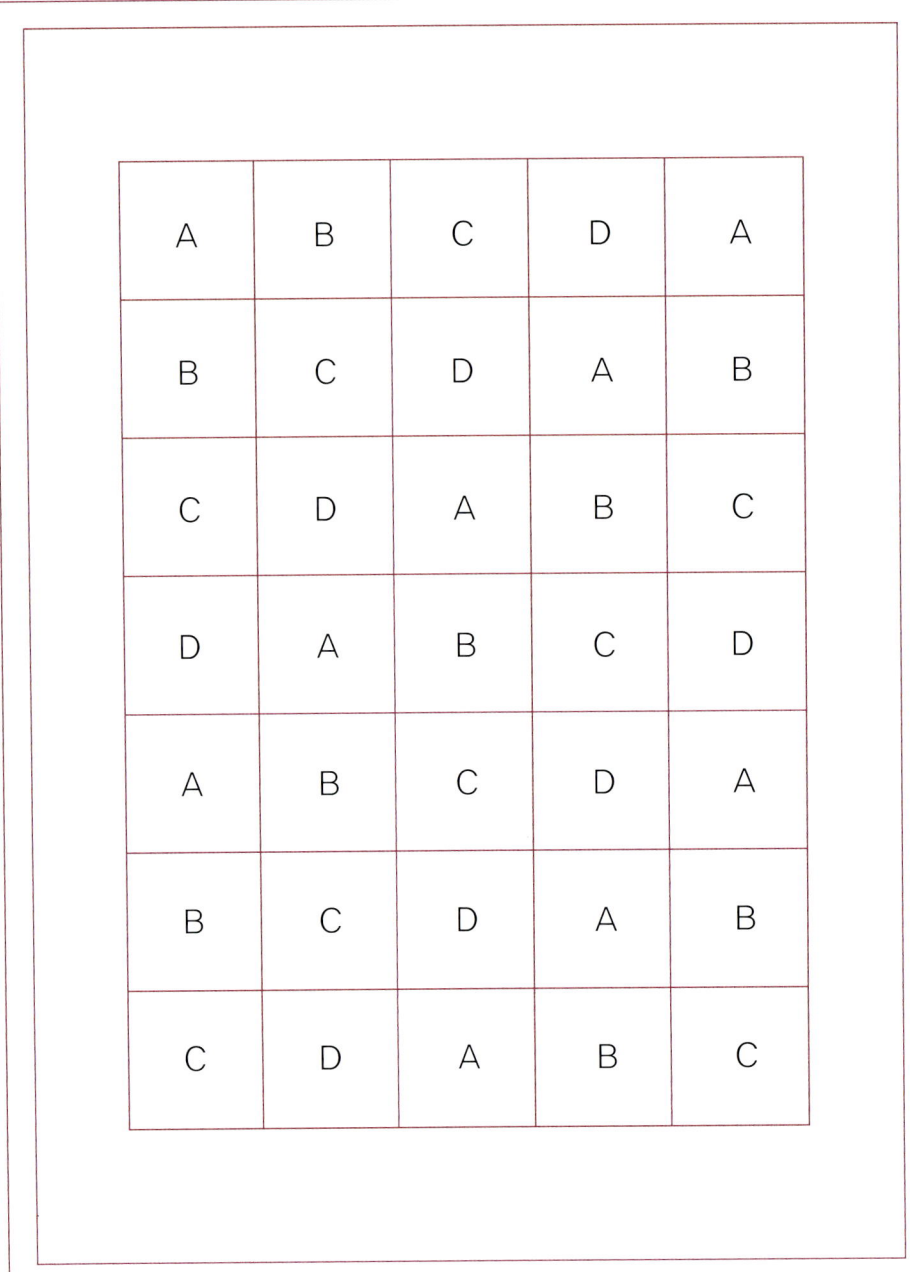

1. 모든 모티브를 전개도와 같이 이어준다.
2. 베이지색으로 전체 테두리를 모티브의 8~9단과 똑같이 4단을 뜬다.
3. 초록색 실로 마지막 테두리를 떠서 완성한다.

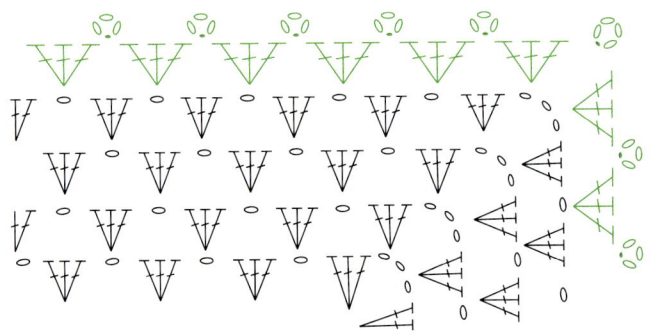

동상

태양 & 바다

오 귀 자 찬영 윤수맘

사용실과 사용량: 네코(135g-421, 414 90g-407, 409, 412, 413, 418, 419, 420, 436)
사용 도구: 대바늘 5mm, 모사용 코바늘 5/0호 **사이즈:** 90cm x 70cm
난이도: ★ ★ ☆ ☆ ☆ **작품사진:** 50쪽

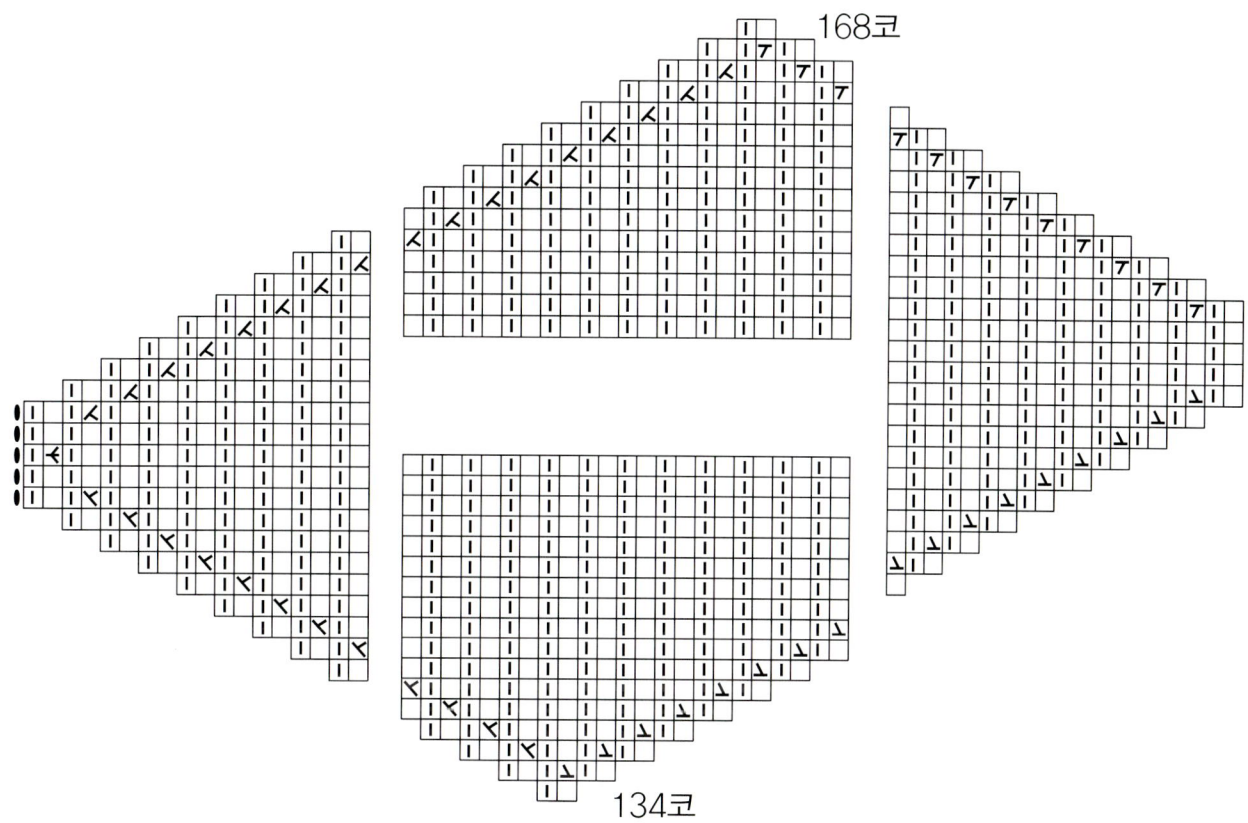

1. 5코로 시작하여 양쪽에서 1코씩 늘린다.
2. 168코가 될 때까지 늘리고 오른쪽 1코씩 줄인다.
3. 34코를 줄이고 134코가 되었을 때부터 양쪽에서 1코씩 줄인다.
4. 5코가 되면 마무리한다.

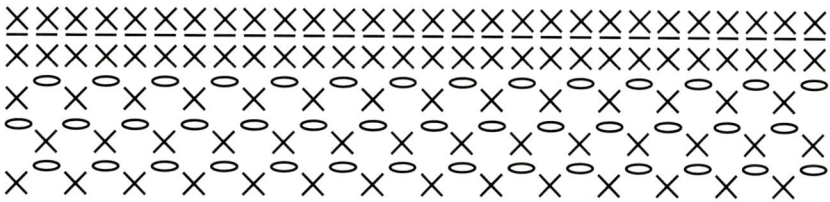

테두리

1. 테두리 코를 주워서 짧은뜨기, 사슬뜨기 3단을 뜬다(모서리는 2코씩 늘려서 모서리를 만든다).
2. 짧은뜨기로 1단 뜬다.
3. 이랑뜨기로 마지막 단을 뜬다.

동상

파스텔 실방울 가리개

김 장 미 겨울장미

사용실과 사용량: 소프트 면사 5합 아이보리, 하늘, 살색, 연노랑, 연보라, 녹색, 연두, 초록, 빨강
사용 도구: 모사용 코바늘 2/0호 **부자재:** 흰색 면 2마 반, 망사천 2마 반
사이즈: 124cm x 202cm **난이도:** ★ ★ ★ ☆ **작품사진:** 51쪽

모티브 A
1. 원형코로 긴뜨기 12개로 원을 만들고 사슬 13코를 만든 후 약간 여유 있게 잘라 준다.
2. 다른 색 실로 원을 만들고 1번 사슬 쪽에서 짧은뜨기로 연결하여 완성한다.

테두리 무늬
1. 위와 같은 무늬를 반복하여 떠 준다.
2. 길이가 528cm가 될 때까지 뜨고 천 가장자리에 손으로 박음질해 준다.

모티브 B

1. 모티브 A를 6개 준비하고 원형코로 짧은뜨기 6코를 만든다.
2. 2번째 단의 짧은뜨기 부분은 모티브 A를 연결하면서 뜬다.
3. 모티브 A에 짧은뜨기로 베이지색 실로 이어주고 도안과 같이 뜬다.

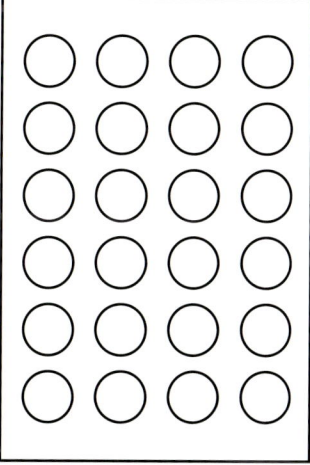

연결하기

1. 모티브를 24개 준비한다.
2. 천 위에 24군데 위치를 잘 잡고 박음질해서 완성한다.

동상

미도리 Big백

박 수 진 한올

사용실과 사용량: 미도리(40g) 15볼 **사용 도구:** 모사용 코바늘 8/0호, 10/0호
사이즈: 54cm x 34cm **난이도:** ★ ★ ☆ ☆ **작품사진:** 52쪽

1단 사슬 15코를 뜨고 짧은뜨기 32코를 둘러준다.

2단 [짧은뜨기 13코, 늘림 3번]×2 38코

3단 짧은뜨기 13코, [짧은뜨기 1코, 늘림]×3, 짧은뜨기 13코, [짧은뜨기 1코, 늘림]×3 (44코)

4단 짧은뜨기 13코, [늘림,짧은뜨기 2코]×3, 짧은뜨기 13코, [늘림,짧은뜨기 2코]×3 (50코)

5단 짧은뜨기 13코, [짧은뜨기 3코, 늘림]×3, 짧은뜨기 13코, [짧은뜨기 3코, 늘림]×3 (56코)

6단 늘림 55번, 짧은뜨기 1코 111코

7단 [짧은뜨기 1코, 아랫단에 걸어 짧은뜨기 1코]×55, 짧은뜨기 1코 (111코)

8단 [아랫단에 걸어 짧은뜨기 1코, 짧은뜨기 1코]×55, 아랫단에 걸어 짧은뜨기 1코 (111코)

9단 [짧은뜨기 1코, 아랫단에 걸어 짧은뜨기 1코]×55, 짧은뜨기 1코 (111코)

10단 [아랫단에 걸어 짧은뜨기 1코, 짧은뜨기 1코]×55, 아랫단에 걸어 짧은뜨기 1코 (111코)

11단 [짧은뜨기 1코, 아랫단에 걸어 짧은뜨기 1코]×55, 짧은뜨기 1코 (111코)

12단 [아랫단에 걸어 짧은뜨기 1코, 짧은뜨기 1코]×55, 아랫단에 걸어 짧은뜨기 1코 (111코)

.

13~43단 반복

.

44단 [아랫단에 걸어 짧은뜨기 1코, 짧은뜨기 1코]×55, 짧은뜨기 1코

45단 [짧은뜨기 1코, 아랫단에 걸어 짧은뜨기 1코]×55, 늘림

46단 짧은뜨기 21코, 사슬 15코(짧은뜨기 12코를 뛰어넘기), 짧은뜨기 44코, 사슬 15코, 짧은뜨기 23코 (118코) (손잡이)

47단 짧은뜨기 118코

48단 짧은뜨기 21코, 아랫단에 걸어 짧은뜨기 15코, 짧은뜨기 44코, 아랫단에 걸어 짧은뜨기 15코, 짧은뜨기 23코 (118코)

49단 빼뜨기로 118코로 마무리하고 가죽을 손잡이 크기로 잘라 감싸준다.

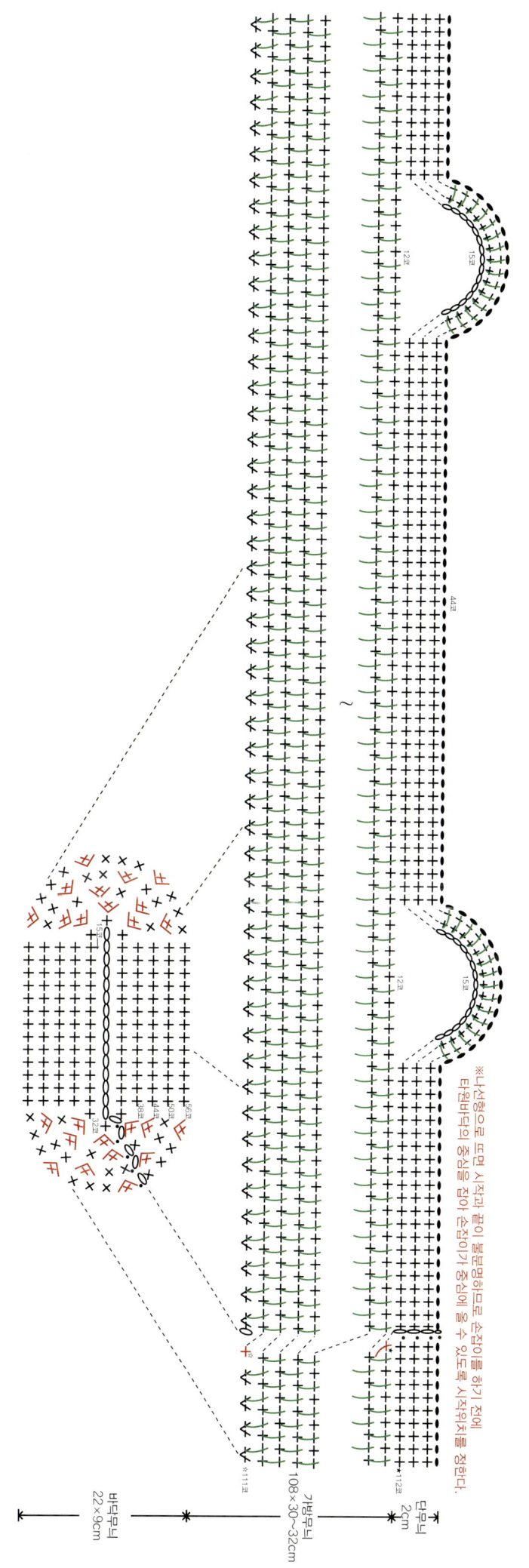

동상

입체무늬 블랭킷

박 경 숙 통통이

사용실과 사용량: 올로머신 6가지 색상 450g **사용 도구:** 모사용 코바늘 5/0호
사이즈: 78cm x 78cm **난이도:** ★ ★ ☆ ☆ **작품사진:** 53쪽

1. 1단은 그림과 같이 뜬다.
2. 2단은 두길긴뜨기에 걸어서 짧은뜨기를 주의해서 뜬다.
3. 모양은 2단의 첫 번째 짧은뜨기와 7번째 짧은뜨기를 한 번에 짧은뜨기로 뜬다.
4. 같은 방식으로 65단까지 뜬다.
5. 테두리는 되돌아 짧은뜨기로 마무리한다.

배색 도안

동상

내맘대로 블록 카펫

하 이 정 초록잎

사용실과 사용량: 알래스카(19 베이비옐로우, 20 옐로우그린, 21 민트 각 9볼, 13 그레이 2볼)
사용 도구: 모사용 코바늘 9/0호 **사이즈:** 195cm x 145cm **난이도:** ★ ★ ☆ ☆ ☆ **작품사진:** 54쪽

1. 회색 실로 사슬 270코를 잡는다.
2. 시작은 연두색 실로 짧은뜨기 90코, 노란색 실로 90코, 민트색 실로 90코를 뜬다 (색을 바꿀 때 실은 끊지 말고 다음 단에 이어서 쓴다).
3. 90코씩 색을 바꿔주면서 90단을 뜬다.
4. 배색표에 맞춰 색을 바꿔가며 총 234단을 뜬다.

체인스티치

1. 회색 실로 한 코에 한 체인이 되도록 스티치를 넣어준다.
2. 지그재그가 되도록 대각선으로 해주고 색이 바뀌는 부분에 스티치를 넣는다.

동상

러브토마토 미니 블랭킷

김은경 아이네스

사용실과 사용량: 네코 약 380g **사용 도구:** 모사용 코바늘 6/0호
사이즈: 70cm x 70cm **난이도:** ★ ★ ★ ☆ **작품사진:** 55쪽

전체 무늬

1. 도안과 같이 원형코를 러브토마토 색으로 잡아 10단을 뜬다.
2. 11단은 흰색으로 뜬다.
3. 다시 원래 색으로 10단을 뜨고 흰색으로 한 단을 뜬다.
4. 원래 색으로 10단을 떠서 총 32단을 뜬다.

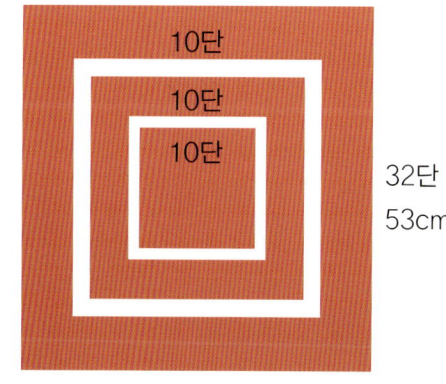

159

모티브

1. 원형코를 러브토마토 색으로 잡아 뜬다.
2. 2단은 회색으로 뜬다.
3. 3단은 흰색으로 뜬다.
4. 36개를 뜬다.

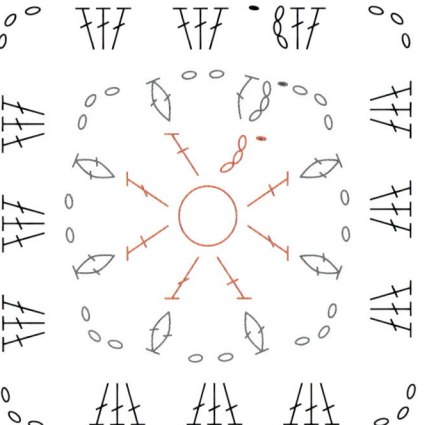

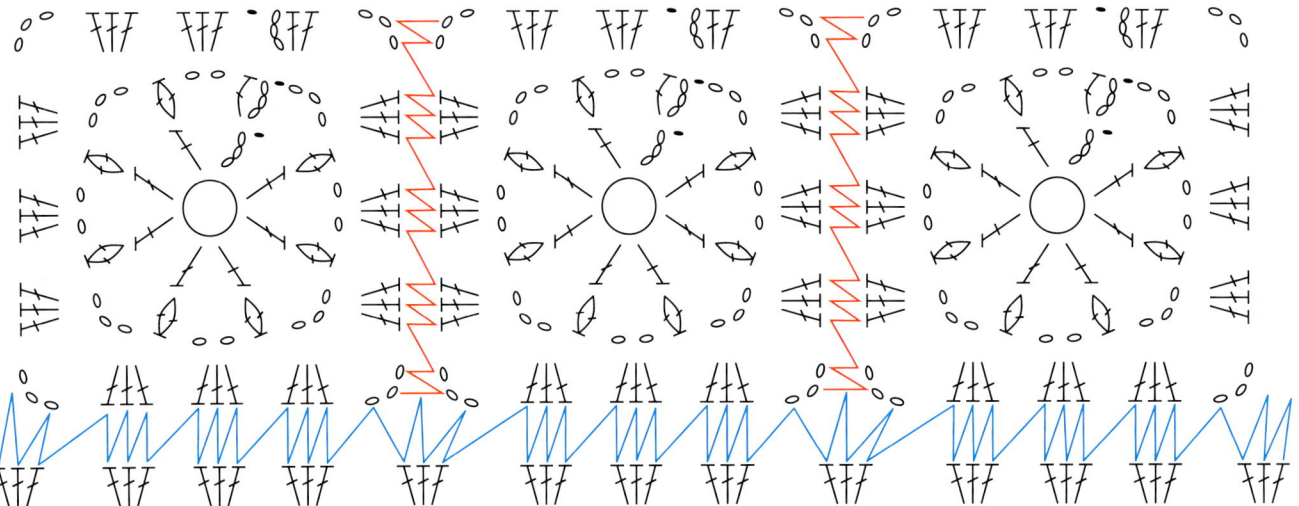

모티브 연결하기

1. 흰색 실로 돗바늘을 사용하여 전체 무늬와 모티브를 연결한다.
2. 모티브 연결 시 위 그림에서 빨간색 부분을 먼저 연결한 후, 파란색 부분을 연결한다.

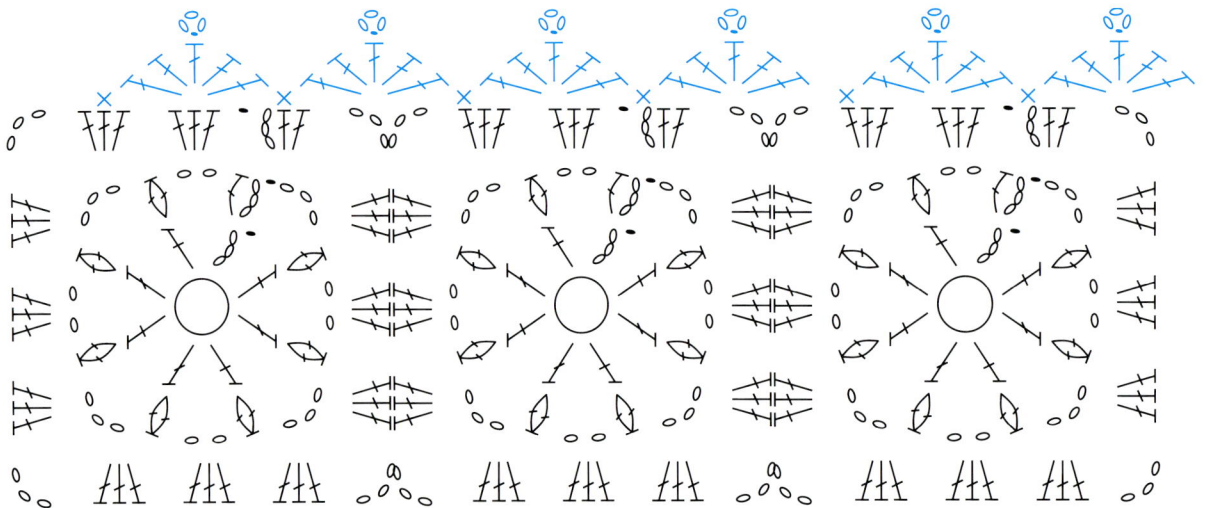

테두리

회색 실로 도안처럼 둘러준다.

동상

꽃밭에서

최순자   기쁨조은

사용실과 사용량: 타조 뜨개실, 시몬 6호 총 470g **사용 도구:** 레이스용 코바늘 0호
사이즈: 142cm x 92cm **난이도:** ★ ★ ★ ☆ **작품사진:** 56쪽

모티브 도안

1. 사슬 5코로 원을 만들어 시작한다.
2. 화살표 방향을 잘 보면서 완성해 준다.
3. 2장째부터는 테두리 사슬 5코 부분의 3번째를 사슬 대신 첫 번째 모티브 사슬에 짧은뜨기하여 연결하면서 뜬다.
4. 분홍색 18장, 연두색 14장, 노란색 14장, 흰색 48장을 만든다.

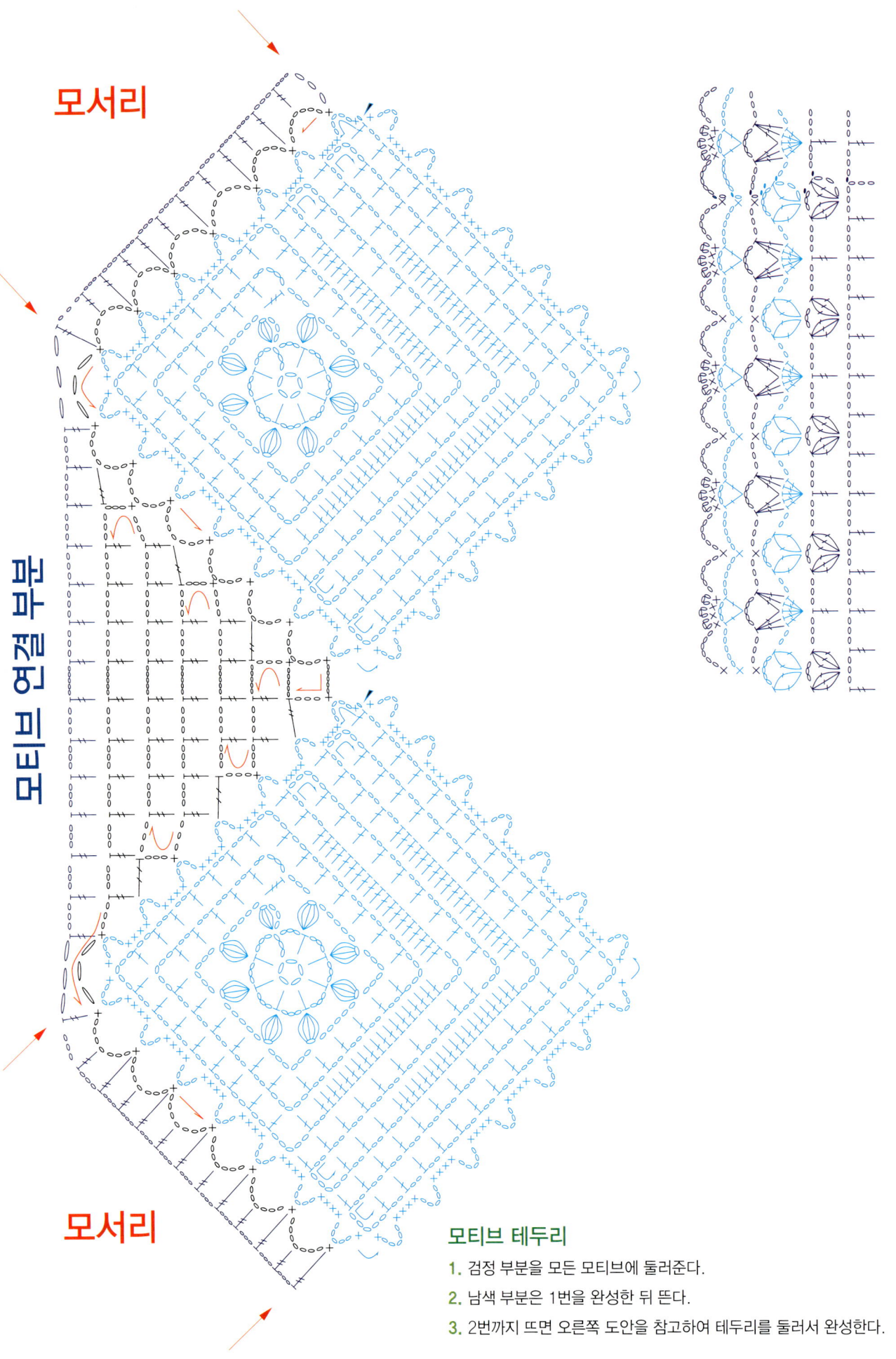

모티브 테두리

1. 검정 부분을 모든 모티브에 둘러준다.
2. 남색 부분은 1번을 완성한 뒤 뜬다.
3. 2번까지 뜨면 오른쪽 도안을 참고하여 테두리를 둘러서 완성한다.

동상

알록달록 전구 모빌

강미진 서리네

사용실과 사용량: 빈센트 리치8p(7703, 7711, 7717, 7723, 7725, 7741, 7755) 각 40g
사용 도구: 모사용 코바늘 4호 **부자재:** 솜 150g, 굵은 철사 1m, 폼폼메이커
사이즈: 18cm x 48cm **난이도:** ★ ★ ★ ☆ ☆ **작품사진:** 57쪽

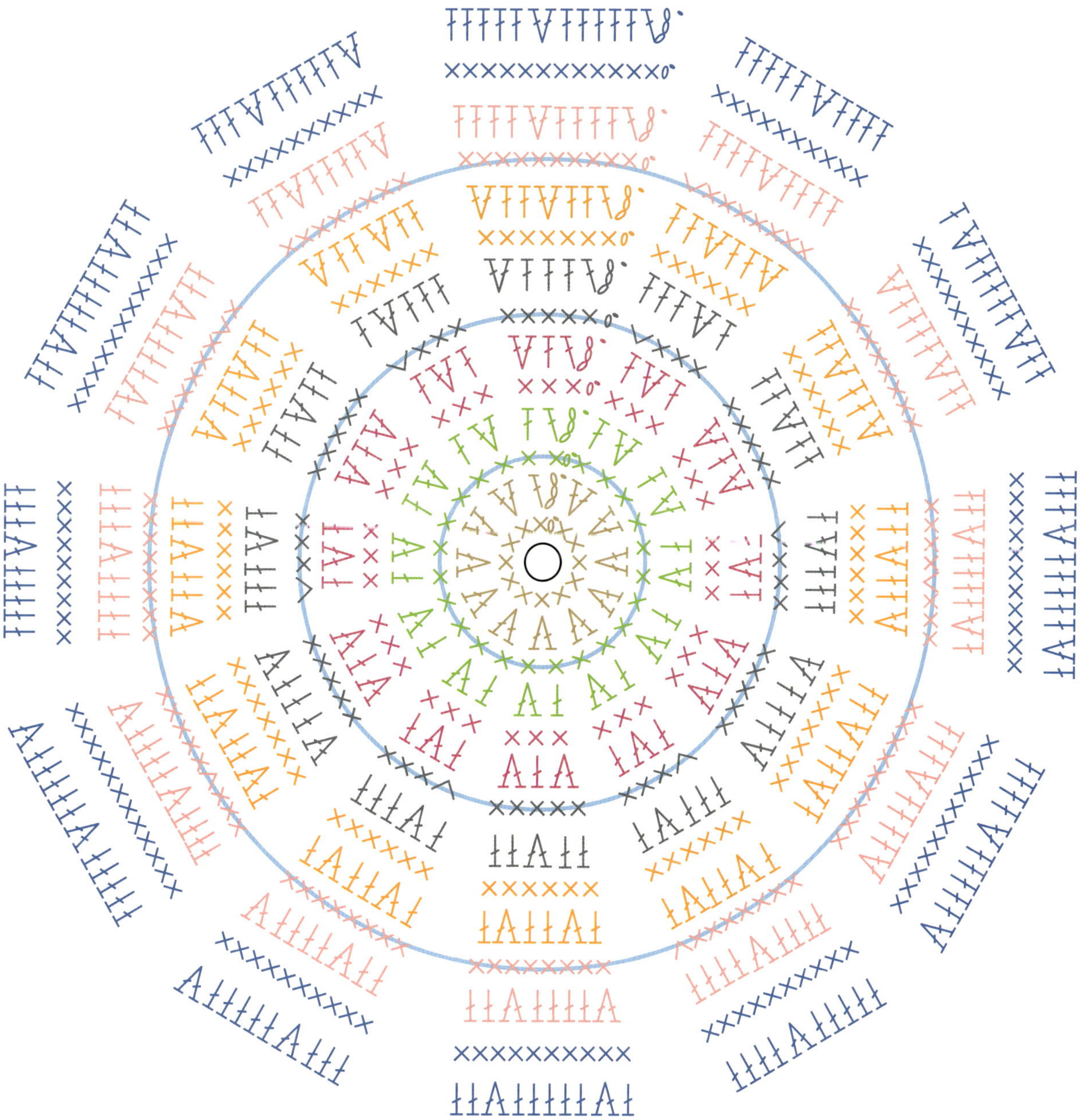

<큰 전등>

큰 전등(2장, 1장은 철사 없이 떠 준다.)

1. 베이지 – 1단 : 원형코에 짧은뜨기 12코

    2단 : [한길긴뜨기 늘림]×12 (24코)

2. 연두색 – 3단 : 철사를 감싸면서 짧은뜨기 24코

    4단 : [한길긴뜨기 늘림, 한길긴뜨기]×12 (36코)

3. 진분홍 – 5단 : 짧은뜨기 36코

    6단 : [한길긴뜨기 늘림, 한길긴뜨기]×18 (54코)

4. 연회색 – 7단 : 철사를 감싸면서 [짧은뜨기 8코, 늘림]×6 (60코)

    8단 : [한길긴뜨기 늘림, 한길긴뜨기 3코]×15 (75코)

5. 오렌지 – 9단 : 짧은뜨기 75코

    10단 : [한길긴뜨기 늘림, 한길긴뜨기 2코]×25 (100코)

6. 연핑크 – 11단 : 철사를 감싸면서 [짧은뜨기 19코, 늘림]×5 (105코)

    12단 : [한길긴뜨기 늘림, 한길긴뜨기 4코]×21 (126코)

7. 파랑색 – 13단 : 짧은뜨기 126코

    14단 : [한길긴뜨기 늘림, 한길긴뜨기 5코]×21 (147코)

8. 베이지 – 2장을 겹치고 철사를 감싸 짧은뜨기 126코(다 연결 전에 솜을 채워준다.)

9. 베이지 – [짧은뜨기 7코, 피콧]×21번 하여 마무리한다.

10. 베이지색 실로 사슬 70코 3줄을 만들어 큰 전구에 연결한다.

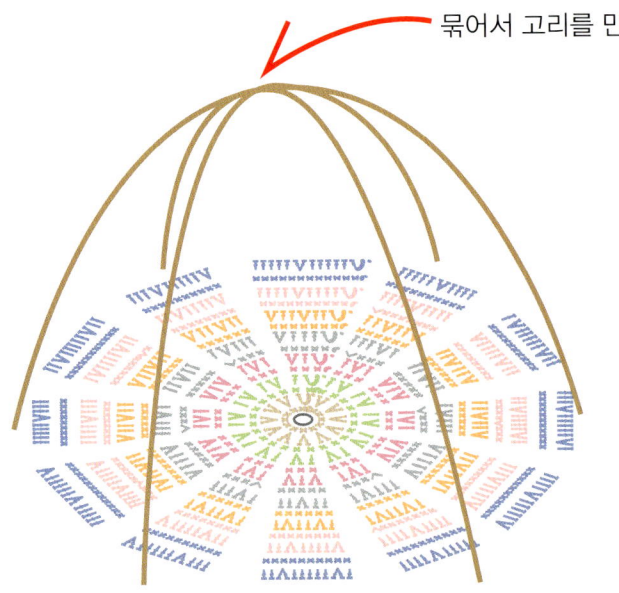

묶어서 고리를 만들어준다.

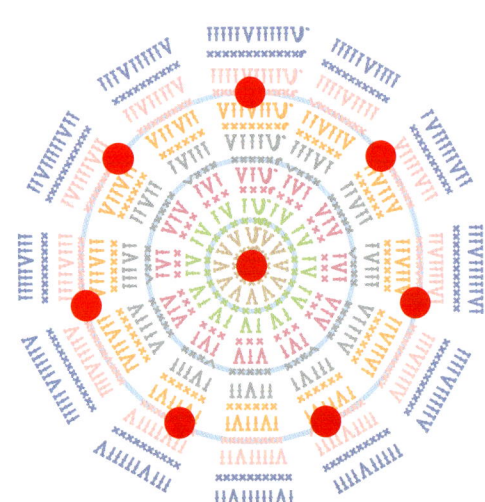

빨간 부분에 작은 전구와 폼폼을 달아준다
(11단의 철사에 달아주면 처지지 않는다.)

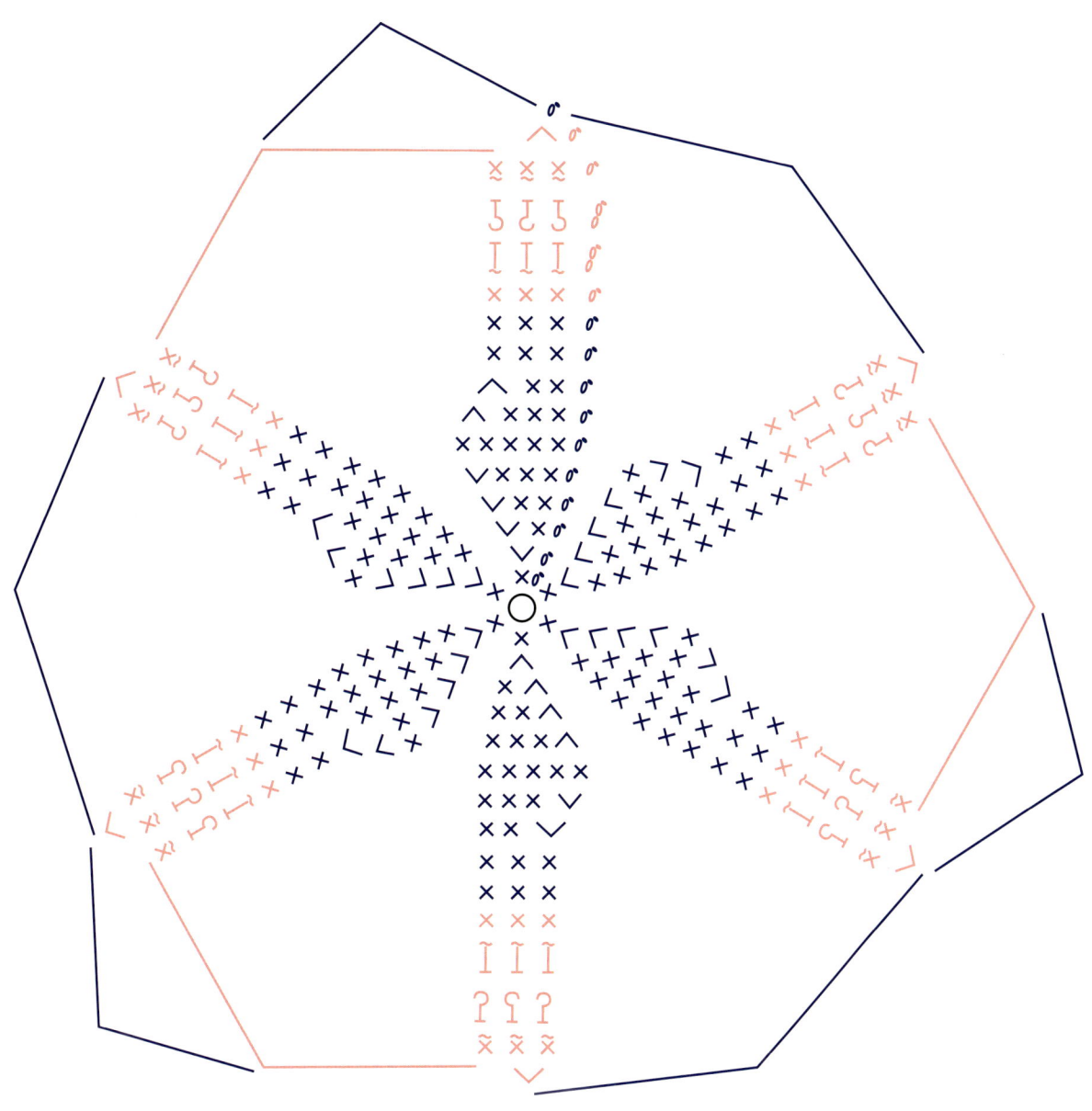

<작은 전구>

작은 전구(5개)

1단 원형코에 짧은뜨기 6코
2단 [짧은뜨기 늘림]×6 (12코)
3단 [짧은뜨기 1코, 늘림]×6 (18코)
4단 [짧은뜨기 2코, 늘림]×6 (24코)
5단 [짧은뜨기 3코, 늘림]×6 (30코)
6~9단 짧은뜨기 30코
10단 [짧은뜨기 3코, 줄임]×6 (24코)
11단 [짧은뜨기 2코, 줄임]×6 (18코)
12~13단 짧은뜨기 18코
14단 실 색을 바꿔서 짧은뜨기 18코
15단 긴뜨기로 이랑뜨기를 18코
16단 [뒤걸어 긴뜨기 1코, 앞걸어 긴뜨기 1코]×9 (18코)
17단 이랑뜨기 18코
18단 [짧은뜨기 줄임]×9 (9코)
19단 실 색상을 바꿔서 짧은뜨기 줄임 4번, 짧은뜨기 1코로 완성하고 사슬을 원하는 길이만큼 길게 떠 준다.

폼폼(3개)

1. 폼폼 메이커에 원하는 색으로 감아 준다.
2. 묶어 주는 실은 길게 남겨두고 잘 묶어서 가위로 모양을 다듬어 준다.
3. 길게 남긴 실로 원하는 길이만큼 사슬을 떠 준다.
4. 3개를 만들어 큰 전등에 달아 준다.

동상

파스텔 블랭킷(소녀의 정원)

최은희 맑음

사용실과 사용량: 면사 도니(아이보리 500g, 민트 300g, 진보라, 연보라, 진핑크, 연핑크 200g, 연살구 500g)
사용 도구: 모사용 코바늘 5/0호 **사이즈:** 140cm x 115cm **난이도:** ★★★☆ **작품사진:** 58쪽

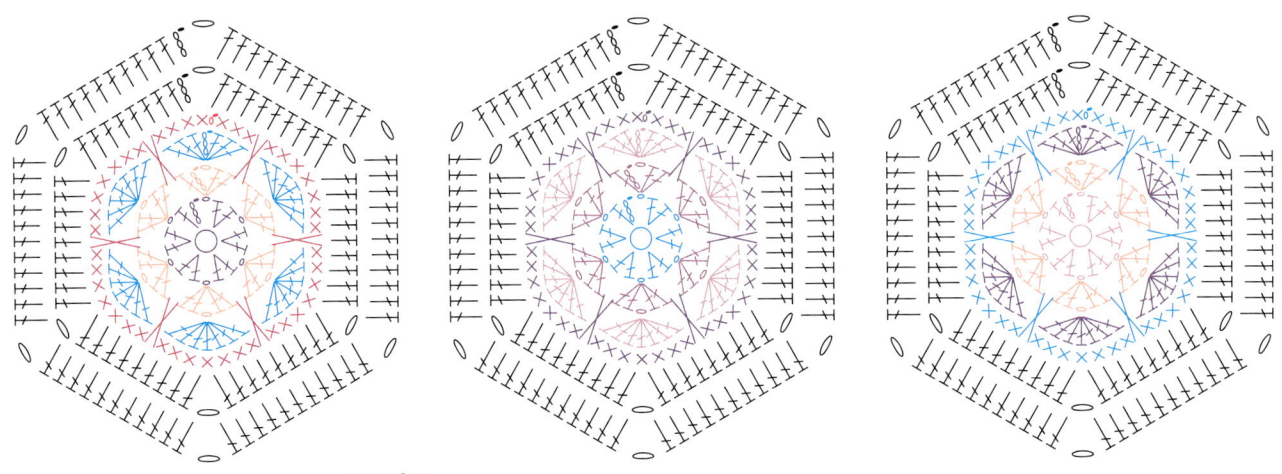

모티브

1. 육각형 아프리칸 플라워 도형을 225개 떠 준다(3가지 배색 각각 75개).
2. 모든 모티브의 긴뜨기 2단은 아이보리로 뜬다.

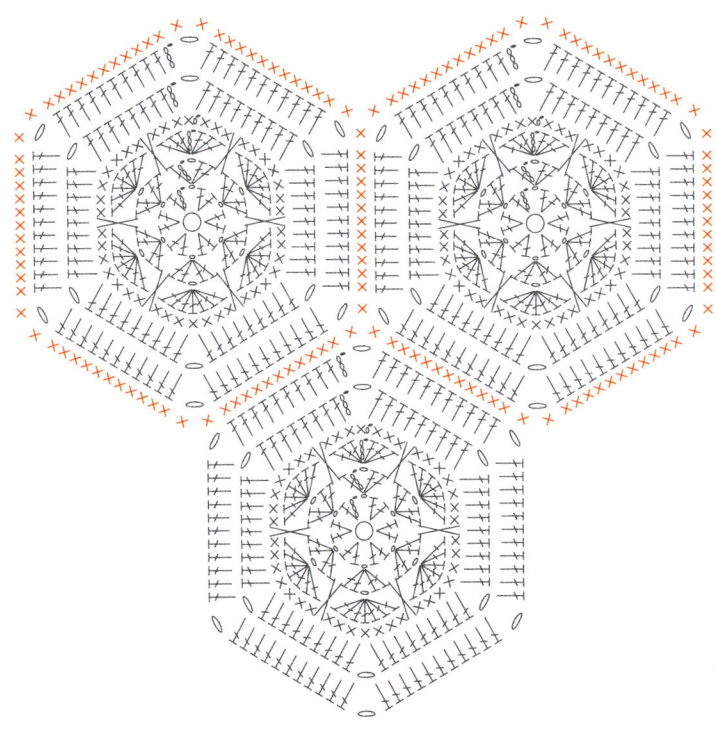

모티브 이어 주기

1. 아이보리색 실로 짧은뜨기를 이용해 모든 모티브를 이어 준다.

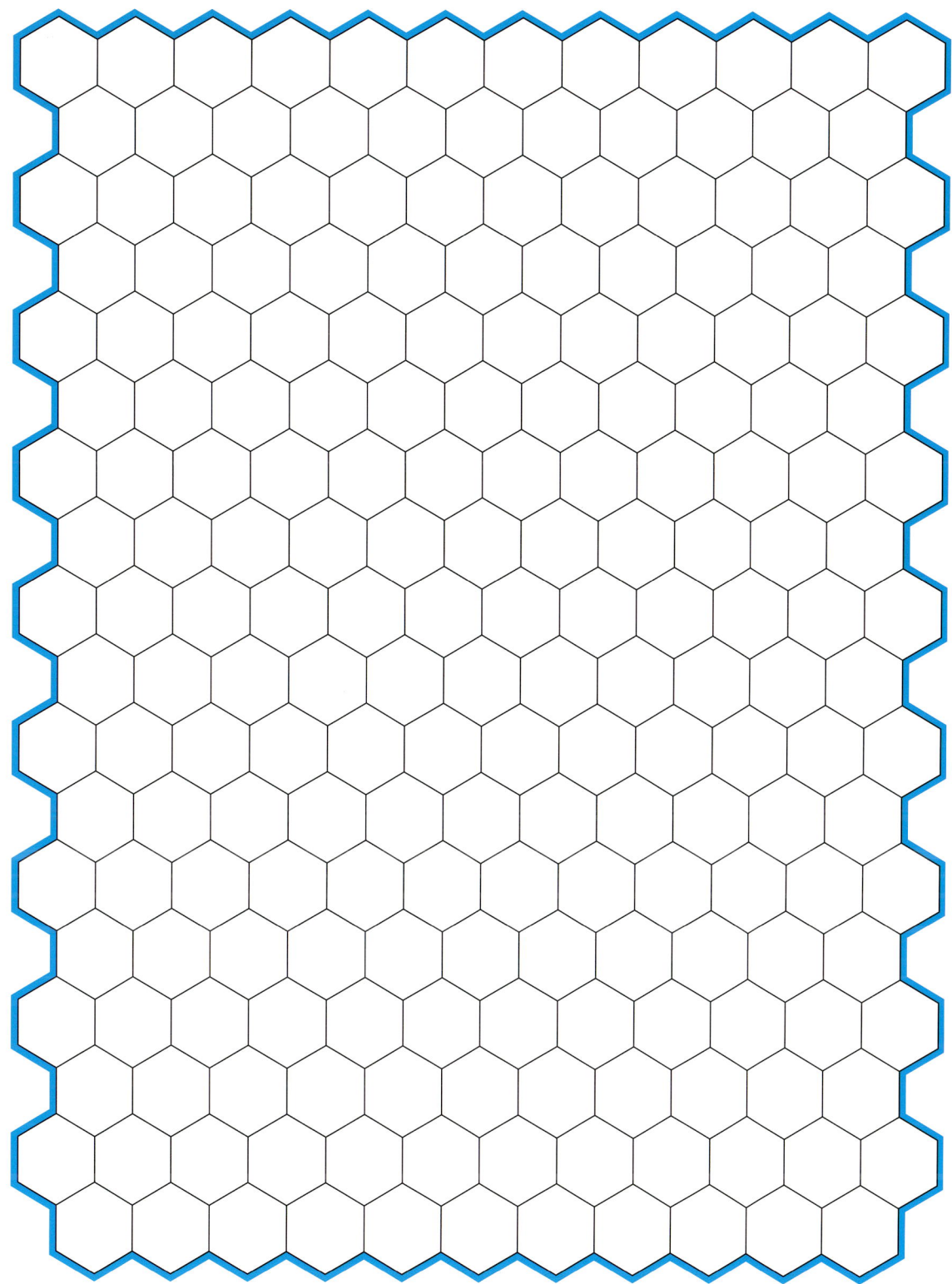

마무리

1. 위의 전개도와 같이 이어 준다.
2. 하늘색 실로 짧은뜨기 2단을 둘러서 마무리한다.

동상

하트 뽕뽕 원형 러그

최 명 화　영원한 철부지

사용실과 사용량: 펄튜브-17 다크브라운 13볼, 14 인디핑크 5볼, 7 베이비민트 2볼, 11 스카이블루 2볼, 29 레드 2볼 **사용 도구:** 모사용 코바늘 5/0호 **사이즈:** 141cm x 141cm

난이도: ★ ★ ★ ☆ ☆ **작품사진:** 59쪽

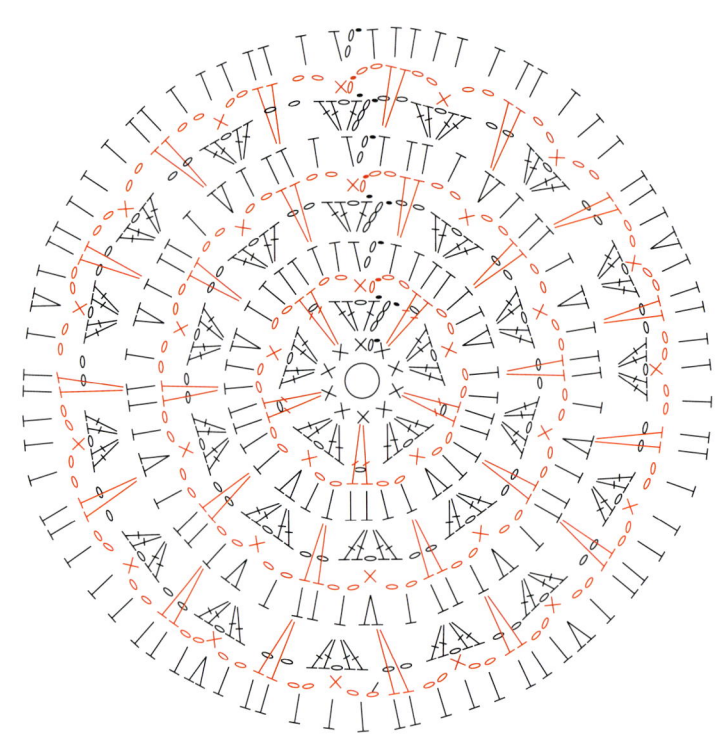

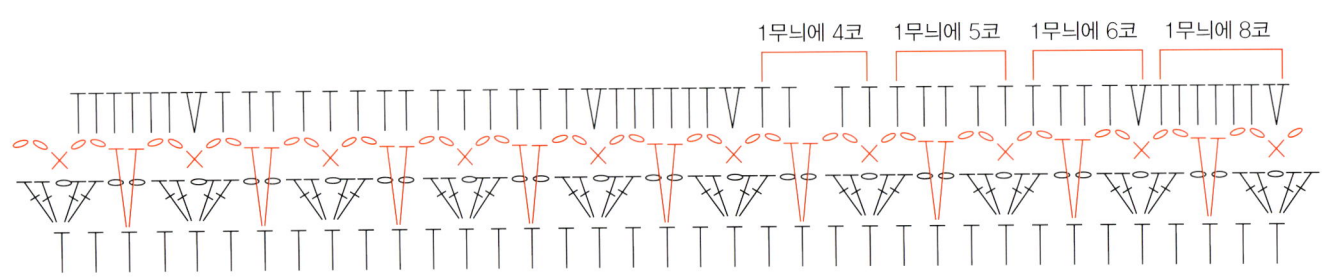

콧수 늘리는 방법

테두리 도안

1단 원형코로 짧은뜨기 10코

2단 하트무늬 5개(인디핑크) (30코)

3단 [짧은뜨기, 사슬 2코, 한길긴뜨기 첫째 단에 걸어 2코, 사슬 2코]×5 (35코)

4단 [긴뜨기 늘림, 긴뜨기 6코]×5 (40코)

5단 하트무늬 10개(민트) (70코)

6단 [짧은뜨기, 사슬 2코, 긴뜨기 4단에 걸어 2코, 사슬 2코]×10 (70코)

7단 [긴뜨기 늘림, 긴뜨기 4코]×10 (60코)

8단 하트무늬 15개(인디핑크) (105코)

9단 [짧은뜨기, 사슬 2코, 긴뜨기 7단에 걸어 2코, 사슬 2코]×15 (105코)

10단 [긴뜨기 늘림, 긴뜨기 15코]×5 (80코)

11단 하트무늬 20개(노랑)

12단 [짧은뜨기, 사슬 2코, 긴뜨기 아래 단에 2코, 사슬 2코]×20 (140코)

13단 [긴뜨기 늘림, 긴뜨기 3코]×20 (100코)

14단 하트무늬 25개(인디핑크)

15단 [짧은뜨기, 사슬 2코, 긴뜨기 아래 단에 2코, 사슬 2코]×25 (175코)

16단 [5, 5, 4, 5, 5]×5 (120코)

17단 하트무늬 30개(하늘)

18단 [짧은뜨기, 사슬 2코, 긴뜨기 아래 단에 2코, 사슬 2코]×30 (210코)

19단 [5, 5, 4]×10 (140코)

20단 하트무늬 35개(하늘)

21단 [짧은뜨기, 사슬 2코, 긴뜨기 아래 단에 2코, 사슬 2코]×35 (245코)

22단 [5, 4, 5, 4, 5, 4, 5]×5 (160코)

23단 하트무늬 40개(빨강)

24단 [짧은뜨기, 사슬 2코, 긴뜨기 아래 단에 2코, 사슬 2코]×40 (280코)

25단 [5, 4]×20 (180코)

26단 하트무늬 45개(인디핑크)

27단 [짧은뜨기, 사슬 2코, 긴뜨기 아래 단에 2코, 사슬 2코]×45 (315코)

28단 [5, 4, 5, 4, 5, 4, 5, 4, 4]×5 (200코)

29단 하트무늬 50개(민트)

30단 [짧은뜨기, 사슬 2코, 긴뜨기 아래 단에 2코, 사슬 2코]×50 (350코)

31단 [5, 4, 4, 5, 4, 4, 5, 4, 4, 5]×5 (220코)

32단 하트무늬 55개(인디핑크)

33단 [짧은뜨기, 사슬 2코, 긴뜨기 아래 단에 2코, 사슬 2코]×55 (385코)

34단 {[5, 4, 4]×3, 5, 4}×5 (240코)

35단 하트무늬 60개(노랑)

36단 [짧은뜨기, 사슬 2코, 긴뜨기 아래 단에 2코, 사슬 2코]×60 (410코)

37단 [5, 4, 4]×20 (260코)

38단 하트무늬 65개(인디핑크)

39단 [짧은뜨기, 사슬 2코, 긴뜨기 아래 단에 2코, 사슬 2코]×65 (445코)

40단 {[5, 4, 4]×4, 4}×5 (280코)

41단 하트무늬 70개(하늘)

42단 [짧은뜨기, 사슬 2코, 긴뜨기 아래 단에 2코, 사슬 2코]×70 (490코)

43단 {[5, 4, 4, 4]×3, 5, 4}×5 (300코)

44단 하트무늬 75개(인디핑크)

45단 [짧은뜨기, 사슬 2코, 긴뜨기 아래 단에 2코, 사슬 2코]×75 (525코)

46단 {[5, 4, 4, 4]×3, 5, 4, 4}×5 (320코)

47단 하트무늬 80개(빨강)

48단 [짧은뜨기, 사슬 2코, 긴뜨기 아래 단에 2코, 사슬 2코]×80 (560코)

49단 [5, 4, 4, 4]×20 (340코)

50단 하트무늬 85개(인디핑크)

51단 [짧은뜨기, 사슬 2코, 긴뜨기 아래 단에 2코, 사슬 2코]×85 (595코)

52단 {[5, 4, 4, 4, 4]×3, 5, 4}×5 (360코)

53단 하트무늬 90개(민트)

54단 [짧은뜨기, 사슬 2코, 긴뜨기 아래 단에 2코, 사슬 2코]×90 (630코)

55단 {[5, 4, 4, 4, 4]×3, 5, 4, 4}×5 (380코)

56단 하트무늬 95개(인디핑크)

57단 [짧은뜨기, 사슬 2코, 긴뜨기 아래 단에 2코, 사슬 2코]×95 (665코)

58단 {[5, 4, 4, 4, 4]×3, 5, 4, 4, 4}×5 (400코)

59단 하트무늬 100개(노랑)

60단 [짧은뜨기, 사슬 2코, 긴뜨기 아래 단에 2코, 사슬 2코]×100 (700코)

61단 [5, 4, 4, 4, 4]×20 (420코)

62단 하트무늬 105개(인디핑크)

63단 [짧은뜨기, 사슬 2코, 긴뜨기 아래 단에 2코, 사슬 2코]×105 (735코)

64단 {[5, 4, 4, 4, 4, 4]×3, 5, 4, 4}×5 (440코)

65단 하트무늬 110개(하늘)

66단 [짧은뜨기, 사슬 2코, 긴뜨기 아래 단에 2코, 사슬 2코]×110 (770코)

67단 {[5, 4, 4, 4, 4, 4]×3, 5, 4, 4, 4}×5 (460코)

68단 하트무늬 115개(인디핑크)

69단 [짧은뜨기, 사슬 2코, 긴뜨기 아래 단에 2코, 사슬 2코]×115 (815코)

70단 {[5, 4, 4, 4, 4, 4]×3, 5, 4, 4, 4, 4}×5 (480코)

71단 하트무늬 120개(빨강)

72단 [짧은뜨기, 사슬 2코, 긴뜨기 아래 단에 2코, 사슬 2코]×120 (840코)

73단 [5, 4, 4, 4, 4, 4]×20 (500코)

74단 하트무늬 125개(인디핑크)

75단 [짧은뜨기, 사슬 2코, 긴뜨기 아래 단에 2코, 사슬 2코]×125 (875코)

76단 {[5, 4, 4, 4, 4, 4, 4]×3, 5, 4, 4, 4}×5 (520코)

77단 하트무늬 130개(민트)

78단 [짧은뜨기, 사슬 2코, 긴뜨기 아래 단에 2코, 사슬 2코]×130 (910코)

79단 {[5, 4, 4, 4, 4, 4, 4]×3, 5, 4, 4, 4, 4}×5 (540코)

80단 하트무늬 135개(인디핑크)

81단 [짧은뜨기, 사슬 2코, 긴뜨기 아래 단에 2코, 사슬 2코]×135 (945코)

82단 {[5, 4, 4, 4, 4, 4, 4]×3, 5, 4, 4, 4, 4, 4}×5 (560코)

83단 하트무늬 140개(노랑)

84단 [짧은뜨기, 사슬 2코, 긴뜨기 아래 단에 2코, 사슬 2코]×140 (980코)

85단 [5, 4, 4, 4, 4, 4, 4]×20 (580코)

86단 하트무늬 140개(인디핑크)

87단 [짧은뜨기, 사슬 2코, 긴뜨기 아래 단에 2코, 사슬 2코]×145 (1015코)

88단 {[5, 4, 4, 4, 4, 4, 4, 4]×3, 5, 4, 4, 4, 4}×5 (600코)

89단 하트무늬 150개(하늘)

90단 [짧은뜨기, 사슬 2코, 긴뜨기 아래 단에 2코, 사슬 2코]×150 (1050코)

91단 {[5, 4, 4, 4, 4, 4, 4, 4]×3, 5, 4, 4, 4, 4, 4}×5 (620코)

92단 하트무늬 155개(인디핑크)

93단 [짧은뜨기, 사슬 2코, 긴뜨기 아래 단에 2코, 사슬 2코]×155 (1085코)

94단 {[5, 4, 4, 4, 4, 4, 4, 4]×3, 5, 4, 4, 4, 4, 4, 4}×5 (640코)

95단 하트무늬 160개(빨강)

96단 [짧은뜨기, 사슬 2코, 긴뜨기 아래 단에 2코, 사슬 2코]×160 (1120코)

97단 [5, 4, 4, 4, 4, 4, 4, 4]×20 (660코)

98단 테두리

동상

작은 지구별 여행

민 지 선 지선C

사용실과 사용량: 아이돌(분홍, 흰색, 빨간색, 검정색, 얼굴색, 파란색, 연두색, 연한베이지, 베이지, 연노란색, 갈색, 남색, 노란색, 초록색, 라임연두, 머스타드, 하늘), 필올슨(아이보리)
사용 도구: 대바늘 3mm, 3.5mm, 4mm, 돗바늘 **부자재:** 플라스틱 눈 6mm 10개, 플라스틱 판 5개, 솜
사이즈: 12cm x 20cm **난이도:** ★ ★ ☆ ☆ ☆ **작품사진:** 61쪽

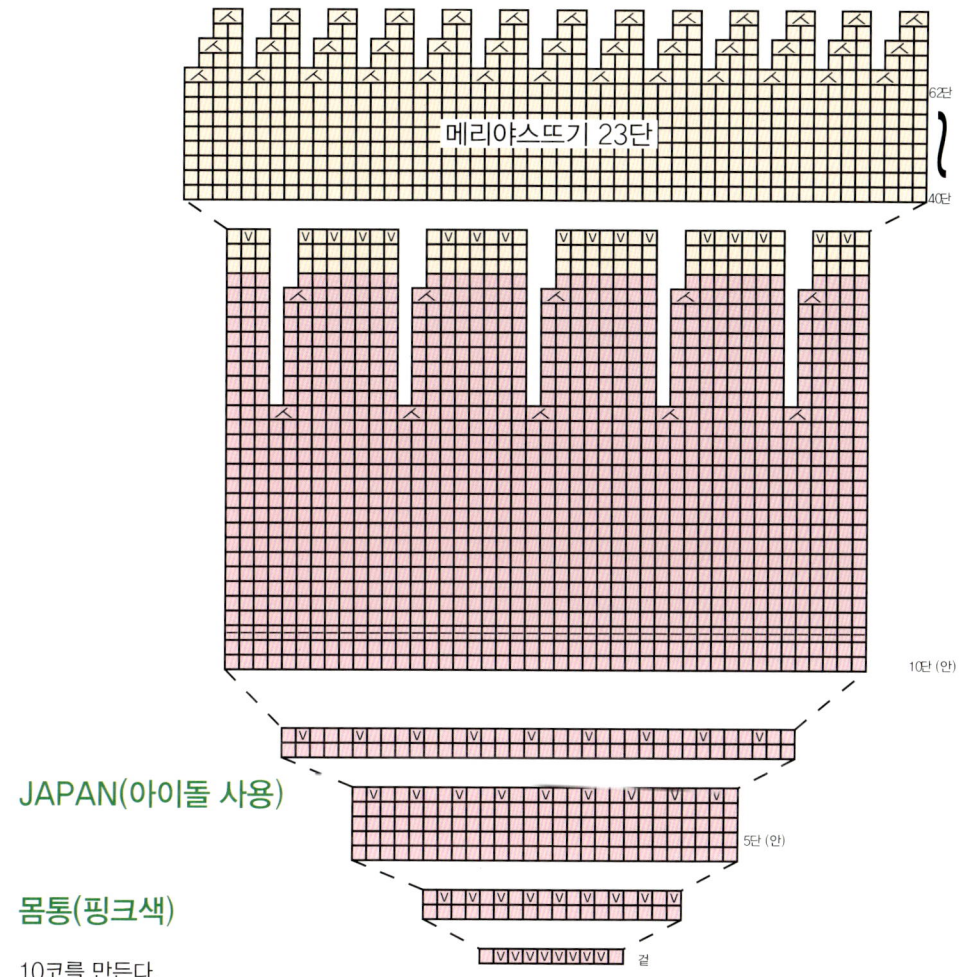

JAPAN(아이돌 사용)

몸통(핑크색)

10코를 만든다.

1단 겉뜨기 1코, [늘리기]×8, 겉뜨기 1코 (18코)

2단 안뜨기 18코

3단 [늘리기, 겉뜨기 1코]×9 (27코)

4~6단 안뜨기로 시작하는 메리야스뜨기 3단 (27코)

7단 [겉뜨기 1코, 늘리기 1코, 겉뜨기 1코]×9 (36코)

8단 안뜨기 36코

9단 [겉뜨기 2코, 늘리기 1코, 겉뜨기 1코]×9 (45코)

10~11단 안뜨기로 시작하는 메리야스 뜨기 2단 (45코)

12단 겉뜨기 45코

13~26단 겉뜨기로 시작하는 메리야스 뜨기 14단 (45코)

27단 [겉뜨기 4코, 2코 모아뜨기, 겉뜨기 3코]×5 (40코)

28~34단 안뜨기로 시작하는 메리야스뜨기 7단

35단 [겉뜨기 3코, 2코 모아뜨기, 겉뜨기 3코]×5 (35코)

36단 안뜨기 35코

37~38단 얼굴색 실로 바꾸어서 겉뜨기로 시작하는 메리야스뜨기 2단

39단 겉뜨기 1코, [늘리기, 겉뜨기 1코]×17 (52코)

40~62단 안뜨기로 시작하는 메리야스뜨기 23단

63단 [겉뜨기 2코, 2코 모아뜨기]×13 (39코)

64단 안뜨기 39코

65단 [겉뜨기 1코, 2코 모아뜨기]×13 (26코)

66단 안뜨기 26코

67단 [2코 모아뜨기]×13 (13코), 돗바늘로 마무리

허리끈(흰색으로 시작)

70코를 만든다.

1~2단 메리야스뜨기 2단

3단 빨간색 실로 바꿔서 겉뜨기 70코

4~5단 흰색 실로 바꿔서 안뜨기로 시작하는
메리야스뜨기 2단 코막음

머리(4mm바늘, 검정색)

16코를 만든다.

1~2단 겉뜨기 2단

3단 겉뜨기 13코, 돌려서

4단 걸러뜨기 1코, 끝까지 겉뜨기

5단 겉뜨기 10코, 돌려서

6단 걸러뜨기 1코, 끝까지 겉뜨기

7~96단 1~6단을 15번 반복

97~98단 겉뜨기 2단

코막음

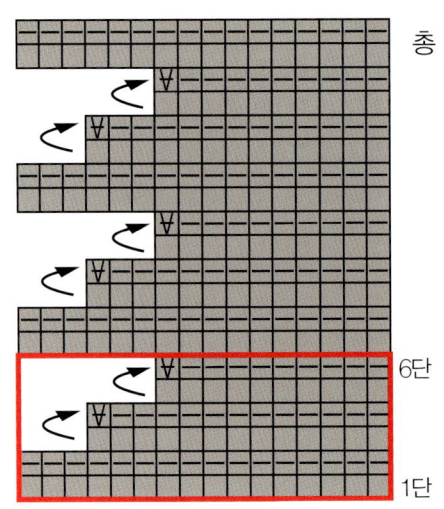

번 머리(4mm 바늘, 검정색)

8코를 만든다.

1~32단 겉뜨기 32단

코막음

백(흰색)

24코를 만든다.

1~12단 메리야스뜨기 12단

코막음

칼라(흰색)

54코를 만들고 바로 코막음

머리끈(빨간색)

54코를 만들고 바로 코막음

조립하기

몸통 목(얼굴과 옷의 경계)에서 아래쪽으로 메리야스 잇기를 한다.

지름 7.5cm 정도의 플라스틱 판을 바닥에 넣고 바닥 부분을 한 코씩 잡아당겨서 마무리한 후 솜을 넣는다.

얼굴색 실로 남은 부분을 메리야스 잇기 하고 솜을 넣어 마무리한다.

얼굴과 옷의 경계 부분인 옷의 마지막 단을 반 코씩 홈질해서 잡아당겨 목의 모양을 만들어준다.

머리 머리의 옆선과 번의 옆선을 각각 바느질하고 번의 양쪽 끝부분은 홈질해서 잡아당긴다.

얼굴에 머리 위치를 잡은 후 끝선을 따라 바느질한다.

머리 위쪽으로 번의 위치를 잡은 후 바느질한다.

머리끈으로 번 주변을 살짝 묶은 후 고정한다.

나머지 백의 옆선을 메리야스 잇기하고 위, 아래 부분도 바느질한다(솜은 조금만 넣거나 넣지 않는다).

몸통 뒤쪽으로 백의 위치를 살짝 고정해둔다.

허리끈의 옆선을 바느질하고, 몸통에서 처음 줄어드는 단에 위치를 잡은 후 위, 아래 부분을 바느질한다.

칼라는 몸통 가운데에서 목을 돌아 허리끈에 닿게 둘러준 후 바느질한다.

눈의 위치를 잡아준 후 플라스틱 눈을 달아준다(눈과 눈 사이는 6코).

AMERICA(아이돌 사용)

몸통(파란색으로 시작)

파란색 실로 10코를 만든다.

1~24단까지는 일본 인형 도안과 같이 뜬다.

25~26단 연두색 실로 바꿔서 메리야스 뜨기 2단 (45코)

27단 흰색 실로 바꿔서 [겉뜨기 4코, 2코 모아뜨기, 겉뜨기 3코]×5 (40코)

28단 안뜨기 40코

29~30단 연두색 실로 메리야스 뜨기 2단 (40코)

31~32단 흰색 실로 메리야스 뜨기 2단 (40코)

33~34단 연두색 실로 메리야스 뜨기 2단 (40코)

35단 흰색 실로 바꿔서 [겉뜨기 3코, 2코 모아뜨기, 겉뜨기 3코]×5 (35코)

36단 안뜨기 35코

37~67단 연베이지색 실로 바꿔서 일본 인형 도안과 같이 뜬다.

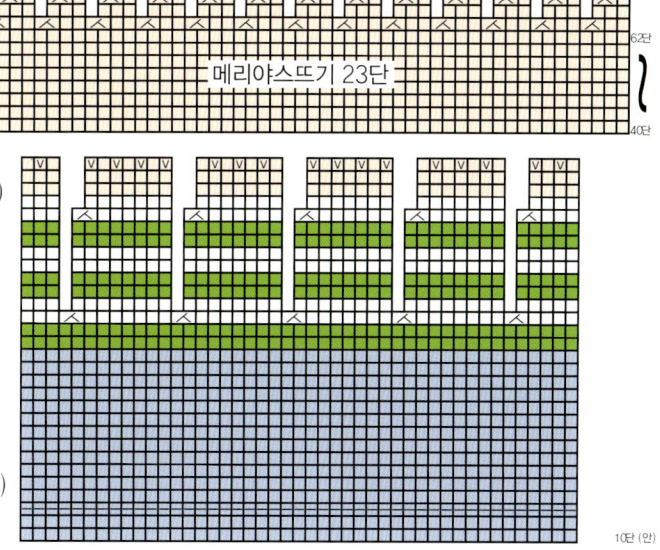
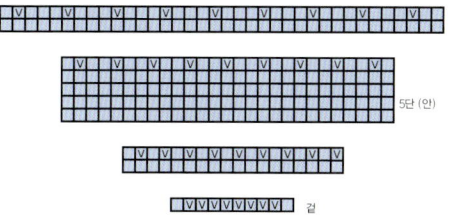

모자(베이지색)

72코를 만든다.

1~4단 겉뜨기 4단

5단 [2코 모아뜨기, 겉뜨기 7코]×8 (64코)

6단 겉뜨기 64코

7단 [겉뜨기 3코, 2코 모아뜨기, 겉뜨기 3코]×8 (56코)

8단 겉뜨기 56코

9단 [2코 모아뜨기, 겉뜨기 5코]×8 (48코)

10단 겉뜨기

11단 [겉뜨기 2코, 2코 모아뜨기, 겉뜨기 2코]×8 (40코)

12~14단 안뜨기로 시작하는 메리야스뜨기 3단

15~26단 겉뜨기 12단

27단 [겉뜨기 2코, 2코 모아뜨기, 겉뜨기 1코]×8 (32코)

28~32단 겉뜨기 5단

33단 [겉뜨기 1코, 2코 모아뜨기, 겉뜨기 1코]×8 (24코)

12코씩 바늘 2개에 나눠서 안감면에서 3 needle 코막음

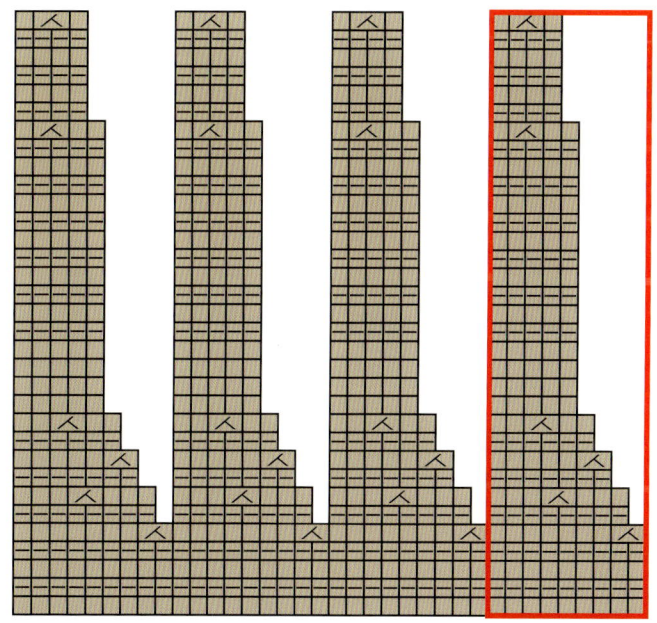

빨간 네모 총 8번 반복

머리(4mm, 연노란색으로 시작)

16코를 만든다.

1~2단 겉뜨기 2단

3단 2코 코막음, 겉뜨기 10코, 돌려서

4단 걸러뜨기 1번, 끝까지 겉뜨기

5단 [늘리기 1번]×2, 겉뜨기 6코, 돌려서

6단 걸러뜨기 1번, 끝까지 겉뜨기

7~8단 겉뜨기 2단

9단 겉뜨기 13코, 돌려서

10단 걸러뜨기 1번, 끝까지 겉뜨기

11단 겉뜨기 10코, 돌려서

12단 걸러뜨기 1번, 끝까지 겉뜨기

13~108단 1~12단을 8번 반복

109단 겉뜨기

코막음

머플러(빨간색)

32코를 만든다.

1~13단 겉뜨기 1코, 2코 모아뜨기, 3코 남을 때까지 겉뜨기, 2코 모아뜨기, 겉뜨기 1코

14단 겉뜨기 4코, [2코 모아뜨기]×2, 겉뜨기 1코

15단 겉뜨기 3코, 2코 모아뜨기, 겉뜨기 1코

16단 걸러뜨기 1번, 2코 모아뜨기 후 덮어씌워 마무리

실은 여유 있게 남겨준다.

빨간네모(1~12단)총 9번 반복

벨트(갈색)

60코를 만든다.

1~2단 메리야스 뜨기 2단

안뜨기 방향으로 코막음

모자밴드(갈색)

3코를 만든다.

모자둘레만큼 가터뜨기 후 코막음

조립하기

몸통 목(얼굴과 옷의 경계)에서 아래쪽으로 메리야스 잇기를 한다.

지름 7.5cm 정도의 플라스틱 판을 바닥에 넣고 바닥 부분을 한 코씩 잡아당겨서 마무리한 후 솜을 넣는다.

얼굴색 실로 남은 부분을 메리야스 잇기 하고 솜을 넣어 마무리한다.

얼굴과 옷의 경계부분인 옷의 마지막 단을 반 코씩 홈질해서 잡아당겨 목의 모양을 만들어준다.

머리 머리의 옆선을 바느질하고 얼굴의 위치를 잡은 후 머리 끝선을 따라 바느질한다.

모자의 옆선을 바느질하고 모자 밴드를 모자에 고정한다.

모자 챙의 양쪽 끝부분이 살짝 올라가게 밴드 쪽에 바느질하고 머리에 위치를 잡은 후 고정해준다.

나머지 벨트 옆선을 바느질하고, 몸통에서 처음 줄어드는 단에 위치를 잡은 후 위, 아래 부분을 바느질한다.

머플러 시작 부분에 남은 여유 실로 목에 두르고 반대쪽 부분에 바느질해서 마무리한다.

눈의 위치를 잡아준 후 플라스틱 눈을 달아준다(눈과 눈 사이는 6코).

ENGLAND(아이돌 사용)

몸통(남색으로 시작)

10코를 만든다.

1~18단까지는 일본 인형 도안과 같이 뜬다.

19~26단 빨간색 실로 바꿔서 메리야스뜨기 8단

27단 [겉뜨기 4코, 2코 모아뜨기, 겉뜨기 3코]×5 (40코)

28~34단 안뜨기로 시작하는 메리야스뜨기 7단

35단 [겉뜨기 3코, 2코 모아뜨기, 겉뜨기 3코]×5 (35코)

36단 안뜨기 35코

37~38단 연베이지색 실로 바꿔서 겉뜨기로 시작하는 메리야스뜨기 2단 (35코)

39단 겉뜨기 1코, [늘리기 1번, 겉뜨기 1코]×17 (52코)

40~62단 안뜨기로 시작하는 메리야스뜨기 23단 (52코)

63단 [겉뜨기 2코, 2코 모아뜨기]×13 (39코)

64단 안뜨기 39코

65단 [겉뜨기 1코, 2코 모아뜨기]×13 (26코)

66단 안뜨기 26코

67단 [2코 모아뜨기]×13 (13코)

돗바늘로 마무리

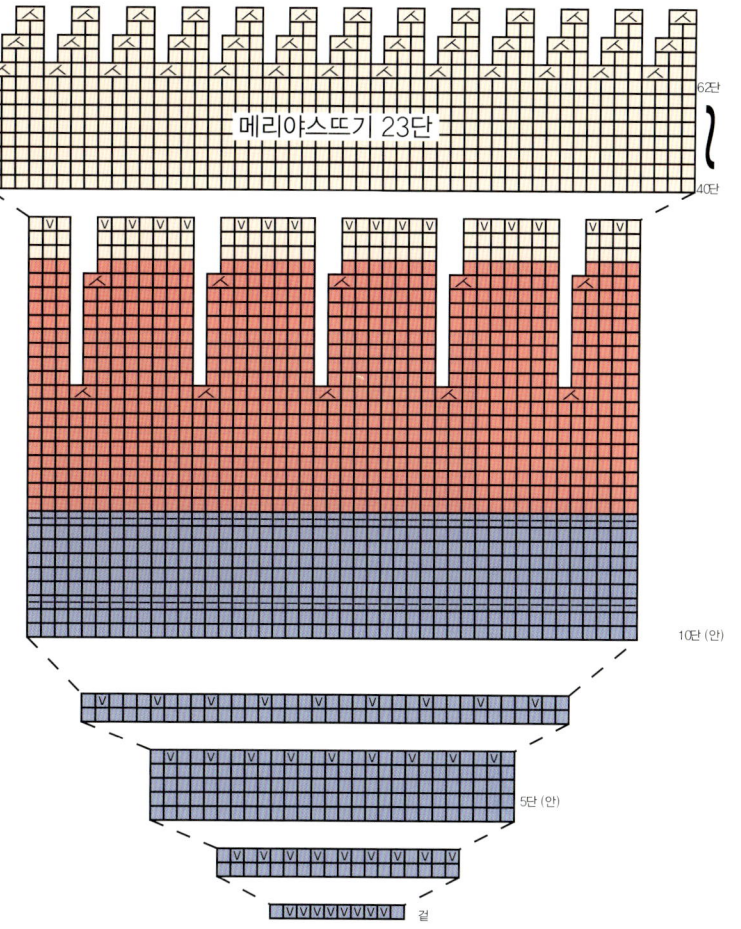

모자(3.5mm, 검정색)

64코를 만든다.

1~26단 겉뜨기 26단 (64코)

27단 [겉뜨기 3코, 2코 모아뜨기, 겉뜨기 3코]×8 (56코)

28~32단 겉뜨기 5단 (56코)

33단 [겉뜨기 5코, 2코 모아뜨기]×8 (48코)

34~36단 겉뜨기 3단 (48코)

37단 [겉뜨기 2코, 2코 모아뜨기, 겉뜨기 2코]×8 (40코)

38단 겉뜨기 40코

39단 [겉뜨기 3코, 2코모아뜨기]×8 (32코)

40단 겉뜨기 32코

41단 [겉뜨기 1코, 2코 모아뜨기, 겉뜨기 1코]×8 (24코)

42단 겉뜨기 24코

43단 [겉뜨기 1코, 2코 모아뜨기]×8 (16코)

44단 겉뜨기 16코

43단 [2코 모아뜨기]×8 (8코)

돗바늘로 마무리

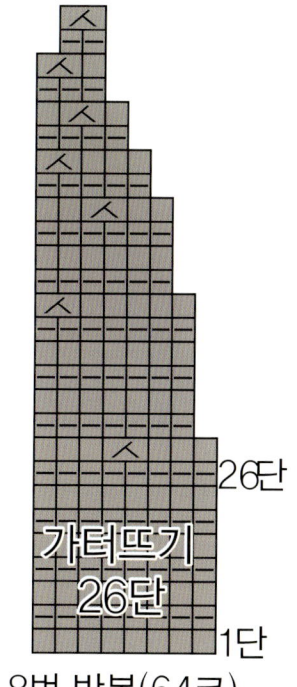

벨트(흰색)

60코를 만든다.

1~2단 메리야스뜨기 2단 후 안뜨기 방향으로 코막음

옷깃(흰색)

10코 만들고 코막음

모자끈(노란색)

36코 만들고 코막음

단추(노란색)

3번꼬아묶기로 4개 만들어준다.

조립하기

몸통 목(얼굴과 옷의 경계)에서 아래쪽으로 메리야스 잇기를 한다.

지름 7.5cm 정도의 플라스틱 판을 바닥에 넣고 바닥 부분을 한 코씩 잡아당겨서 마무리한 후 솜을 넣는다.

얼굴색 실로 남은 부분을 메리야스 잇기 하고 솜을 넣어 마무리한다.

얼굴과 옷의 경계부분인 옷의 마지막 단을 반 코씩 홈질해서 잡아당겨 목의 모양을 만들어준다.

모자 모자의 옆선을 바느질하고 얼굴에 위치를 잡은 후 머리 끝선을 따라 바느질한다.

모자끈을 얼굴을 지나도록 위치하고 모자에 고정한다.

나머지 벨트 옆선을 바느질하고, 몸통에서 처음 줄어드는 단에 위치를 잡은 후 위, 아래 부분을 바느질한다.

옷깃은 몸통 가운데에 위치하도록 바느질하고 그 양쪽에 단추를 달아준다.

눈의 위치를 잡아준 후 플라스틱 눈을 달아준다(눈과 눈 사이는 6코).

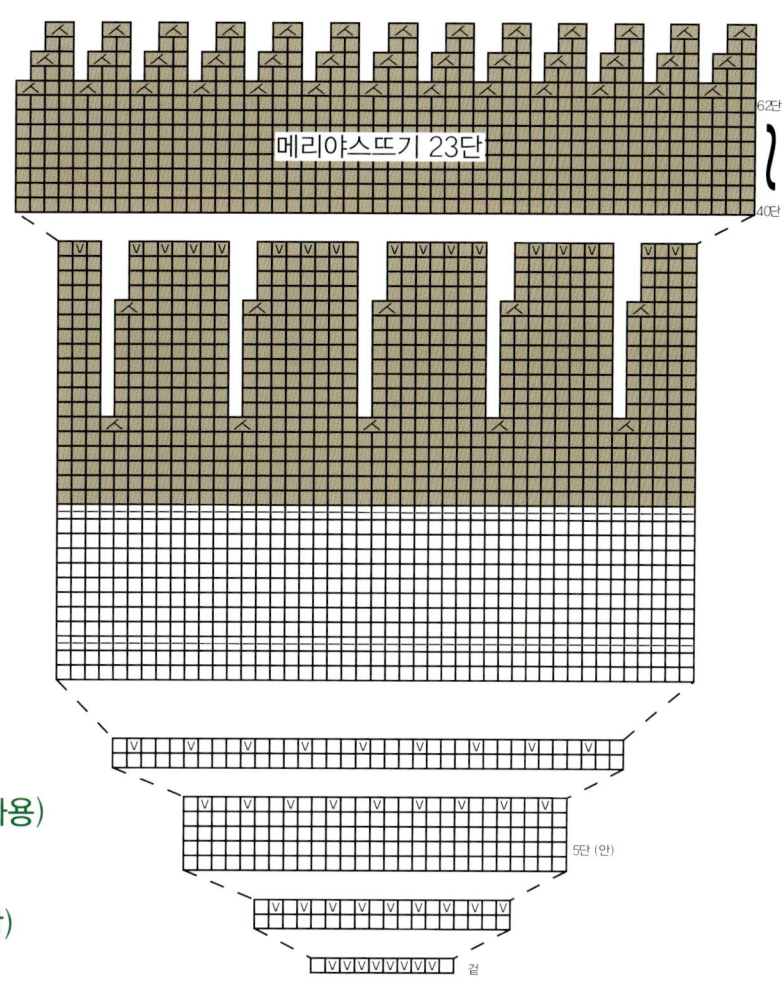

AFRICA(아이돌 사용)

몸통(흰색으로 시작)

10코를 만든다.

1~21단까지는 일본 인형 도안과 같이 뜬다

22~26단 베이지색 실로 바꿔서 메리야스뜨기 5단

27~67단 실은 바꾸지 않고 영국 인형 도안과 같이 뜬다.

머리(3.5mm, 검정색)

검정색 실로 60코를 만든다(2코 2단 멍석뜨기).

1~14단 2코 2단 멍석뜨기로 진행

15단 [4코 뜨고, 2코 모아뜨기]×10 (50코)

16단 멍석뜨기 1단

17단 [3코 뜨고, 2코 모아뜨기]×10 (40코)

18단 멍석뜨기 1단

19단 [2코 뜨고, 2코 모아뜨기]×10 (30코)

20단 멍석뜨기 1단

21단 [1코 뜨고, 2코 모아뜨기]×10 (20코)

22단 멍석뜨기 1단

23단 [2코 모아뜨기]×10 (10코)

돗바늘로 마무리

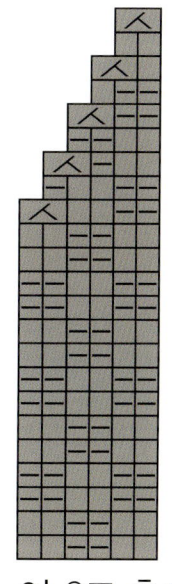

이 6코 총10번 반복(60코)

나뭇잎(녹색, 연두, 라임연두색으로 총 11장 뜨기)

7코를 만든다.

1~10단 겉뜨기 10단
11단 겉뜨기 2코, 3코 모아뜨기, 겉뜨기 2코 (5코)
12단 겉뜨기 5코
13단 겉뜨기 1코, 3코 모아뜨기, 겉뜨기 1코 (3코)
14단 겉뜨기 3코
15단 걸러 뜨기 1번, 2코 모아뜨기 후 덮어씌우기

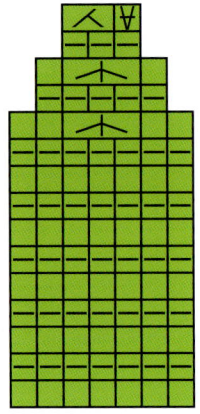

머플러(3.5mm, 빨간색 실로 시작)

30코를 만든다.

1단 겉뜨기
2~3단 노란색 실로 바꿔서 겉뜨기 2단
4~5단 초록색 실로 바꿔서 겉뜨기 2단
6~7단 검정색 실로 바꿔서 겉뜨기 2단

안뜨기 방향으로 코막음 후 4가지 색실로 술을 달아준다.

조립하기

몸통 목(얼굴과 옷의 경계)에서 아래쪽으로 메리야스 잇기를 한다.
지름 7.5cm 정도의 플라스틱 판을 바닥에 넣고 바닥 부분을 한 코씩 잡아당겨서 마무리한 후 솜을 넣는다.
얼굴색 실로 남은 부분을 메리야스 잇기 하고 솜을 넣어 마무리한다.
37단(얼굴 늘리는 단 2단 아래)을 반 코씩 홈질해서 잡아당겨 목의 모양을 만들어준다.

머리 머리의 옆선을 바느질하고 얼굴에 위치를 잡은 후 머리 끝선을 따라 바느질한다.

나머지 몸통 색이 바뀌는 경계 부분에 나뭇잎 11개를 색깔별로 배치하고 경계 부분만 바느질한다.
머플러를 어깨 위치를 지나가게 잡고 몸통 뒤쪽 부분과 어깨 부분만 고정해준다.
눈의 위치를 잡아준 후 플라스틱 눈을 달아준다(눈과 눈 사이는 6코).

INUIT(아이돌 사용)

몸통(머스타드색으로 시작)

10코를 만든다.

1~36단 머스타드색 실로 일본 인형 도안과 같이 뜬다.

37~67단 얼굴색 실로 바꿔서 일본 인형 도안과 같이 뜬다.

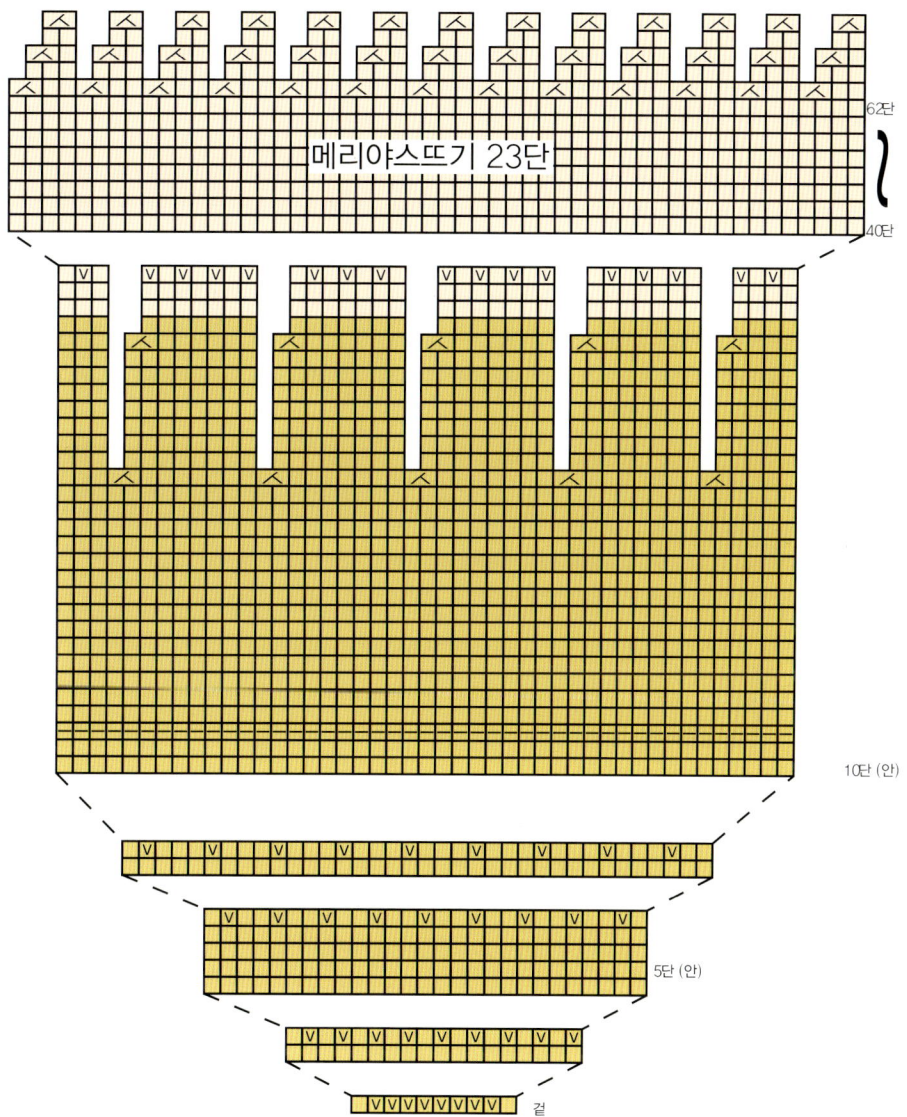

벨트(3.5mm, 필올슨-아이보리)

60코를 만든다.

1~3단 겉뜨기 3단

코막음

후드(3.5mm, 머스타드로 시작)

24코를 만든다.

1~2단 메리야스뜨기 2단 (24코)

3단 [겉뜨기 2코, 늘리기, 겉뜨기 1코]×6 (30코)

4~26단 메리야스뜨기 23단 (30코)

27단 [겉뜨기 4코, 2코 모아뜨기, 겉뜨기 4코]×3 (27코)

28단 안뜨기 1단

29단 [겉뜨기 4코, 2코 모아뜨기, 겉뜨기 3코]×3 (24코)

30단 안뜨기 1단

31단 [겉뜨기 3코, 2코 모아뜨기, 겉뜨기 3코]×3 (21코)

32단 안뜨기 1단

33단 [겉뜨기 3코, 2코 모아뜨기, 겉뜨기 2코]×3 (18코)

34단 안뜨기 1단

35단 [겉뜨기 1코, 2코 모아뜨기]×6 (12코)

36단 안뜨기 1단

37단 [겉뜨기 1코, 2코 모아뜨기]×4 (8코)

38단 안뜨기 1단

39단 [2코 모아뜨기]×4 (4코)

돗바늘로 마무리

후드 퍼(3.5mm, 필올슨-아이보리)

6코를 만든다.

가터뜨기로 후드 길이만큼 뜨고 코막음

옷깃(3.5mm, 필올슨-아이보리)

10코를 만든 후 코막음

조립하기

몸통 목(얼굴과 옷의 경계)에서 아래쪽으로 메리야스 잇기를 한다.

지름 7.5cm 정도의 플라스틱 판을 바닥에 넣고 바닥 부분을 한 코씩 잡아당겨서 마무리한 후 솜을 넣는다.

얼굴색 실로 남은 부분을 메리야스 잇기 하고 솜을 넣어 마무리한다.

얼굴과 옷의 경계부분인 옷의 마지막 단을 반 코씩 홈질해서 잡아당겨 목의 모양을 만들어준다.

머리 후드를 얼굴 위쪽에 위치를 잡고 목과 얼굴을 따라 바느질한다.

머리카락 실로 앞머리를 만들어주고 얼굴과 후드 사이를 후드퍼로 고정해준다.

20cm 갈색 실 3줄을 후드 퍼와 얼굴 경계에 끼워 넣고 땋은 머리를 만든다(양쪽).

머리 끈으로 땋은 머리를 묶어주고 정리한다.

나머지 벨트 옆선을 바느질하고, 몸통에서 처음 줄어드는 단에 위치를 잡은 후 위, 아래 부분을 바느질한다.

옷깃은 몸통 가운데에 위치하도록 바느질한다.

눈의 위치를 잡아준 후 플라스틱 눈을 달아준다(눈과 눈 사이는 6코).

동상

검정고무신 기영이 친구 다혜, 도승(인형)

김 선 화 엘리킴

[다혜]
사용실과 사용량: 아모레미오 연보라 1볼, 아이보리 1볼, 베이지 1볼, 검정 2볼
사용 도구: 모사용 코바늘 5/0호 **부자재:** 단추 2개 **사이즈:** 41cm x 26cm

[도승]
사용실과 사용량: 아모레미오 연보라 2볼, 아이보리 2볼, 골드 2볼, 검정 1볼, 흰색 실 조금
사용 도구: 모사용 코바늘 5호 **부자재:** 단추 2개, 가죽끈 42cm 1줄, 솜 **사이즈:** 42cm x 26cm

난이도: ★ ★ ☆ ☆ ☆ 작품사진: 61쪽

다혜

다리

1단 검정색 실로 원형코 짧은뜨기 6코
2단 매코 늘림 6번(12코)
3단 [짧은뜨기, 1코 늘림]×6 (18코)
4단 [짧은뜨기 2코, 1코 늘림]×6 (24코)
5단 [짧은뜨기 3코, 1코 늘림]×6 (30코)
6단 [짧은뜨기 4코, 1코 늘림]×6 (36코)
7~9단 짧은뜨기 36코, 증감 없이 4단
10~13단 흰색 실로 짧은뜨기 36코
14~27단 베이지색 실로 짧은뜨기 36코(14단은 이랑뜨기로)
실은 길게 남겨주고 솜을 넣는다.

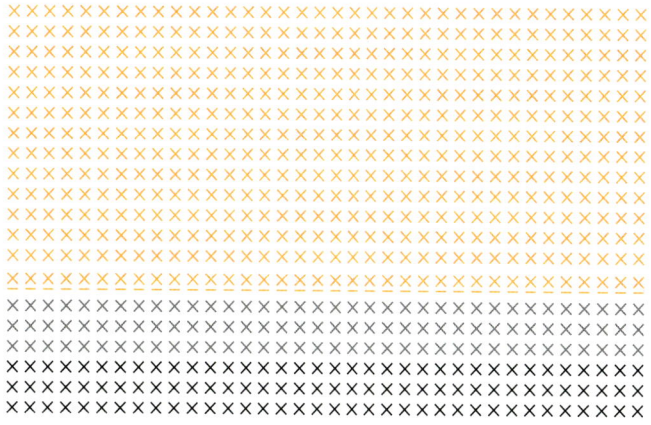

양말 프릴

1단 이랑뜨기한 곳에 늘림 36번(72코)
2단 피콧뜨기

몸

28단 두 다리를 연결하면서 늘림, 짧은뜨기 34코, 늘림 2번, 짧은뜨기 34코, 늘림(76코)
29단 짧은뜨기 76코
30~43단 검정색 실로 짧은뜨기 76코 43단은 이랑뜨기
44~48단 연보라색 실로 짧은뜨기 76코
49단 [줄임, 짧은뜨기 10코]×6, 짧은뜨기 3코 (69코)
50~54단 짧은뜨기 69코
55단 [줄임, 짧은뜨기 9코]×6, 짧은뜨기 3코 (63코)
56~59단 짧은뜨기 63코
60단 [줄임, 짧은뜨기 8코]×6, 짧은뜨기 3코 (57코)
61~63단 짧은뜨기 63코
64단 [줄임, 짧은뜨기 7코]×6, 짧은뜨기 4코 (52코)
65~66단 짧은뜨기 63코
67단 [줄임, 짧은뜨기 6코]×6, 짧은뜨기 5코 (47코)
68단 짧은뜨기 47코
69단 [줄임, 짧은뜨기 6코]×6 (42코)

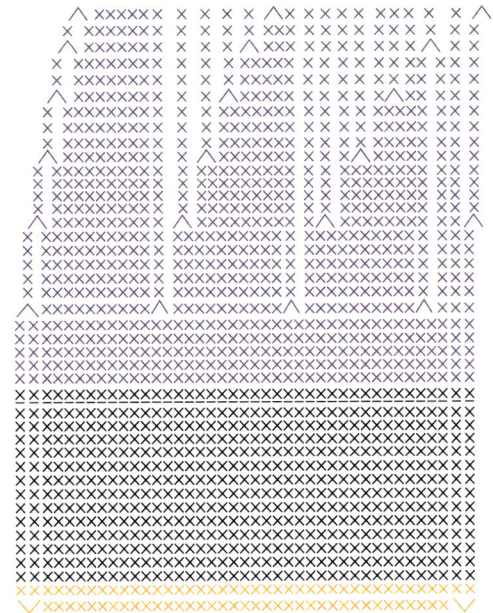

치마

1단 몸의 43단 부분에 늘림을 76번(152코)
2~8단 한길긴뜨기 152코

팔(2장)

1단 베이지색 실로 원형코 짧은뜨기 6코
2단 늘림 6번(12코)
3단 [짧은뜨기, 늘림]×6(18코)
4단 [짧은뜨기 2코, 늘림]×6(24코)
5~24단 짧은뜨기 24코
25~30단 연보라색 실로 짧은뜨기 24코(솜은 여기까지만 넣기)
31단 [짧은뜨기 2코, 줄임]×6(18코)
32~36단 짧은뜨기 18코 눌러서 구멍이 —자가 되도록 꿰맨다.

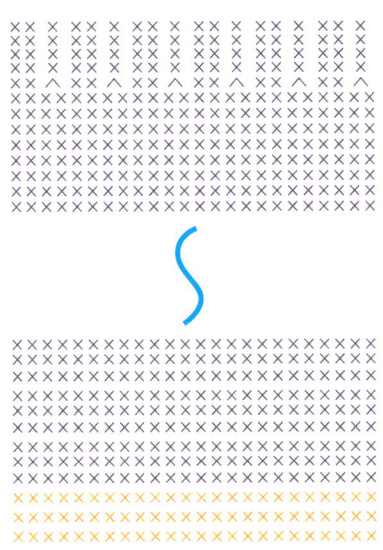

머리

1단 검정색 실로 원형코 짧은뜨기 7코

2단 늘림 7번(14코)

3단 [짧은뜨기, 늘림]×7 (21코)

4단 [짧은뜨기 2코, 늘림]×7 (28코)

5단 [짧은뜨기 3코, 늘림]×7 (35코)

6단 [짧은뜨기 4코, 늘림]×7 (42코)

7단 [짧은뜨기 5코, 늘림]×7 (49코)

8단 [짧은뜨기 6코, 늘림]×7 (56코)

9단 [짧은뜨기 7코, 늘림]×7 (63코)

10단 [짧은뜨기 8코, 늘림]×7 (70코)

11~25단 짧은뜨기 70코

26단 [짧은뜨기 8코, 줄임]×7 (63코)

27단 [짧은뜨기 7코, 줄임]×7 (56코)

28단 [짧은뜨기 6코, 줄임]×7 (49코)

29단 [짧은뜨기 5코, 줄임]×7 (42코)

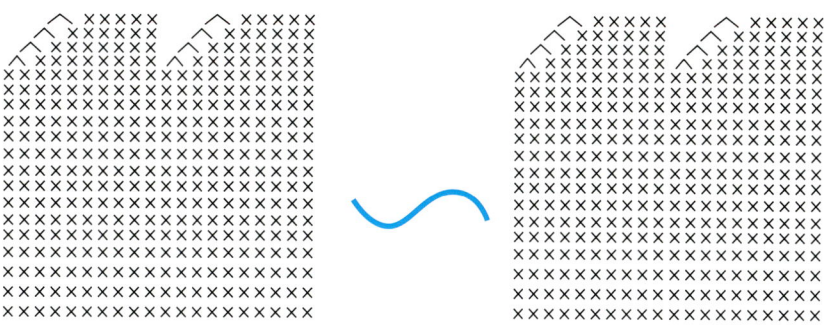

카라

1단 연보라색 실로 사슬 47코

2단 짧은뜨기 47코, 사슬 1코 만들고 뒤돌아서

3단 [짧은뜨기 5코, 1코 늘림]×7 (54코), 사슬 1코 만들고 뒤돌아서

4단 짧은뜨기 3코, 1코 늘림, [짧은뜨기 5코, 늘림]×8 (63코)

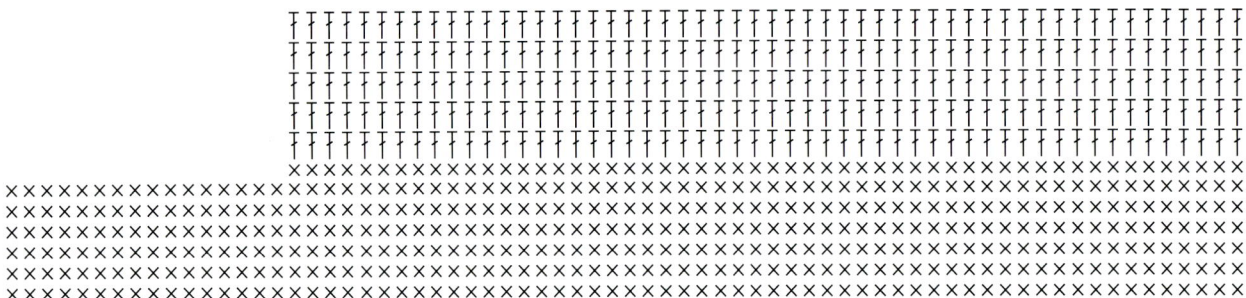

머리카락

1단 검정색 실로 원형코 짧은뜨기 7코

2단 늘림 7번 (14코)

3단 [짧은뜨기, 늘림]×7 (21코)

4단 [짧은뜨기 2코, 늘림]×7 (28코)

5단 [짧은뜨기 3코, 늘림]×7 (35코)

6단 [짧은뜨기 4코, 늘림]×7 (42코)

7단 [짧은뜨기 5코, 늘림]×7 (49코)

8단 [짧은뜨기 6코, 늘림]×7 (56코)

9단 [짧은뜨기 7코, 늘림]×7 (63코)

10~15단 짧은뜨기 63코

16~23단 사슬 1코, 뒤로 돌려 한길 긴뜨기 54코

짧은 부분은 얼굴이 올 수 있도록 얼굴에 꿰맨다.

도승

다리(2개 뜨기, 아이보리색)

1단 원형코 짧은뜨기 6코

2단 늘림 6번(12코)

3단 [짧은뜨기 1코, 늘림]×6(18코)

4단 [짧은뜨기 2코, 늘림]×6(24코)

5단 [짧은뜨기 3코, 늘림]×6(30코)

6단 [짧은뜨기 4코, 늘림]×6(36코)

7~9단 짧은뜨기 36코

10~27단 골드색 실로 바꿔서 짧은뜨기 36코 후 10cm 남기고 자른다.

몸(다리에 연결시켜서 뜬다)

28단 늘림, 짧은뜨기 34코, 늘림 2번, 짧은뜨기 34코, 늘림(76코)

29~38단 검정색 실로 짧은뜨기 76코

39~48단 연보라색 실로 짧은뜨기 76코

49단 [줄임, 짧은뜨기 10코]×6, 짧은뜨기 3코 (69코)

50~54단 짧은뜨기 69코

55단 [줄임, 짧은뜨기 10코]×5, 짧은뜨기 8코 (63코)

56~59단 짧은뜨기 63코

60단 [줄임, 짧은뜨기 10코]×5, 짧은뜨기 2코 (57코)

61~63단 짧은뜨기 57코

64단 [줄임, 짧은뜨기 10코]×4, 짧은뜨기 8코 (52코)

65단~66단 짧은뜨기 52코

67단 [줄임, 짧은뜨기 10코]×4, 짧은뜨기 3코 (47코)

68단 짧은뜨기 47코

69단 [줄임, 짧은뜨기 10코]×3, 짧은뜨기 9코 (42코)

머리

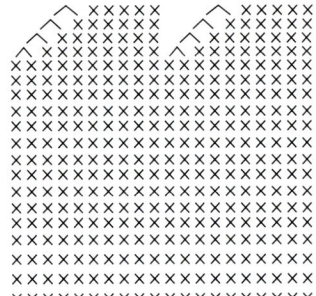 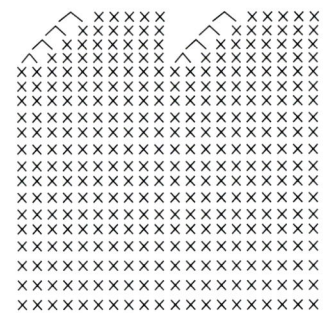

1단 검정색 실로 원형코 짧은뜨기 7코

2단 늘림 7번(14코)

3단 [짧은뜨기, 늘림]×7 (21코)

4단 [짧은뜨기 2코, 늘림]×7 (28코)

5단 [짧은뜨기 3코, 늘림]×7 (35코)

6단 [짧은뜨기 4코, 늘림]×7 (42코)

7단 [짧은뜨기 5코, 늘림]×7 (49코)

8단 [짧은뜨기 6코, 늘림]×7 (56코)

9단 [짧은뜨기 7코, 늘림]×7 (63코)

10단 [짧은뜨기 8코, 늘림]×7 (70코)

11~25단 짧은뜨기 70코

26단 [짧은뜨기 8코, 줄임]×7 (63코)

27단 [짧은뜨기 7코, 줄임]×7 (56코)

28단 [짧은뜨기 6코, 줄임]×7 (49코)

29단 [짧은뜨기 5코, 줄임]×7 (42코)

팔(2장)

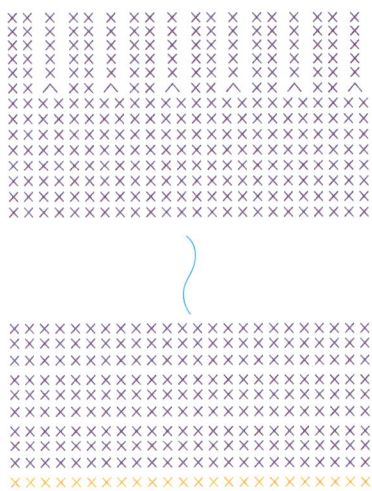

1단 베이지색 실로 원형코 짧은뜨기 6코

2단 늘림 6번(12코)

3단 [짧은뜨기, 늘림]×6 (18코)

4단 [짧은뜨기 2코, 늘림]×6 (24코)

5~7단 짧은뜨기 24코

8~33단 연보라 실로 짧은뜨기 24코(솜은 여기까지만 넣기)

34단 [짧은뜨기 2코, 줄임]×6 (18코)

35~39단 짧은뜨기 18코를 눌러서 구멍이 — 자가 되도록 꿰맨다.

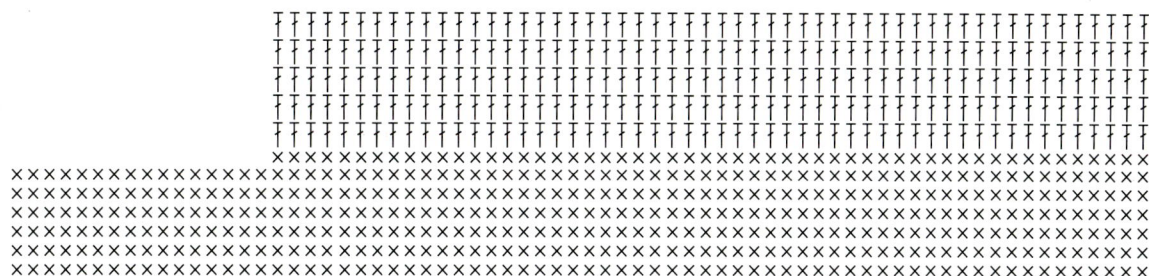

머리카락

1단 검정색 실로 원형코 짧은뜨기 7코

2단 매코 늘림 7번(14코)

3단 [짧은뜨기, 1코 늘림]×7 (21코)

4단 [짧은뜨기 2코, 1코 늘림]×7 (28코)

5단 [짧은뜨기 3코, 1코 늘림]×7 (35코)

6단 [짧은뜨기 4코, 1코 늘림]×7 (42코)

7단 [짧은뜨기 5코, 1코 늘림]×7 (49코)

8단 [짧은뜨기 6코, 1코 늘림]×7 (56코)

9단 [짧은뜨기 7코, 1코 늘림]×7 (63코)

10단 [짧은뜨기 7코, 1코 늘림]×7 (70코)

11~16단 짧은뜨기 70코

17단 사슬 1코, 편물 뒤로 돌려서 짧은뜨기 54코

18단 편물 뒤로 돌려서 사슬 3코, 기둥으로 올리고 한길긴뜨기 54코

19~24단 위 18단과 같은 방법으로 증감 없이 6단

*짧은 부분은 얼굴이 올 수 있도록 얼굴에 꿰맨다.

동상

엄마품 애착인형(원숭이, 양)

김세윤 대두아씨

[원숭이]
사용실과 사용량: 네코(408 러브토마토 1볼 반, 401 화이트 반볼)
사용 도구: 모사용 코바늘 4/0호 **사이즈:** 8cm x 33cm

[양]
사용실과 사용량: 네코(418 베이비블루 2볼 반, 401 화이트 1/3볼)
사용 도구: 모사용 코바늘 4/0호 **사이즈:** 8cm x 33cm

난이도: ★ ★ ★ ☆ ☆ 작품사진: 62쪽

원숭이

머리

1단 원형코로 짧은뜨기 6코
2단 코늘림 6번(12코)
3단 [짧은뜨기, 늘림]×6 (18코)
4단 [짧은뜨기 2코, 늘림]×6 (24코)
5단 [짧은뜨기 3코, 늘림]×6 (30코)
6단 [짧은뜨기 4코, 늘림]×6 (36코)
7단 [짧은뜨기 5코, 늘림]×6 (42코)
8단 [짧은뜨기 6코, 늘림]×6 (48코)
9단 [짧은뜨기 7코, 늘림]×6 (54코)
10~19단 짧은뜨기 54코
20단 [짧은뜨기 7코, 줄임]×6 (48코)
21단 [짧은뜨기 6코, 줄임]×6 (42코)
22단 [짧은뜨기 5코, 줄임]×6 (36코)
23단 [짧은뜨기 4코, 줄임]×6 (30코)
24단 [짧은뜨기 3코, 줄임]×6 (24코)
25단 [짧은뜨기 2코, 줄임]×6 (18코)
26단 [짧은뜨기, 줄임]×6 (12코)
27단 줄임 6번(6코)

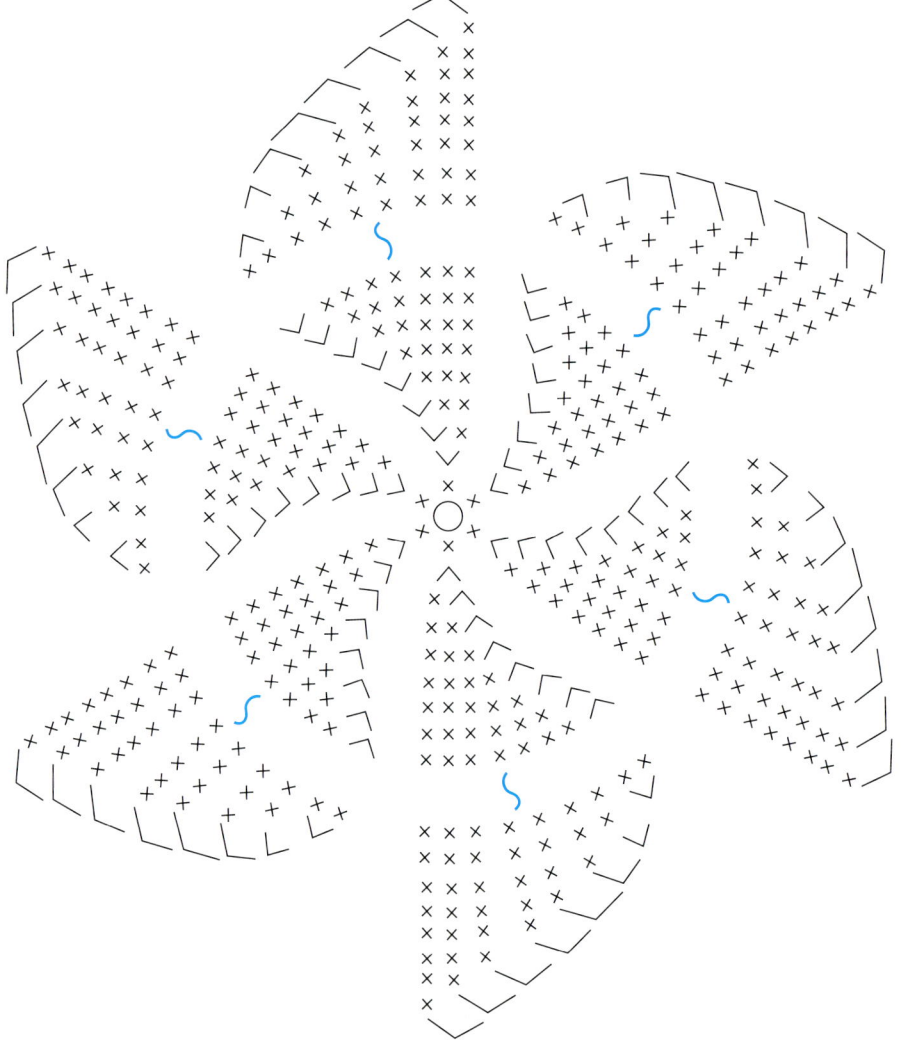

몸통

1단 사슬 54코

2단 짧은뜨기 54코

3단 사슬 4코, [한 코 건너 한길긴뜨기, 사슬 1코]×26

4~7단 짧은뜨기 54코

8단 흰색으로 짧은뜨기 54코

9단 러브토마토로 짧은뜨기 54코

10단 흰색으로 짧은뜨기 54코

11~15단 러브토마토로 짧은뜨기 54코

16단 [흰색 짧은뜨기 1코, 러브토마토로 짧은뜨기 5코]×9 (54코)

17단 [흰색 짧은뜨기 2코, 러브토마토로 짧은뜨기 4코]×9 (54코)

18단 [흰색 짧은뜨기 3코, 러브토마토로 짧은뜨기 3코]×9 (54코)

19단 [흰색 짧은뜨기 4코, 러브토마토로 짧은뜨기 2코]×9 (54코)

20단 [흰색 짧은뜨기 5코, 러브토마토로 짧은뜨기 1코]×9 (54코)

21~22단 흰색으로 짧은뜨기 54코

23단 러브토마토로 짧은뜨기 54코

24단 흰색으로 짧은뜨기 54코

25단 러브토마토로 짧은뜨기 54코

26단 흰색으로 짧은뜨기 54코

27~55단 러브토마토로 짧은뜨기 54코

56. [짧은뜨기 7코, 줄임]×6 (48코)

57단 [짧은뜨기 6코, 줄임]×6 (42코)

58단 [짧은뜨기 5코, 줄임]×6 (36코)

59단 [짧은뜨기 4코, 줄임]×6 (30코)

60단 [짧은뜨기 3코, 줄임]×6 (24코)

실을 길게 끊고 머리 4단에 이어준다.

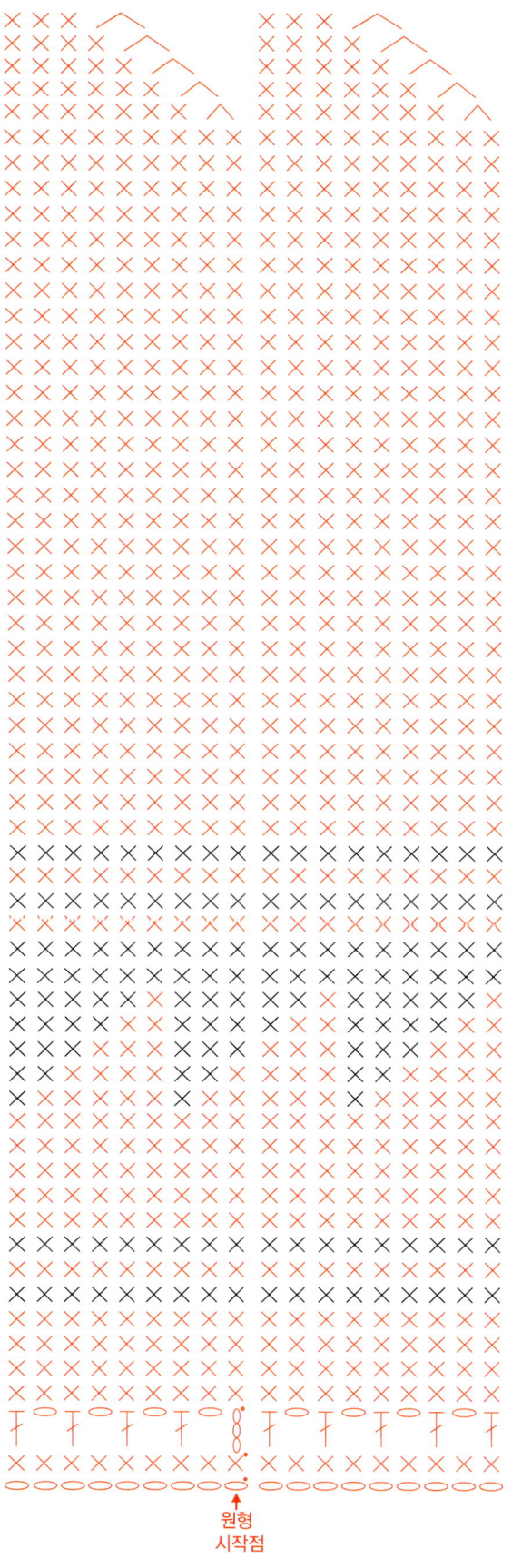

원숭이 머리

- **1단** 원형코 짧은뜨기 6코
- **2단** 늘림 6번(12코)
- **3단** [짧은뜨기 1코, 늘림]×6 (18코)
- **4단** [짧은뜨기 2코, 늘림]×6 (24코)
- **5단** [짧은뜨기 3코, 늘림]×6 (30코)
- **6단** [짧은뜨기 4코, 늘림]×6 (36코)
- **7단** [짧은뜨기 5코, 늘림]×6 (42코)
- **8단** [짧은뜨기 6코, 늘림]×6 (48코)
- **9단** [짧은뜨기 7코, 늘림]×6 (54코)
- **10~18단** 짧은뜨기 54코

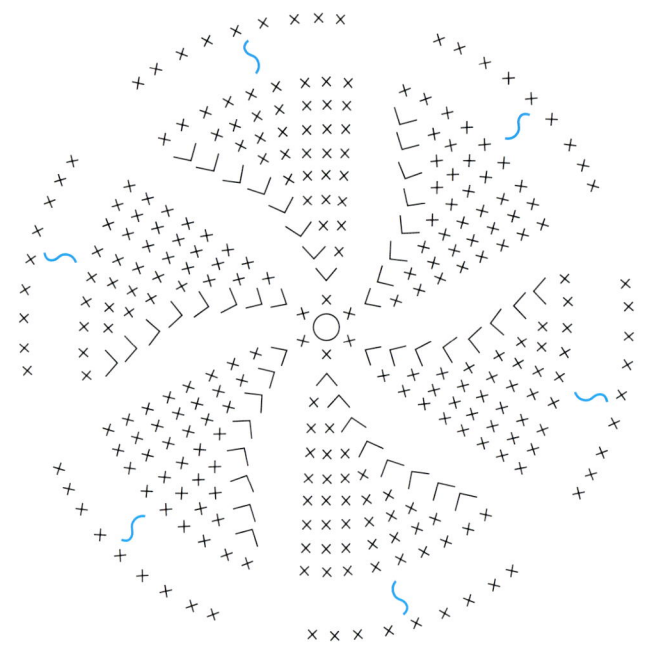

원숭이 귀(흰색 2장, 러브토마토 2장)

- **1단** 원형코 짧은뜨기 6코
- **2단** 늘림 6번(12코)
- **3단** [짧은뜨기 1코, 늘림]×6 (18코)

흰색, 러브토마토를 앞뒤로 겹쳐서 각각의 색으로 홈질을 한다.

원숭이 얼굴

- **1단** 원형코 짧은뜨기 6코
- **2단** 늘림 6번(12코)
- **3단** [짧은뜨기 1코, 늘림]×6 (18코)
- **4단** [짧은뜨기 2코, 늘림]×6 (24코)
- **5단** [짧은뜨기 3코, 늘림]×6 (30코)
- **6단** [짧은뜨기 4코, 늘림]×6 (36코)

원숭이 눈(2장)

- **1단** 사슬 3코
- **2단** 타원 모양으로 뜬다.

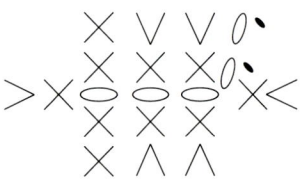

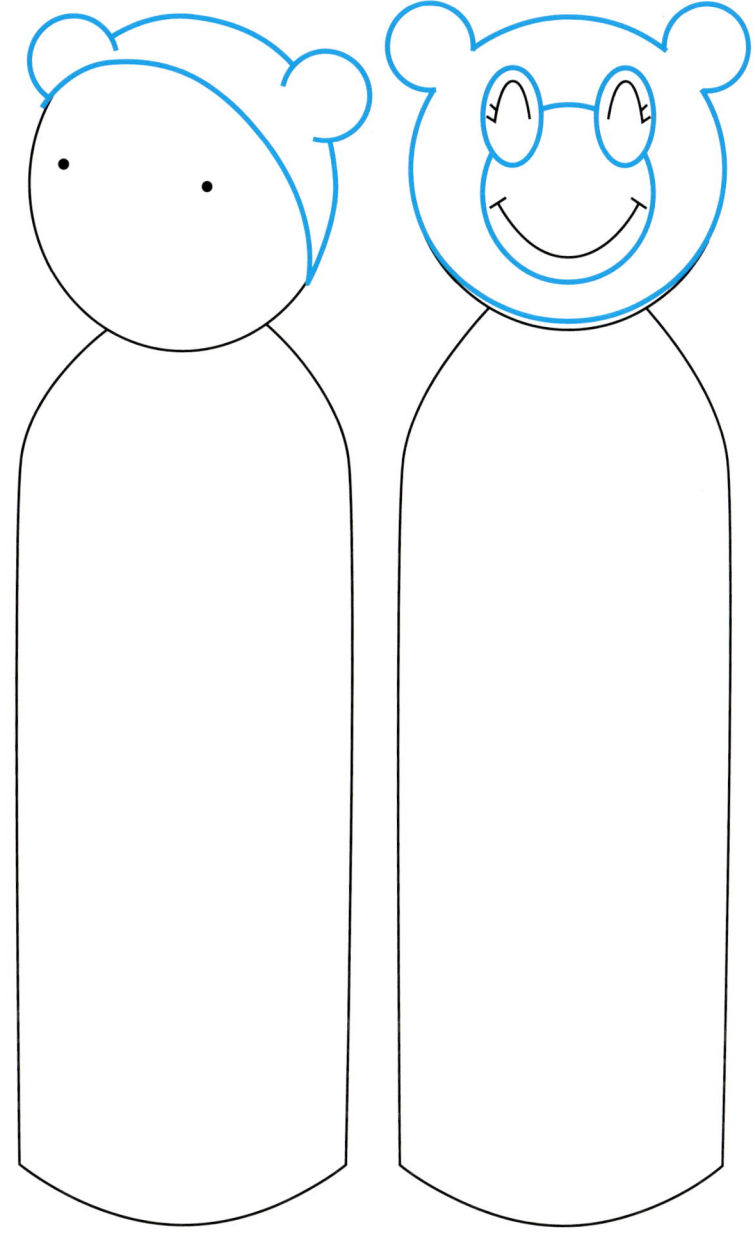

조립하기

1. 머리와 몸통을 연결한다.
2. 원숭이 머리에 원숭이 얼굴을 바느질한다.
3. 그 위에 원숭이 눈을 꿰메준다.
4. 눈과 입을 바느질로 그려준다.
5. 완성된 원숭이 얼굴을 머리에 모자처럼 씌워준다.
6. 머리에 눈을 달아준다.

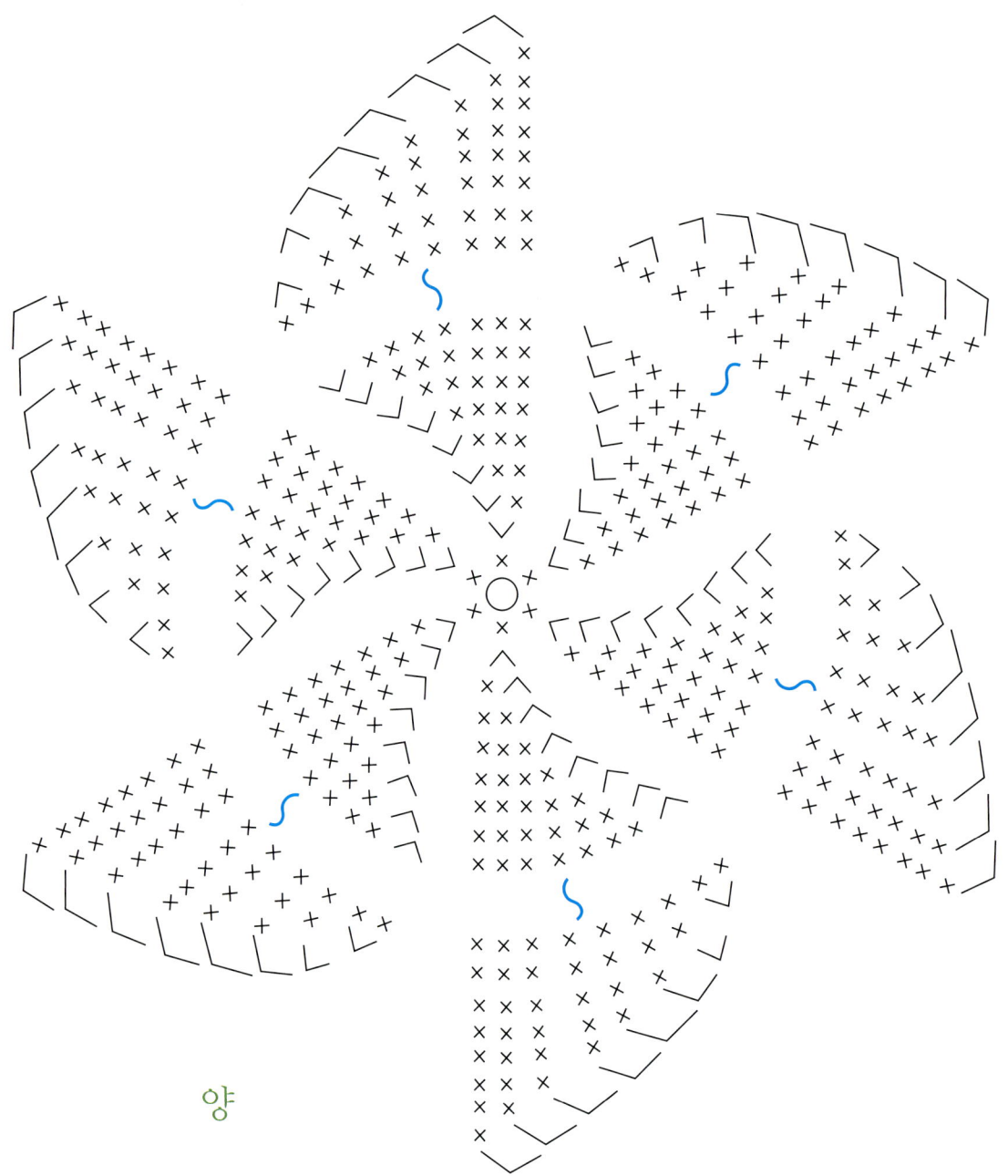

양

머리

1단 원형코로 짧은뜨기 6코

2단 늘림 6번(12코)

3단 [짧은뜨기, 늘림]×6 (18코)

4단 [짧은뜨기 2코, 늘림]×6 (24코)

5단 [짧은뜨기 3코, 늘림]×6 (30코)

6단 [짧은뜨기 4코, 늘림]×6 (36코)

7단 [짧은뜨기 5코, 늘림]×6 (42코)

8단 [짧은뜨기 6코, 늘림]×6 (48코)

9단 [짧은뜨기 7코, 늘림]×6 (54코)

10~19단 짧은뜨기 54코

20단 [짧은뜨기 7코, 줄임]×6 (48코)

21단 [짧은뜨기 6코, 줄임]×6 (42코)

22단 [짧은뜨기 5코, 줄임]×6 (36코)

23단 [짧은뜨기 4코, 줄임]×6 (30코)

24단 [짧은뜨기 3코, 줄임]×6 (24코)

25단 [짧은뜨기 2코, 줄임]×6 (18코)

26단 [짧은뜨기, 줄임]×6 (12코)

27단 줄임 6번(6코)

몸통

1단 사슬 54코

2단 짧은뜨기 54코

3단 사슬 4코, [한 코 건너 한길긴뜨기, 사슬 1코]×26 (54코)

4~7단 짧은뜨기 54코

8단 흰색으로 짧은뜨기 54코

9단 베이비블루로 짧은뜨기 54코

10단 흰색으로 짧은뜨기 54코

11~15단 베이비블루로 짧은뜨기 54코

16단 [흰색 짧은뜨기 1코, 베이비블루로 짧은뜨기 5코]×9 (54코)

17단 [흰색 짧은뜨기 2코, 베이비블루로 짧은뜨기 4코]×9 (54코)

18단 [흰색 짧은뜨기 3코, 베이비블루로 짧은뜨기 3코]×9 (54코)

19단 [흰색 짧은뜨기 4코, 베이비블루로 짧은뜨기 2코]×9 (54코)

20단 [흰색 짧은뜨기 5코, 베이비블루로 짧은뜨기 1코]×9 (54코)

21~22단 흰색으로 짧은뜨기 54코

23단 베이비블루로 짧은뜨기 54코

24단 흰색으로 짧은뜨기 54코

25단 베이비블루로 짧은뜨기 54코

26단 흰색으로 짧은뜨기 54코

27~55단 베이비블루로 짧은뜨기 54코

56단 [짧은뜨기 7코, 줄임]×6 (48코)

57단 [짧은뜨기 6코, 줄임]×6 (42코)

58단 [짧은뜨기 5코, 줄임]×6 (36코)

59단 [짧은뜨기 4코, 줄임]×6 (30코)

60단 [짧은뜨기 3코, 줄임]×6 (24코)

25단 [짧은뜨기 2코, 줄임]×6 (18코)

실을 길게 끊고 머리 4단에 이어준다.

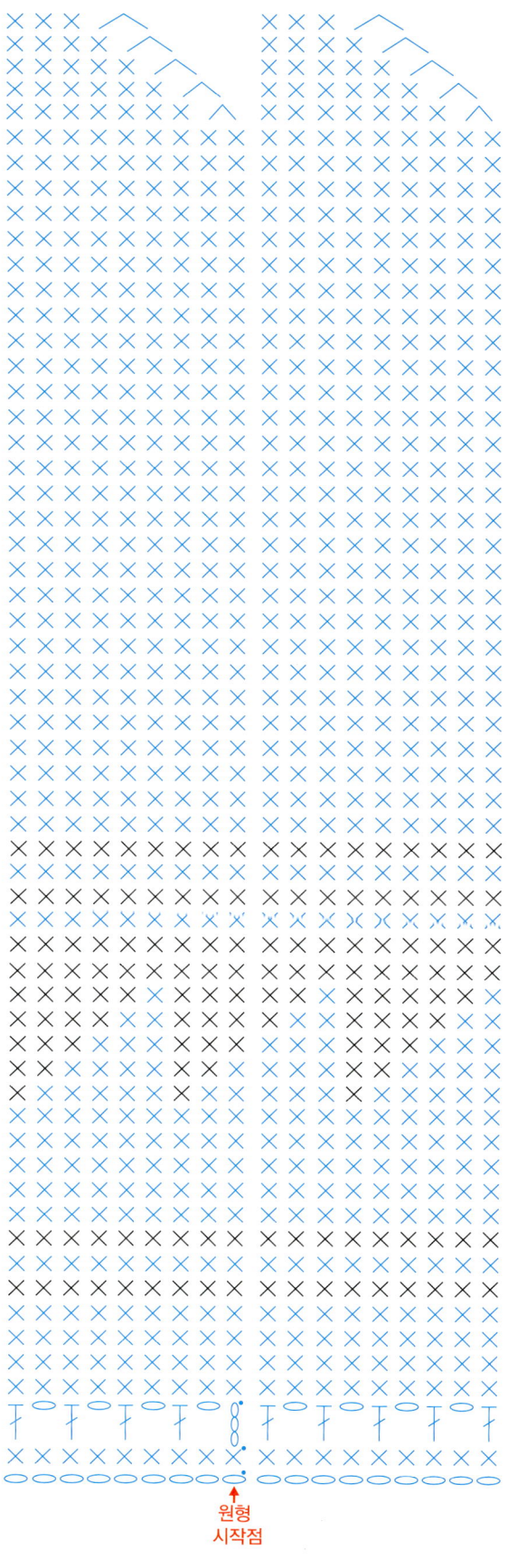

원형 시작점

양 머리

1단 원형코 짧은뜨기 6코

2단 루프뜨기 늘림 6번(12코)

3단 [짧은뜨기 1코, 늘림]×6 (18코)

4단 루프뜨기로 [짧은뜨기 2코, 늘림]×6 (24코)

5단 [짧은뜨기 3코, 늘림]×6 (30코)

6단 루프뜨기로 [짧은뜨기 4코, 늘림]×6 (36코)

7단 [짧은뜨기 5코, 늘림]×6 (42코)

8단 루프뜨기로 [짧은뜨기 6코, 늘림]×6 (48코)

9단 [짧은뜨기 7코, 늘림]×6 (54코)

10단 루프뜨기로 짧은뜨기 54코

11단 짧은뜨기 54코

12단 루프뜨기로 짧은뜨기 54코

13단 짧은뜨기 54코

14단 루프뜨기로 짧은뜨기 54코

15단 [짧은뜨기 7코, 줄임]×6 (48코)

16단 루프뜨기로 짧은뜨기 48코

17단 짧은뜨기 48코

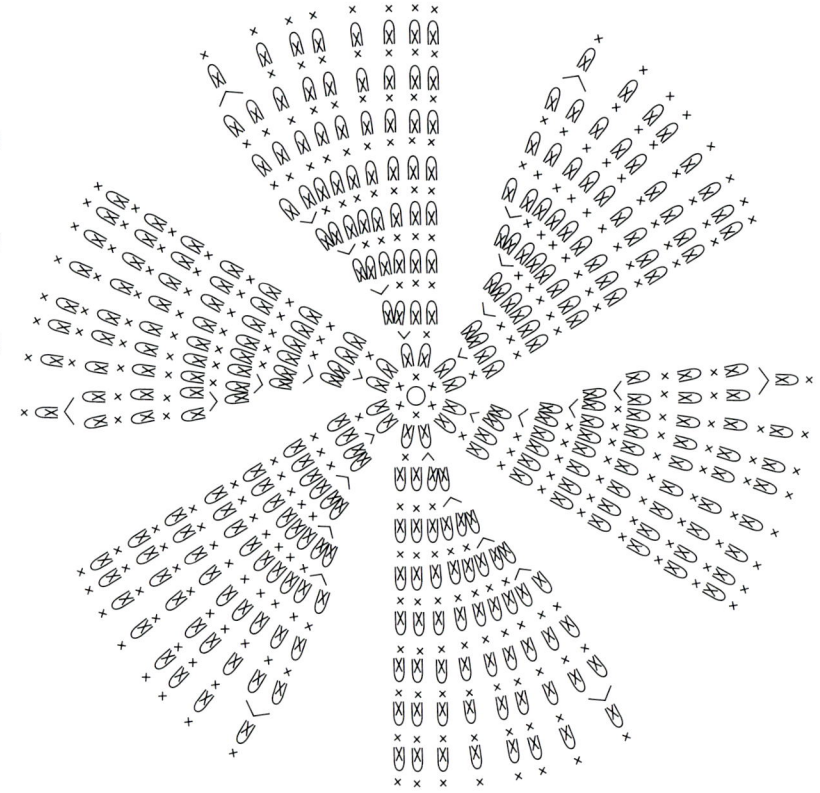

양 귀(흰색 2장)

1단 원형코 짧은뜨기 4코

2단 늘림 4번 8코

3단 짧은뜨기 8코

4단 [짧은뜨기, 늘림]×4 (12코)

5~9단 짧은뜨기 12코

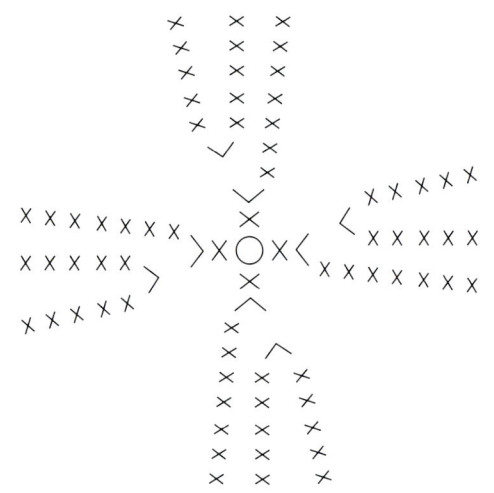

조립하기

1. 머리와 몸통을 연결한다.
2. 양 머리에 귀를 양쪽에 꿰매준다.
3. 양 머리에 털을 모자처럼 씌운다.
4. 머리에 눈을 달아준다.

동상

대바늘 인형 - 피터팬, 웬디

이효진

[피터팬]
사용실과 사용량: 아크릴실 - 갈색 29g, 녹색 19g, 크림 30g, 연두 45g, 베이지& 연갈색 & 검정 & 화이트 약간씩 **사용 도구:** 대바늘 3mm, 4.5mm **사이즈:** 13cm x 37cm

[웬디]
사용실과 사용량: 아크릴실 - 크림 53g, 파랑 11g, 연파랑 36g, 노랑 14g, 분홍 8g, 검정, 화이트, 진분홍 약간씩
사용 도구: 대바늘 3mm, 4.5mm **사이즈:** 13cm x 37cm

난이도: ★ ★ ★ ☆ 작품사진: 63쪽

피터팬

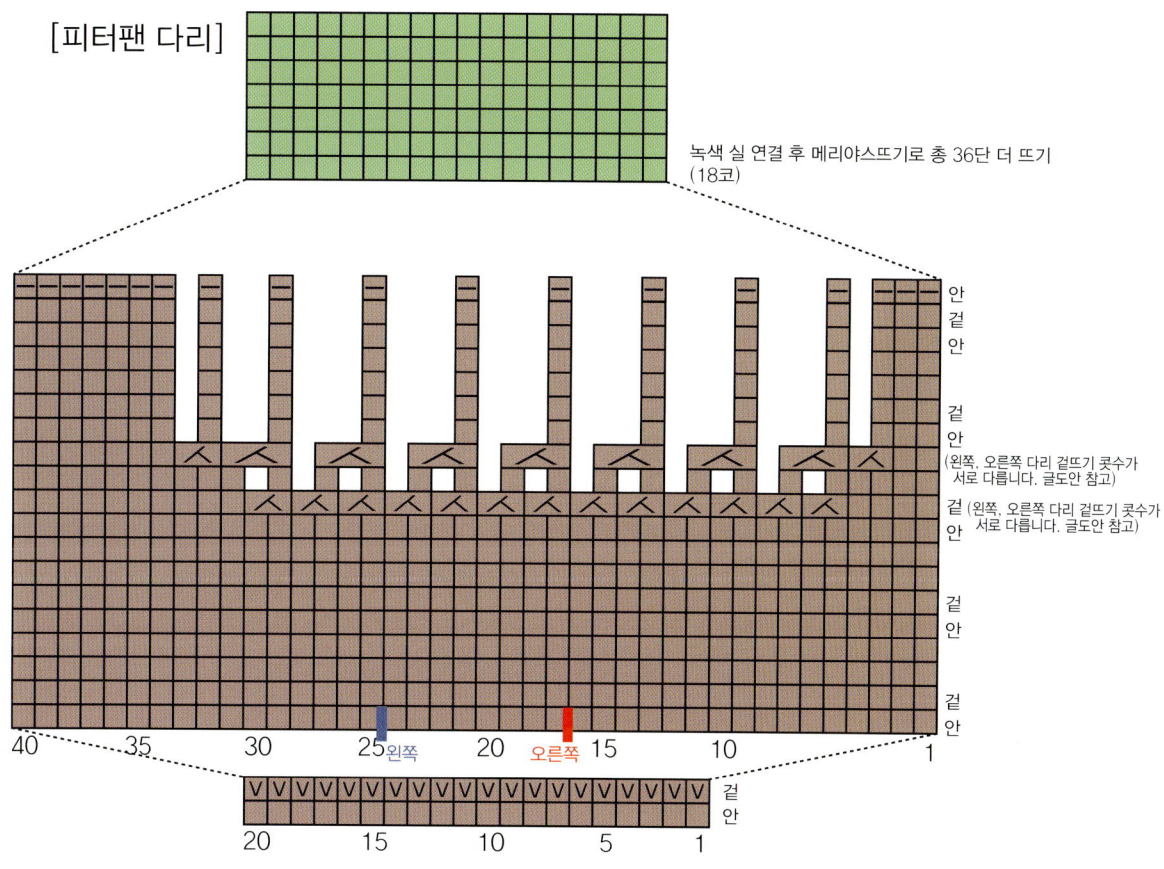

오른쪽 다리
1. 갈색 실로 20코 잡기
2. 안뜨기 1단
3. 겉뜨기로 [코늘림] 모든 코에 반복 (40코)
4. 안뜨기 24코, [위치표시], 안뜨기 16코
5. 겉뜨기 시작, 메리야스뜨기 총 8단
6. 겉뜨기 4코, [왼코겹치기 13번], 겉뜨기 10코 (27코)
7. 안뜨기 1단
8. 겉뜨기 2코 [왼코겹치기 9번], 겉뜨기 7코 (18코)
9. 안뜨기 시작, 메리야스뜨기 총 6단
10. 겉뜨기 1단
11. 갈색 실 끊고 녹색 실 연결
12. 겉뜨기 시작, 메리야스뜨기 총 36단
13. 오른쪽 다리 끝, 코들을 남는 바늘이나 어깨핀에 걸어놓고 실 끊기

왼쪽 다리
1. 갈색 실로 20코 잡기
2. 안뜨기 1단
3. 겉뜨기로 [코늘림] 모든 코에 반복 (40코)
4. 안뜨기 16코, [위치표시], 안뜨기 24코
5. 겉뜨기 시작, 메리야스뜨기 총 8단
6. 겉뜨기 10코, [왼코겹치기 13번], 겉뜨기 4코 (27코)
7. 안뜨기 1단
8. 겉뜨기 7코 [왼코겹치기 9번], 겉뜨기 2코 (18코)
9. 안뜨기 시작, 메리야스뜨기 총 6단
10. 겉뜨기 1단
11. 갈색 실 끊고 녹색 실 연결
12. 겉뜨기 시작, 메리야스뜨기 총 36단
13. 왼쪽 다리 끝, 실 끊지 않기

피터팬 몸 & 머리

1. 녹색 실로 왼쪽 다리부터 오른쪽 다리를 겉뜨기로 연결 (36코)
2. 안뜨기 시작, 메리야스뜨기 총 11단 뜨기
3. 녹색 실 끊고 크림색 실 연결
4. 겉뜨기 7코, [왼코겹치기 2번], 겉뜨기 14코, [왼코겹치기 2번], 겉뜨기 7코 (32코)
5. 안뜨기 시작, 메리야스뜨기 총 11단
6. 겉뜨기 6코, [왼코겹치기 2번], 겉뜨기 12코, [왼코겹치기 2번], 겉뜨기 6코 (28코)
7. 안뜨기 1단
8. 겉뜨기 5코, [왼코겹치기 2번], 겉뜨기 10코, [왼코겹치기 2번], 겉뜨기 5코 (24코)
9. 안뜨기 1단
10. 겉뜨기 4코, [왼코겹치기 2번], 겉뜨기 8코, [왼코겹치기 2번], 겉뜨기 4코 (20코)
11. 안뜨기 시작, 메리야스뜨기 총 7단
12. 겉뜨기로 모든 코에 [코늘림] (총 40코)
13. 안뜨기 1단

머리

1. 겉뜨기 9코, [코늘림 2번], 겉뜨기 18코, [코늘림 2번], 겉뜨기 9코 (44코)
2. 안뜨기 1단
3. 겉뜨기 10코, [코늘림 2번], 겉뜨기 20코, [코늘림 2번], 겉뜨기 10코 (48코)
4. 안뜨기 시작, 메리야스뜨기 총 21단
5. [겉뜨기1코, 왼코겹치기1번] 끝까지 반복 (32코)
6. 안뜨기 1단
7. [왼코겹치기] 끝까지 반복 (16코)
8. [2코 한꺼번에 안뜨기] 끝까지 반복 (8코)
9. 실을 적당히 끊어 돗바늘에 꿰어 모든 코에 통과시켜 오므려 마무리하기

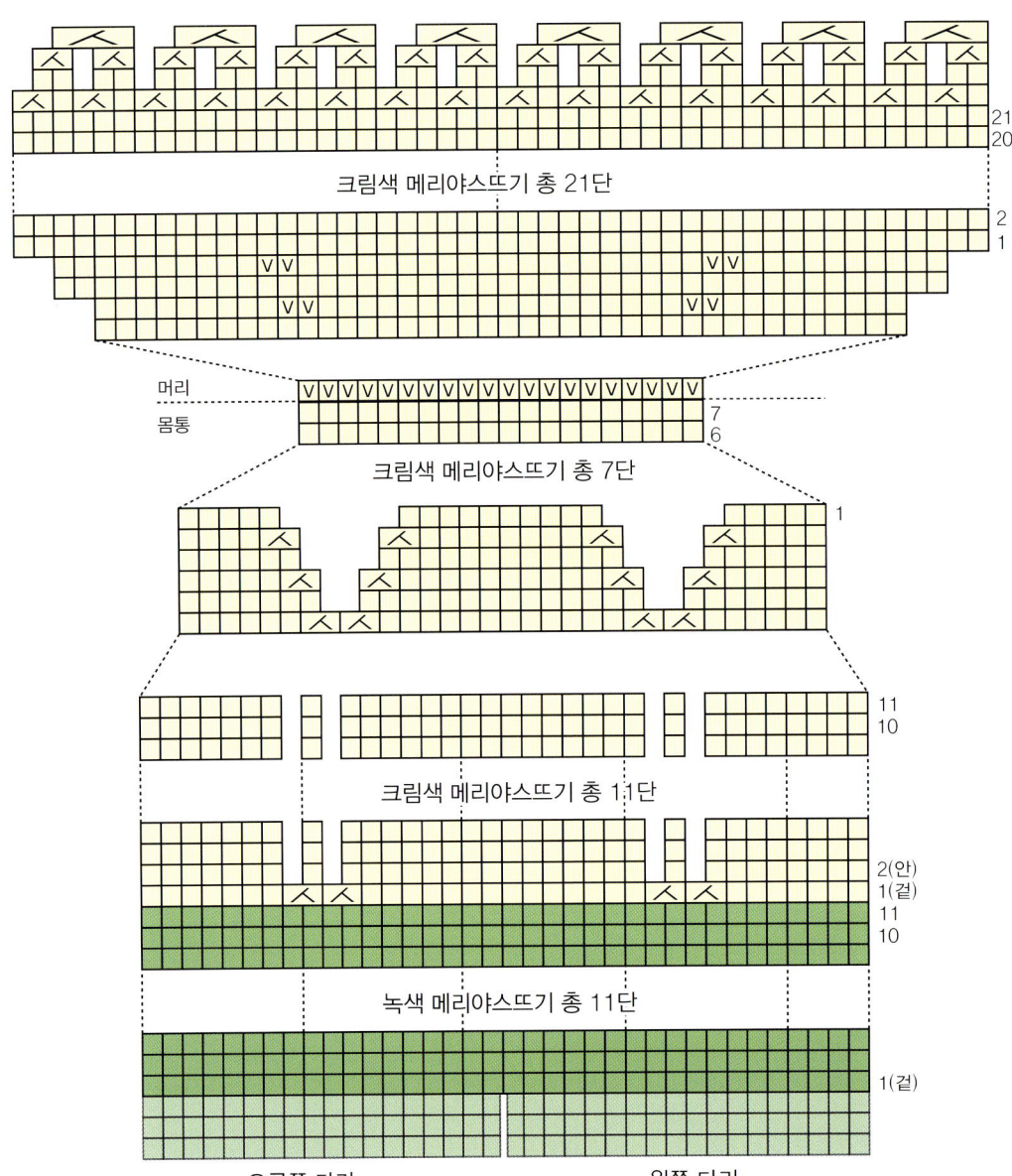

피터팬 팔(2개)

1. 크림색 실로 10코 잡기
2. 첫 코에 [코늘림 1번] 끝까지 겉뜨기
3. 첫 코에 [코늘림 1번] 끝까지 안뜨기
4. 이 두 단을 한 번 더 반복하기 (총 14코)
5. 겉뜨기 시작, 메리야스 뜨기 28단
6. 단 시작할 때 감아코늘리기로 4코 만들고 끝까지 겉뜨기
7. 단 시작할 때 감아코늘리기로 4코 만들고 끝까지 안뜨기 (22코)
8. 메리야스 뜨기 2단
9. 코막음 4코, 끝까지 겉뜨기
10. 코막음 4코, 끝까지 안뜨기 (14코)
11. 겉뜨기로 시작, 메리야스 뜨기 총 6단 뜨기
12. 겉뜨기로 코막음하여 마무리하기

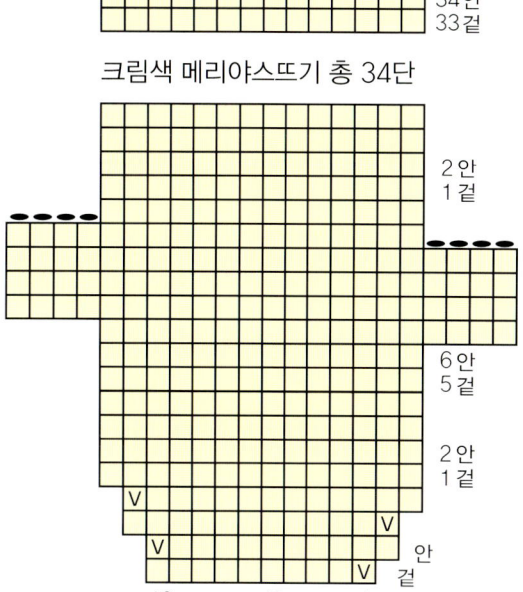

피터팬 귀(2개)

1. 크림색 실로 10코 잡기
2. 실을 적당히 끊어 돗바늘에 꿰어 모든 코 통과해서 마무리하기

피터팬 헤어(4.5mm 바늘)

1. 갈색 실로 20코 잡기
2. (첫 단 겉뜨기로 시작)매단 첫 코와 끝 코에 코늘림하면서 메리야스뜨기 4단(28코)
3. 매단 첫 코와 끝 코는 겉뜨기로 뜨면서 메리야스 뜨기 총 6단
4. 다음 단 : 코늘림 1, 겉뜨기 7코, 왼코겹치기 1번, 겉뜨기 8코, 왼코겹치기 1번, 겉뜨기 7코, 코늘림 1번
5. 다음 단 : 겉뜨기 1코, 안뜨기 26코, 겉뜨기 1코
   이 두 단을 총 6번 반복하기
6. 겉뜨기 10코, 왼코겹치기 4번, 겉뜨기 10코(24코)
7. 남은 코 겉뜨기로 코막음하여 마무리하기

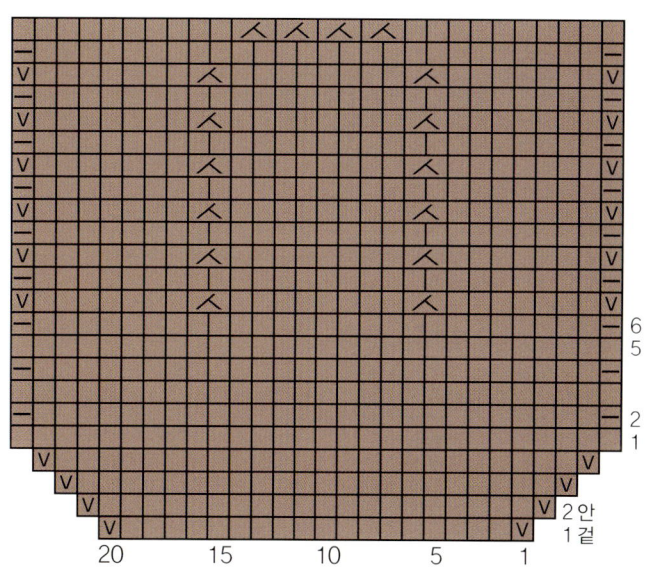

피터팬 옷 - 스웨터 끝부분(4개)

1. 연두색 실로 2코 잡기
2. 1단 : 겉뜨기 1단 (2코)
   2단 : 코잡기 1번, 겉뜨기 2코 (3코)
   3단 : 코잡기 1번, 겉뜨기 3코 (4코)
   4단 : 코잡기 1번, 겉뜨기 4코 (5코)
   5단 : 코잡기 1번, 겉뜨기 5코 (6코)
   6단 : 코잡기 1번, 겉뜨기 6코 (7코)
3. 코막음 없이 7코 살려둔 채로 놔두고 4개 다 뜨면 스웨터로 넘어간다.

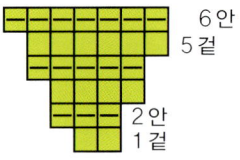

스웨터

1. 연두색 실로 스웨터 끝 4개 겉뜨기로 연결 (28코)
2. 가터뜨기 5단
3. 겉뜨기로 시작 메리야스뜨기 총 18단 뜨기
4. 매단 첫 코와 끝 코에서 코늘림 1번 하면서 메리야스 뜨기 총 4단 (36코)
5. 겉뜨기 17코, 코막음 2코, 겉뜨기 17코
6. 겉뜨기 2코, 안뜨기 15코, 다음 단으로 편물 뒤집기 (17코만 뜬 상태)
7. 오른코겹치기 1, 겉뜨기 15코, 편물 뒤집기
8. 겉뜨기 2코, 안뜨기 14코
9. 오른코겹치기 1, 겉뜨기 14코
10. 겉뜨기 2코, 안뜨기 13코
11. 오른코겹치기 1, 겉뜨기 13코
12. 겉뜨기 2코, 안뜨기 12코
13. 오른코겹치기 1, 겉뜨기 12코
14. 겉뜨기 2코, 안뜨기 11코
15. 오른코겹치기 1, 겉뜨기 11코
16. 겉뜨기로 코막음 하기
17. 남은 코에 연두색 실 연결해서 나머지 17코 뜨기
18. 안뜨기 15코, 겉뜨기 2코
19. 겉뜨기 15코, 왼코겹치기 1
20. 안뜨기 14코, 겉뜨기 2코
21. 겉뜨기 14코, 왼코겹치기 1
22. 안뜨기 13코, 겉뜨기 2코
23. 겉뜨기 13코, 왼코겹치기 1
24. 안뜨기 12코, 겉뜨기 2코
25. 겉뜨기 12코, 왼코겹치기 1
26. 안뜨기 11코, 겉뜨기 2코
27. 겉뜨기 11코, 왼코겹치기 1
28. 겉뜨기로 코막음하여 마무리

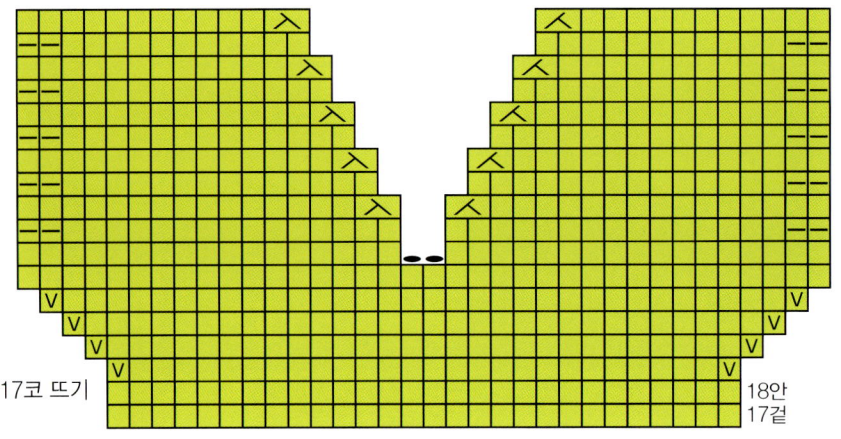

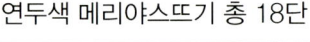

연두색 메리야스뜨기 총 18단

피터팬 허리띠

1. 갈색 실로 50코 잡기
2. 겉뜨기 1단
3. 겉뜨기로 코막음하여 마무리

피터팬 칼

1. 연갈색 실로 8코 잡기
2. 겉뜨기로 시작하여 메리야스뜨기 총 3단
3. 겉뜨기 1단
4. 연갈색 실 끊고 베이지색 연결
5. 매 단 처음과 끝에 코줄임 1번씩 하면서 메리야스뜨기 2단 (4코)
6. 겉뜨기로 시작하여 메리야스뜨기 총 8단
7. 실을 적당히 끊어 돗바늘에 꿰어 모든 코 통과해서 오므려 마무리하기

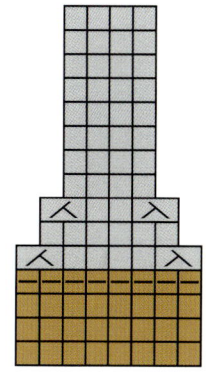

피터팬 모자

1. 연두색 실로 54코 잡기
2. 겉뜨기로 시작하여 메리야스뜨기 총 6단
3. [겉뜨기 7코, 왼코겹치기 1번] 끝까지 반복 (48코)
4. 안뜨기로 시작하여 메리야스뜨기 총 3단
5. [겉뜨기 6코, 왼코겹치기 1번] 끝까지 반복 (42코)
6. 안뜨기로 시작하여 메리야스뜨기 총 3단
7. [겉뜨기 5코, 왼코겹치기 1번] 끝까지 반복 (36코)
8. 안뜨기로 시작하여 메리야스뜨기 총 3단
9. [겉뜨기 4코, 왼코겹치기 1번] 끝까지 반복 (30코)
10. 안뜨기로 시작하여 메리야스뜨기 총 3단
11. [겉뜨기 3코, 왼코겹치기 1번] 끝까지 반복 (24코)
12. 안뜨기로 시작하여 메리야스뜨기 총 3단
13. [겉뜨기 2코, 왼코겹치기 1번] 끝까지 반복 (18코)
14. [2코 한꺼번에 안뜨기] 끝까지 반복하기 (9코)
15. 실을 적당히 끊어 돗바늘에 꿰어 모든 코 통과해서 오므려 마무리하기

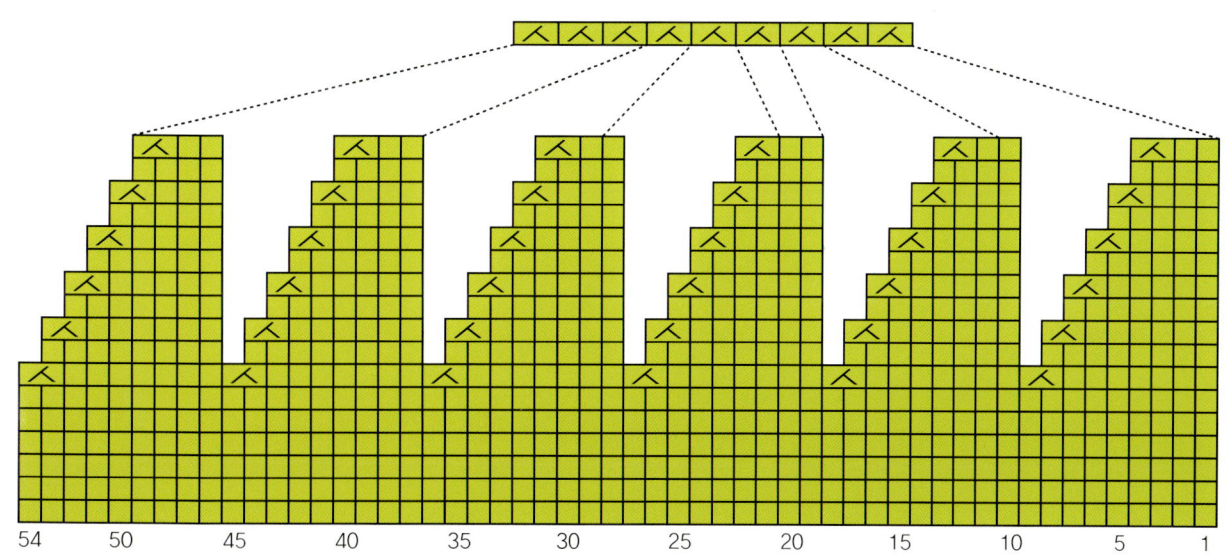

피터팬 깃털

1. 베이지색 실로 5코 잡기
2. 1단 : 걸러뜨기 1코, 겉뜨기 4코
   2단 : 걸러뜨기 1코, 겉뜨기 1코, 안뜨기 1코, 겉뜨기 2코
3. 이 두 단을 총 4번 반복 (8단)
4. 베이지색 실 끊고 갈색 실 연결하기
5. 갈색 1단 : 걸러뜨기 1코, 겉뜨기 4코
   갈색 2단 : 걸러뜨기 1코, 겉뜨기 1코, 안뜨기 1코, 겉뜨기 2코
6. 이 두 단을 총 2번 반복 (4단)
7. 오른코겹치기 1, 겉뜨기 1코, 왼코겹치기 (3코)
8. 한꺼번에 남은 3코 겉뜨기
9. 실을 적당히 끊어 돗바늘에 꿰어 남은 코에 통과해서 마무리

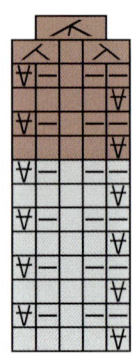

조립하기

1. 다리와 몸&머리, 팔 2개는 돗바늘로 메리야스 잇기로 이어 준다.
2. 몸에 솜을 적당히 넣어 인형 형태를 잡아준 후 팔에 솜을 넣어 몸에 달아 준다.

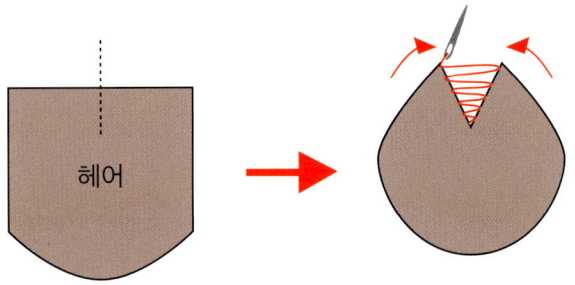

3. 헤어는 코 마무리한 쪽을 마주보고 메리야스 잇기 한 후 머리에 꿰매 준다.

4. 검정색 실과 흰색 실로 눈을 수놓은 후 귀를 달아 준다. 크림색 실로 코도 수놓아 준다.
5. 스웨터 2장을 메리야스 잇기로 꿰매 옷 형태를 만들어 준다.
6. 스웨터 가슴 쪽에 하트 모양으로 수를 놓고 인형에 입혀 준다.
7. 허리띠는 칼을 단 후 옷에 꿰매 준다.
8. 모자는 깃털을 단 후 솜을 약간 넣어 머리에 꿰매 준다.

웬디

[웬디 다리]

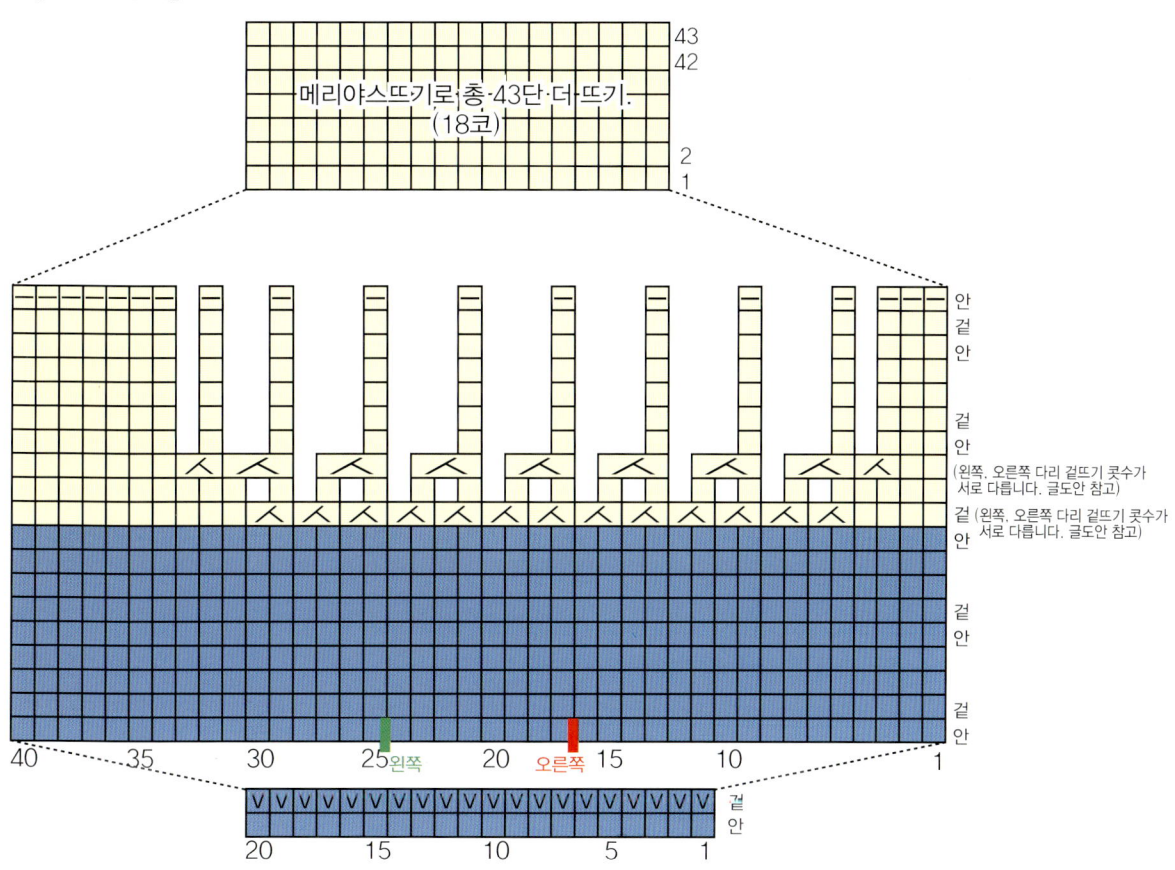

오른쪽 다리

1. 파란색 실로 20코 잡기
2. 안뜨기 1단
3. 겉뜨기로 [코늘림] 모든 코에 반복 (40코)
4. 안뜨기 24코, [위치표시], 안뜨기 16코
5. 겉뜨기 시작, 메리야스뜨기 총 8단
6. 파란색 실 끊고 크림색 실 연결
7. 겉뜨기 4코, [왼코겹치기 13번], 겉뜨기 10코 (27코)
8. 안뜨기 1단
9. 겉뜨기 2코 [왼코겹치기 9번], 겉뜨기 7코 (18코)
10. 안뜨기 시작, 메리야스뜨기 총 43단
11. 오른쪽 다리 끝, 코들을 남는 바늘이나 어깨핀에 걸어놓고 실 끊기

왼쪽 다리

1. 파란색 실로 20코 잡기
2. 안뜨기 1단
3. 겉뜨기로 [코늘림] 모든 코에 반복 (40코)
4. 안뜨기 16코, [위치표시], 안뜨기 24코
5. 겉뜨기 시작, 메리야스뜨기 총 8단
6. 파란색 실 끊고 크림색 실 연결
7. 겉뜨기 10코, [왼코겹치기 13번], 겉뜨기 4코 (27코)
8. 안뜨기 1단
9. 겉뜨기 7코 [왼코겹치기 9번], 겉뜨기 2코 (18코)
10. 안뜨기 시작, 메리야스뜨기 총 43단
11. 왼쪽 다리 끝, 실 끊지 않기

웬디 몸 & 머리

1. 분홍색 실로 왼쪽 다리부터 오른쪽 다리를 겉뜨기로 연결 (36코)
2. 안뜨기 시작, 메리야스뜨기 총 11단 뜨기
3. 겉뜨기 7코, [왼코겹치기 2번], 겉뜨기 14코, [왼코겹치기 2번], 겉뜨기 7코 (32코)
4. 안뜨기 시작, 메리야스뜨기 총 11단
5. 분홍색 실 끊고 크림색 실 연결
6. 겉뜨기 6코, [왼코겹치기 2번], 겉뜨기 12코, [왼코겹치기 2번], 겉뜨기 6코 (28코)
7. 안뜨기 1단
8. 겉뜨기 5코, [왼코겹치기 2번], 겉뜨기 10코, [왼코겹치기 2번], 겉뜨기 5코 (24코)
9. 안뜨기 1단
10. 겉뜨기 4코, [왼코겹치기 2번], 겉뜨기 8코, [왼코겹치기 2번], 겉뜨기 4코 (20코)
11. 안뜨기 시작, 메리야스뜨기 총 7단
12. 겉뜨기로 모든 코에 [코늘림] (총 40코)
13. 안뜨기 1단

머리

1. 겉뜨기 9코, [코늘림 2번], 겉뜨기 18코, [코늘림 2번], 겉뜨기 9코 (44코)
2. 안뜨기 1단
3. 겉뜨기 10코, [코늘림 2번], 겉뜨기 20코, [코늘림 2번], 겉뜨기 10코 (48코)
4. 안뜨기 시작, 메리야스뜨기 총 21단
5. [겉뜨기1코, 왼코겹치기 1번] 끝까지 반복 (32코)
6. 안뜨기 1단
7. [왼코겹치기] 끝까지 반복 (16코)
8. [2코 한꺼번에 안뜨기] 끝까지 반복 (8코)
9. 실을 적당히 끊어 돗바늘에 꿰어 모든 코에 통과시켜 오므려 마무리하기

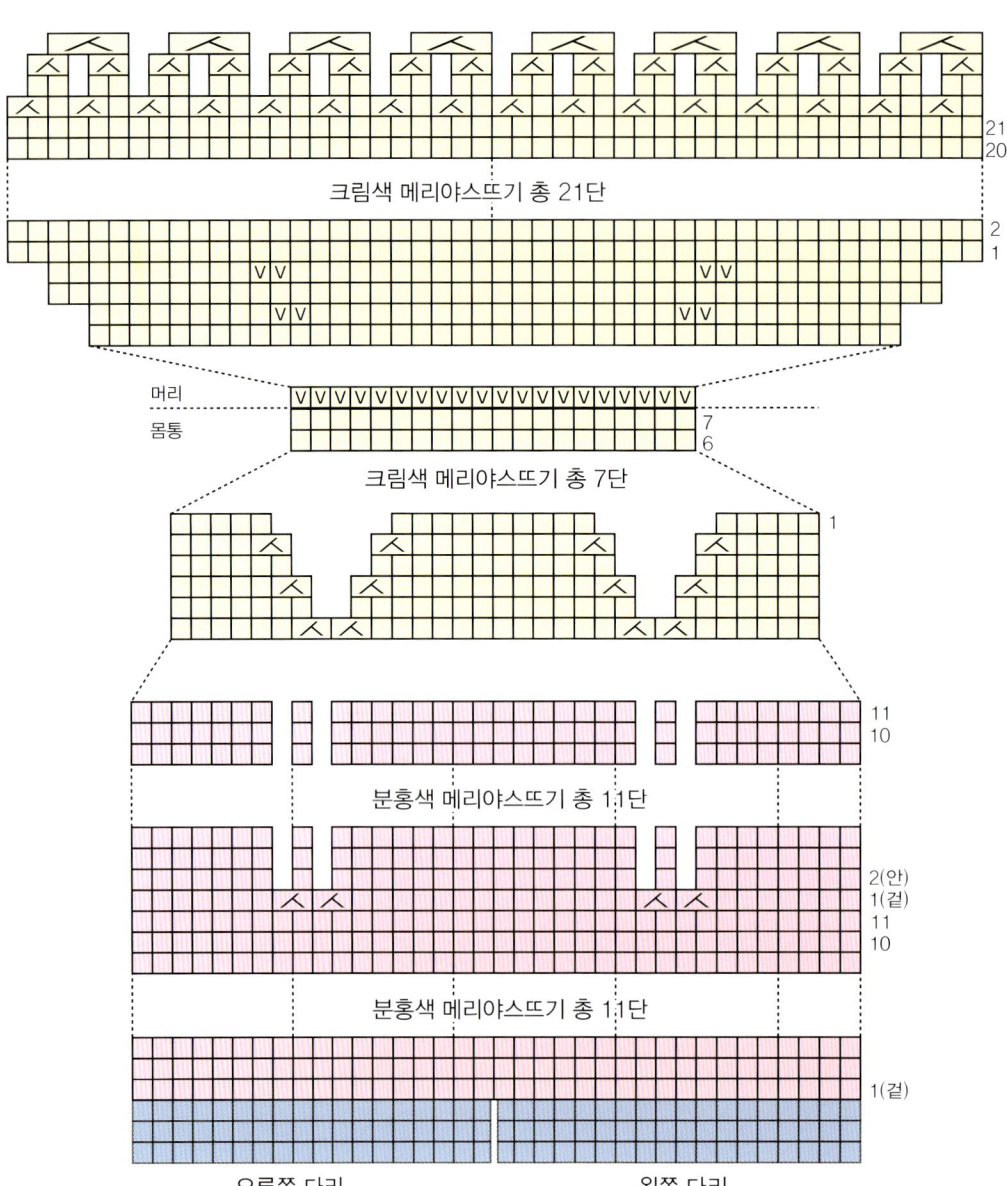

웬디 팔(2개)

1. 크림색 실로 10코 잡기
2. 첫 코에 [코늘림 1번] 끝까지 겉뜨기
3. 첫 코에 [코늘림 1번] 끝까지 안뜨기
4. 이 두 단을 한 번 더 반복하기 (총 14코)
5. 겉뜨기 시작, 메리야스 뜨기 28단
6. 단 시작할 때 감아코늘리기로 4코 만들고 끝까지 겉뜨기
7. 단 시작할 때 감아코늘리기로 4코 만들고 끝까지 안뜨기 (22코)
8. 메리야스 뜨기 2단
9. 코막음 4코, 끝까지 겉뜨기
10. 코막음 4코, 끝까지 안뜨기 (14코)
11. 겉뜨기로 시작, 메리야스 뜨기 총 6단 뜨기
12. 겉뜨기로 코막음하여 마무리하기

웬디 귀(2개)

1. 크림색 실로 10코 잡기
2. 실을 적당히 끊어 돗바늘에 꿰어 모든 코 통과해서 마무리하기

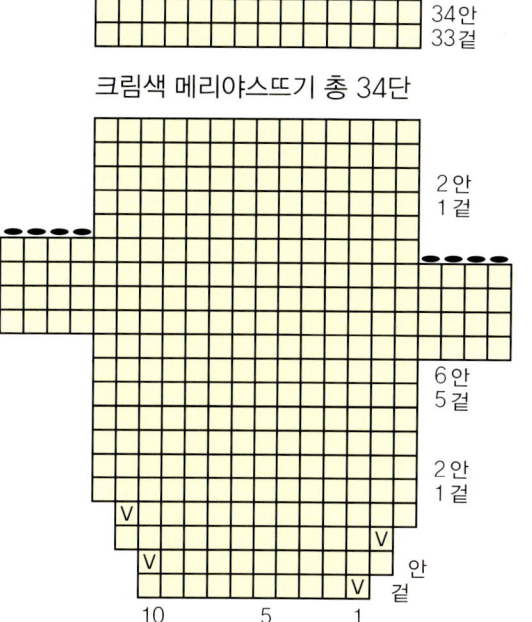

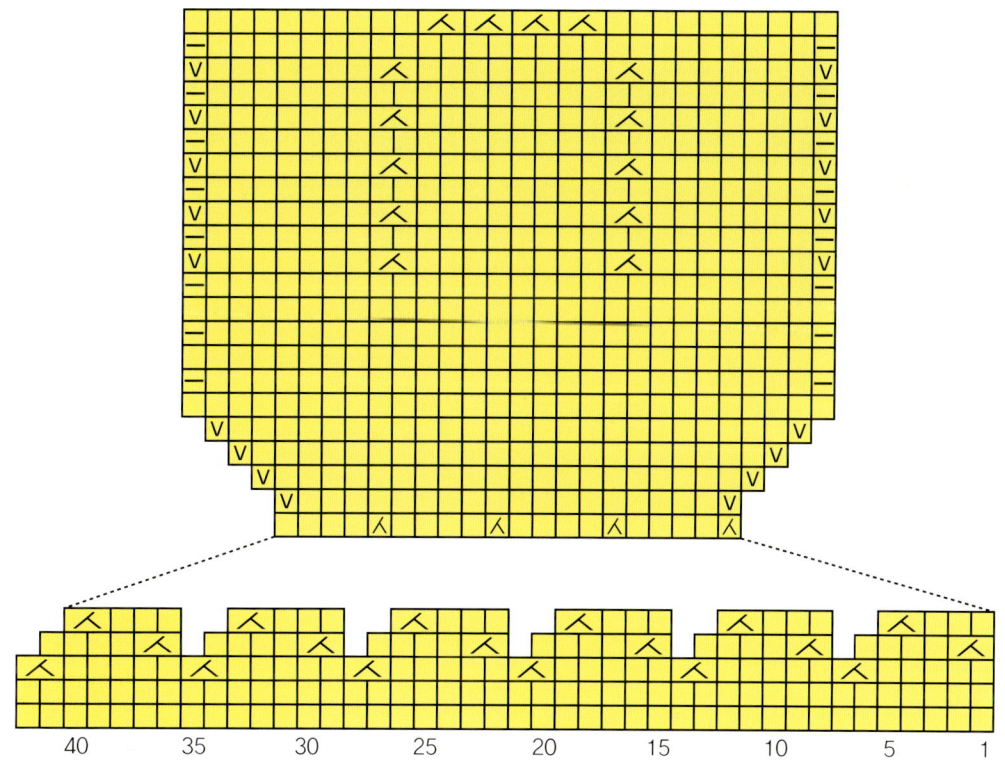

웬디 헤어(4.5mm 바늘)

1. 노란색 실로 42코 잡기
2. 겉뜨기로 시작하여 메리야스 뜨기 총 2단
3. [겉뜨기 5코, 왼코겹치기 1번] 끝까지 반복 (36코)
4. [안뜨기 4코, 2코 한꺼번에 안뜨기 1번] 끝까지 반복 (30코)
5. [겉뜨기 3코, 왼코겹치기 1번] 끝까지 반복 (24코)
6. [안뜨기 4코, 2코 한꺼번에 안뜨기 1번] 끝까지 반복 (20코)
7. 매단 처음과 끝에 코늘림 1번씩 하면서 메리야스 뜨기 총 4단 (28코)
8. 매단 첫코와 끝코는 겉뜨기 1코씩 하면서 메리야스 뜨기 총 6단 뜨기
9. 다음 단 : 코늘림 1, 겉뜨기 7코, 왼코겹치기 1번, 겉뜨기 8코, 왼코겹치기 1번, 겉뜨기 7코, 코늘림 1번 (28코)
10. 다음 단 : 겉뜨기 1코, 안뜨기 26코, 겉뜨기 1코
11. 이 두 단을 총 6번 반복
12. 겉뜨기 10코, 왼코겹치기 4번, 겉뜨기 10코 (24코)
13. 겉뜨기로 코막음하여 마무리하기

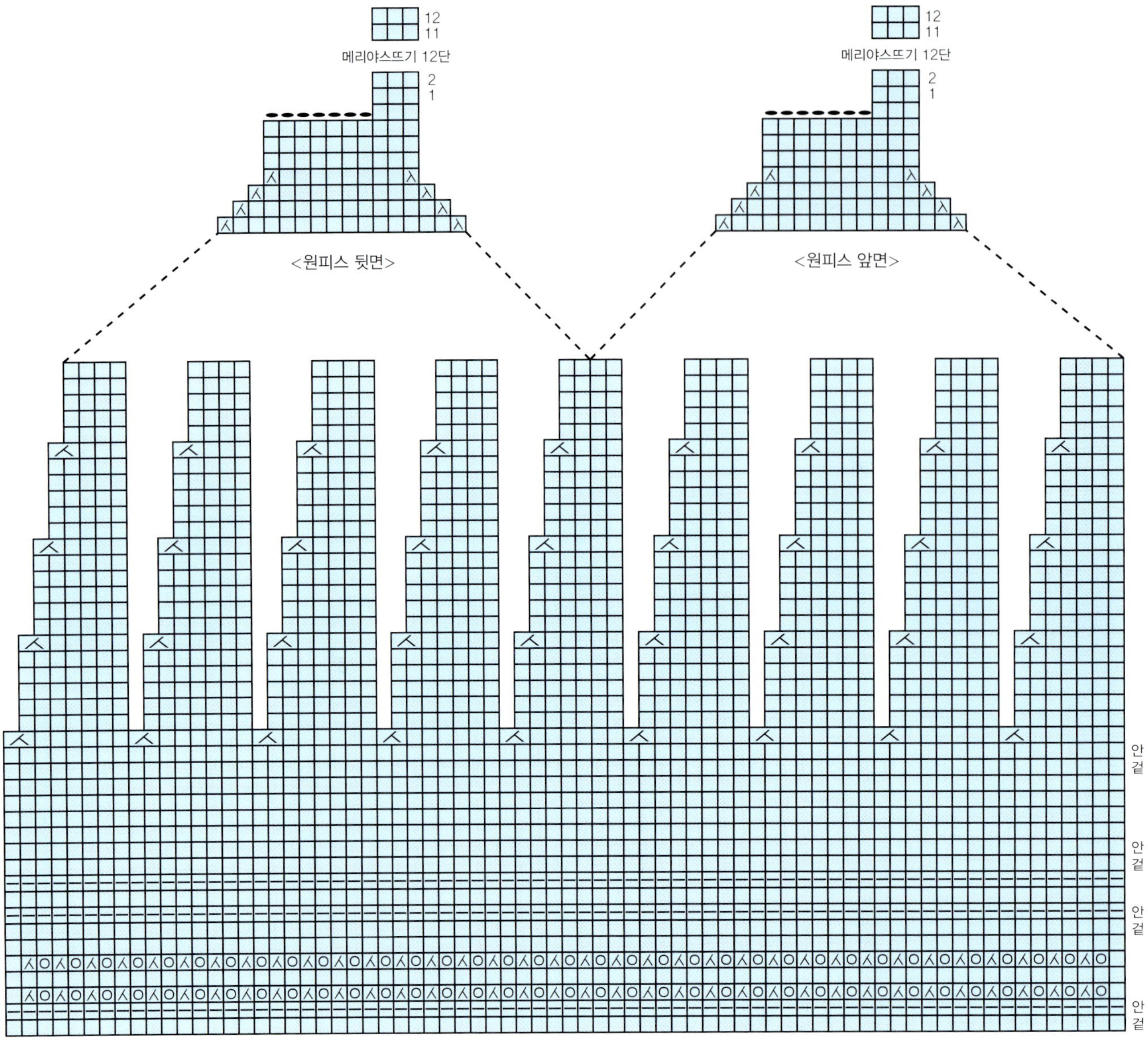

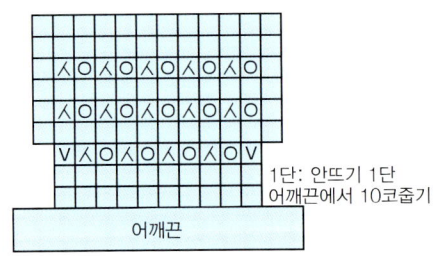

웬디 원피스

1. 연파랑 실로 72코 잡기
2. 겉뜨기 2단
3. 겉뜨기 1코, [바늘비우기 1, 왼코겹치기 1번] 1코 남을 때까지 반복, 겉뜨기 1코
4. 안뜨기 1단
5. 이 두 단을 총 2번 반복 (4단)
6. 겉뜨기 4단
7. 겉뜨기로 시작하여 메리야스 뜨기 총 8단 뜨기
8. [겉뜨기 6코, 왼코겹치기 1번] 끝까지 반복 (63코)
9. 안뜨기로 시작하여 메리야스 뜨기 총 5단 뜨기
10. [겉뜨기 5코, 왼코겹치기 1번] 끝까지 반복 (54코)
11. 안뜨기로 시작하여 메리야스 뜨기 총 5단 뜨기
12. [겉뜨기 4코, 왼코겹치기 1번] 끝까지 반복 (45코)
13. 안뜨기로 시작하여 메리야스 뜨기 총 5단 뜨기
14. [겉뜨기 3코, 왼코겹치기 1번] 끝까지 반복 (36코)
15. 안뜨기로 시작하여 메리야스 뜨기 총 5단 뜨기

원피스 앞면
1. ★ 오른코겹치기 1번, 겉뜨기 14코, 왼코겹치기 1번, 편물 돌리기 (16코만 뜬 상태)
2. 2코 한꺼번에 안뜨기, 안뜨기 12코, 2코 한꺼번에 안뜨기 (14코)
3. 오른코겹치기 1번, 겉뜨기 10코, 왼코겹치기 1번 (12코)
4. 2코 한꺼번에 안뜨기, 안뜨기 8코, 2코 한꺼번에 안뜨기 (10코)
5. 겉뜨기로 시작하여 메리야스 뜨기 총 3단 뜨기
6. 코막음 7코, 안뜨기 3코 (3코)
7. 겉뜨기로 시작하여 메리야스뜨기 총 12단 뜨기 (어깨끈 부분)
8. 3코 코막음 하여 마무리

어깨끈 레이스
1. 어깨끈 부분에서 10코 줍기
2. 안뜨기로 1단 뜨기
3. 코늘림 1번, [바늘비우기1번, 왼코겹치기 1번] 총 4번 반복, 코늘림 1번 (12코)
4. 안뜨기 1단
5. 겉뜨기 1코, [바늘비우기 1번, 왼코겹치기 1번] 총 5번 반복, 겉뜨기 1코
6. 안뜨기 1단
7. 이 두 단을 총 2번 반복 (총 4단)
8. 겉뜨기 1단
9. 겉뜨기로 코막음 하여 마무리 ★

원피스 뒷면
새로운 실을 연결하여 ★과 ★ 사이 부분 (<원피스 앞면>과 <어깨끈 레이스>부분) 반복하기

조립하기
1. 다리와 몸&머리, 팔 2개는 돗바늘로 메리야스 잇기로 이어 준다.
2. 몸에 솜을 적당히 넣어 인형 형태를 잡아준 후 팔에 솜을 넣어 몸에 달아 준다.

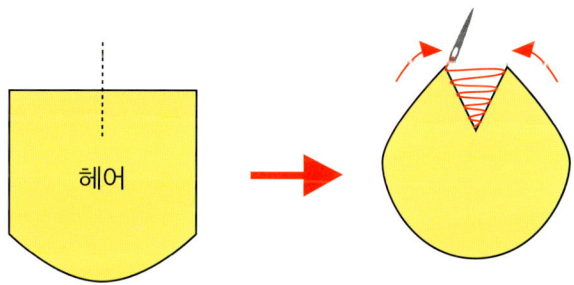

3. 헤어는 코 마무리한 쪽을 마주보고 메리야스 잇기 한 후 머리에 꿰매 준다.

4. 검정과 화이트로 눈을 수놓은 후 귀를 달아 준다.
5. 진분홍으로 입을 수놓고, 크림색으로 코도 수놓아 준다.
6. 원피스는 옆선을 꿰매고 인형에 입힌 후, 어깨끈을 꿰매 준다.

동상

걸그룹

김 정 애 보리

[일월이] 사용실과 사용량: 올리브2 살색, 갈색, 민트색, 빨간색, 흰색 총 100g 사용 도구: 모사용 코바늘 5/0호 부자재: 단추눈, 레이스

[이월이] 사용실과 사용량: 핑크색, 노란색, 흰색, 살색 총 100g 사용 도구: 모사용 코바늘 5/0호 부자재: 단추눈

[삼월이] 사용실과 사용량: 빨간색, 노란색, 흰색, 살색 총 100g 사용 도구: 모사용 코바늘 5/0호 부자재: 단추눈

[사월이] 사용실과 사용량: 노란색, 네이비, 주황색, 살색 총 100g 사용 도구: 모사용 코바늘 5/0호 부자재: 단추눈, 방울

[오월이] 사용실과 사용량: 노란색, 자주색, 핑크색, 검은색, 살색 총 100g 사용 도구: 모사용 코바늘 5/0호 부자재: 단추눈

사이즈: 10cm x 32cm 난이도: ★ ★ ★ ☆ ☆ 작품사진: 64쪽

일월이

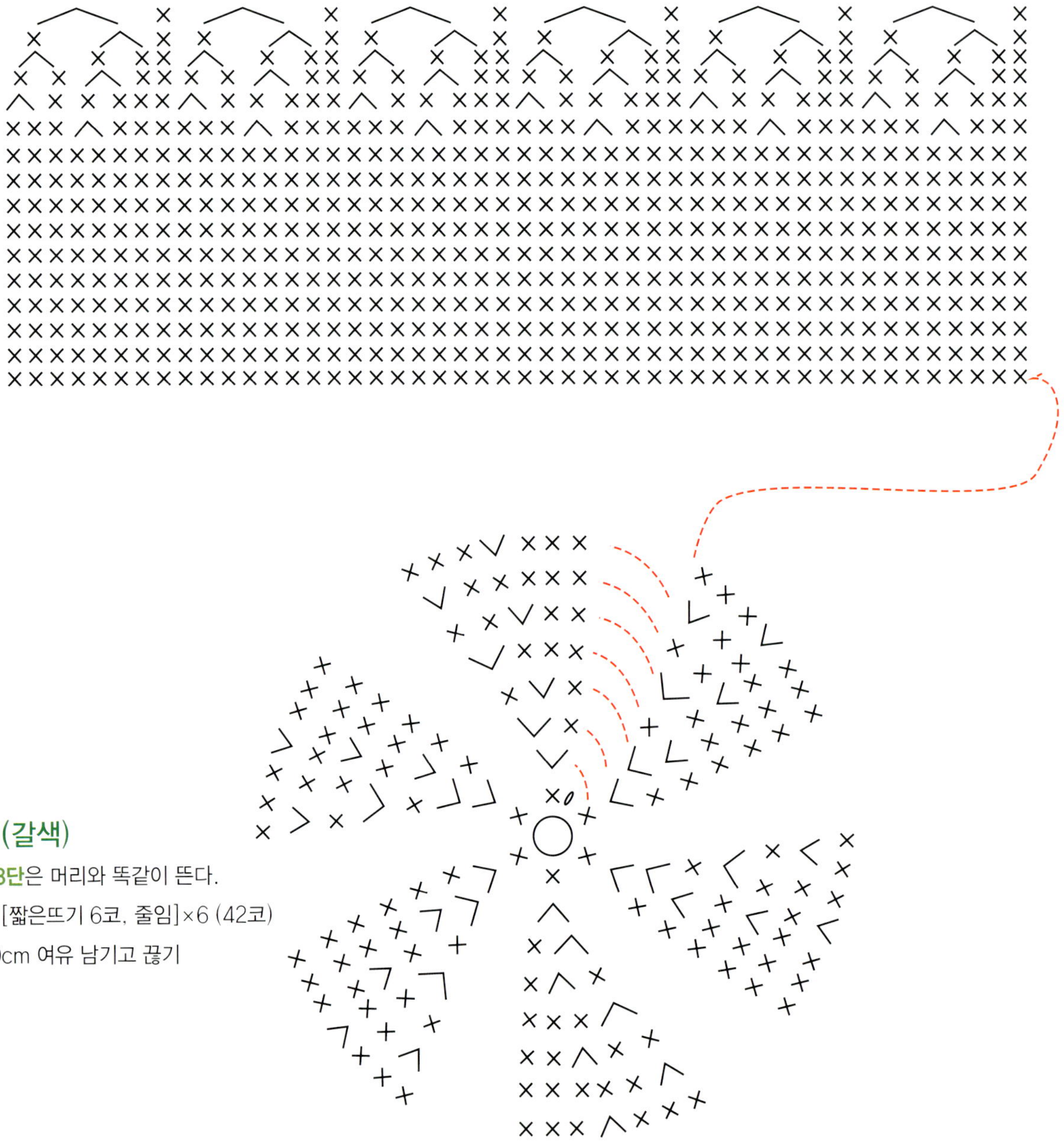

헤어(갈색)
1~18단은 머리와 똑같이 뜬다.
19단 [짧은뜨기 6코, 줄임]×6 (42코)
실 20cm 여유 남기고 끊기

머리(살색)

1단 원형코로 짧은뜨기 6코

2단 [짧은뜨기 늘림]×6 (12코)

3단 [짧은뜨기 1코, 늘림]×6 (18코)

4단 짧은뜨기 1코, 늘림, [짧은뜨기 2코, 늘림]×5, 짧은뜨기 1코 (24코)

5단 [짧은뜨기 3코, 늘림]×6 (30코)

6단 짧은뜨기 2코, 늘림, [짧은뜨기 4코, 늘림]×5, 짧은뜨기 2코 (36코)

7단 [짧은뜨기 5코, 늘림]×6 (42코)

8단 짧은뜨기 3코, 늘림, [짧은뜨기 6코, 늘림]×5, 짧은뜨기 3코 (48코)

9~18단 짧은뜨기 48코

19단 짧은뜨기 3코, 줄임, [짧은뜨기 6코, 줄임]×5, 짧은뜨기 3코 (42코)

20단 [짧은뜨기 5코, 줄임]×6 (36코)

21단 짧은뜨기 2코, 줄임, [짧은뜨기 4코, 줄임]×5, 짧은뜨기 2코 (30코)

22단 [짧은뜨기 3코, 줄임]×6 (24코)

23단 짧은뜨기 1코, 줄임, [짧은뜨기 2코, 줄임]×5, 짧은뜨기 1코 (18코)

24단 [짧은뜨기 1코, 줄임]×6 (12코)

머리카락(갈색)

1. 갈색 실을 25cm로 42줄 잘라 준다.

2. 반으로 접어서 1번을 헤어 마지막 단 1코 1코에 걸어 준다.

3. 머리에 씌워 주고 양쪽으로 땋아 준 후 가위로 길이를 정리한다.

다리(2개, 빨간색으로 시작)

1단 원형코로 짧은뜨기 6코

2단 [짧은뜨기 늘림]×6 (12코)

3~15단 짧은뜨기 12코

16단 흰색 실로 짧은뜨기 12코

17~37단 살색 실로 짧은뜨기 12코

다리 1은 실을 10cm 남기고 잘라 준다.

다리 2는 실을 끊지 않고 다리 1과 연결 후 진행한다.

몸(다리 2개 연결)

1단 다리 2개를 연결된 상태로 짧은뜨기 24코

2단 짧은뜨기 24코

3단 [짧은뜨기 11코, 늘림]×2 (26코)

4~9단 짧은뜨기 26코

10단 민트색 실로 [짧은뜨기 11코, 줄임]×2 (24코)

11단 이랑뜨기로 24코

12~14단 짧은뜨기 24코

15단 [짧은뜨기 2코, 줄임]×6 (18코)

16~17단 살색 실로 짧은뜨기 18코

18단 [짧은뜨기 1코, 줄임]×6 (12코)

19~20단 짧은뜨기 12코

실을 20cm 남기고 잘라 준다.

다리 연결 부위는 벌어지지 않도록 연결해 준다.

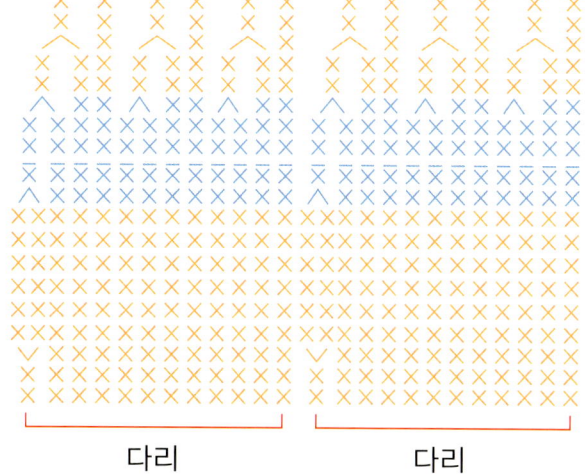

팔(2개, 살색으로 시작)

1단 원형코로 짧은뜨기 5코

2단 [짧은뜨기 늘림]×5 (10코)

3~19단 짧은뜨기 10코

20단 흰색 실로 짧은뜨기 10코

21~25단 민트색 실로 짧은뜨기 10코

실을 20cm 남기고 잘라 준다.

치마(민트색, 몸통에서 이랑뜨기한 곳에서 시작)

1단 1단 이랑뜨기한 곳에 실을 걸어 사슬 1코, 짧은뜨기 24코를 걸어뜨고 빼뜨기

2단 기둥코 사슬 3코, [한길긴뜨기 3코, 늘림]×6, 빼뜨기 기둥코 포함 31코

3~4단 사슬 3코, 한길긴뜨기 30코, 빼뜨기

5단 사슬 3코, 한길긴뜨기를 기둥코자리에 1코, 늘림 30번, 빼뜨기

6단 흰색 실로 사슬 1코, 짧은뜨기 1코, [사슬 3코, 빼뜨기]×60

조립하기

1. 팔은 연결할 부분을 — 모양이 되도록 눌러서 연결한다.
2. 솜은 뜨는 중간중간 넣어 주면서 뜬다. 다리와 몸이 붙어 있어 완성 후에 넣으면 곱게 안 들어간다.
3. 치마 시작 부분에 레이스를 달아 준다.
4. 눈을 붙여 준다.

이월이

머리와 헤어(노란색으로)는 일월이와 똑같이 떠 준다.
- 머리카락은 50cm로 44가닥을 잘라 준다.
- 헤어를 씌우고 경계선 부분에 머리에 실을 걸어서 높게 묶어 준다.

다리(2개, 핑크색으로 시작)

1단 원형코로 짧은뜨기 6코

2단 [짧은뜨기 늘림]×6 (12코)

3~10단 짧은뜨기 12코

11~37단 살색 실로 짧은뜨기 12코

다리 1은 실을 10cm 남기고 다리 2는 실을 끊지 말고 다리 1과 연결하여 진행한다.

몸(다리 2개 연결)

1단 다리 2개를 연결된 상태로 짧은뜨기 24코

2단 짧은뜨기 24코

3단 [짧은뜨기 11코, 늘림]×2 (26코)

4~9단 짧은뜨기 26코

10단 [짧은뜨기 11코, 줄임]×2 (24코)

11단 핑크색 실로 이랑뜨기 24코

12~15단 짧은뜨기 24코

16단 [짧은뜨기 2코, 줄임]×6 (18코)

17~18단 짧은뜨기 18코

19단 [짧은뜨기 1코, 줄임]×6 (12코)

20~21단 짧은뜨기 12코

실을 20cm 남기고 잘라 준다.

다리 연결 부위는 벌어지지 않도록 연결해 준다.

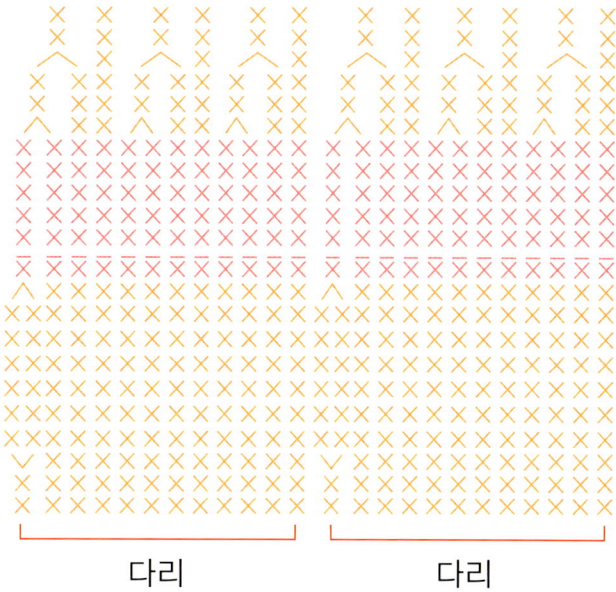

팔(2개, 살색으로 시작)

1단 원형코로 짧은뜨기 5코

2단 [짧은뜨기 늘림]×5 (10코)

3~17단 살색 실로 짧은뜨기 10코

18~19단 흰색 실로 짧은뜨기 10코

20~21단 핑크색 실로 짧은뜨기 10코

22~23단 흰색 실로 짧은뜨기 10코

24~25단 핑크색 실로 짧은뜨기 10코

실을 20cm 남기고 잘라 준다.

치마(핑크색으로 시작, 몸통에서 이랑뜨기한 곳에서 시작)

1단 이랑뜨기한 곳에 실을 걸어 사슬 3코, [한길긴뜨기, 늘림]을 걸어뜨고 빼뜨기

2단 흰색 실로 기둥코 사슬 3코, [한길긴뜨기]×35, 빼뜨기

3단 핑크색 실로 기둥코 사슬 3코, [한길긴뜨기]×35, 빼뜨기

4단 흰색 실로 기둥코 사슬 3코, [한길긴뜨기]×35, 빼뜨기

5단 핑크색 실로 기둥코 사슬 3코, [한길긴뜨기]×35, 빼뜨기

6단 흰색 실로 기둥코 사슬 3코, [한길긴뜨기]×35, 빼뜨기

7단 핑크색 실로 기둥코 사슬 3코, [한길긴뜨기]×35, 빼뜨기

8단 흰색 실로 기둥코 사슬 3코, [한길긴뜨기]×35, 빼뜨기

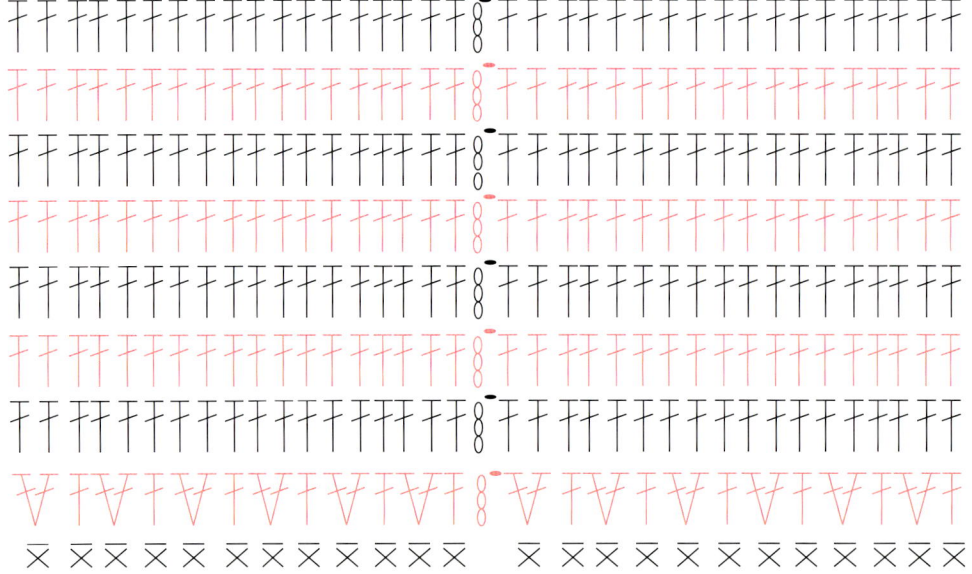

삼월이

머리와 헤어(노란색으로)는 일월이와 똑같이 떠 준다.

양쪽 머리(노란색)

1. 사슬 25코
2. 사슬 한 코에 짧은뜨기 2코씩 늘려준다. (50코)
3. 총 8개를 만들어 헤어 양쪽에 달아준다.

팔(2개, 살색으로 시작)

1단 원형코로 짧은뜨기 5코

2단 [짧은뜨기 늘림]×5 (10코)

3~19단 짧은뜨기 10코

20단 흰색 실로 짧은뜨기 10코

21~25단 빨간색 실로 짧은뜨기 10코

실을 20cm 남기고 잘라 준다.

다리(2개, 흰색으로 시작)

1단 원형코로 짧은뜨기 6코

2단 [짧은뜨기 늘림]×6 (12코)

3~10단 짧은뜨기 12코

11~37단 살색으로 짧은뜨기 12코

다리 1은 실을 10cm 남기고 다리 2는 실을 끊지 말고 다리 1과 연결하여 진행한다.

몸(다리2개 연결)

1단 다리 2개를 연결된 상태로 짧은뜨기 24코

2단 짧은뜨기 24코

3단 [짧은뜨기 11코, 늘림]×2 (26코)

4~9단 짧은뜨기 26코

10단 [짧은뜨기 11코, 줄임]×2 (24코)

11단 빨간색 실로 이랑뜨기로 24코

12~14단 짧은뜨기 24코

15단 [짧은뜨기 2코, 줄임]×6 (18코)

16~17단 살색 실로 짧은뜨기 18코

18단 [짧은뜨기 1코, 줄임]×6 (12코)

19~20단 짧은뜨기 12코

실을 20cm 남기고 잘라 준다.

다리 연결 부위는 벌어지지 않도록 연결해 준다.

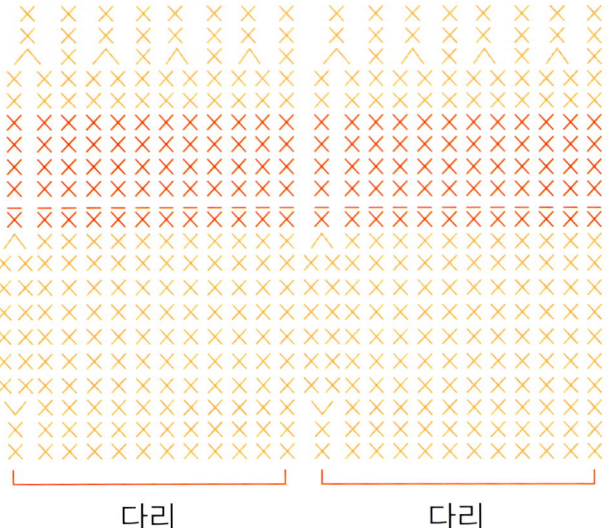

치마(빨간색으로 시작, 몸통에서 이랑뜨기한 곳에서 시작)

1단 이랑뜨기한 곳에 실을 걸어 사슬 1코, 짧은뜨기 24코를 걸어뜨고 빼뜨기

2단 기둥코 사슬 3코, [한길긴뜨기 늘림]×24, 빼뜨기

3~7단 기둥코 사슬 3코, 한길긴뜨기 48코, 빼뜨기

흰색 실로 원형코 짧은뜨기 6코를 12개 만들어 치마에 붙여 준다.

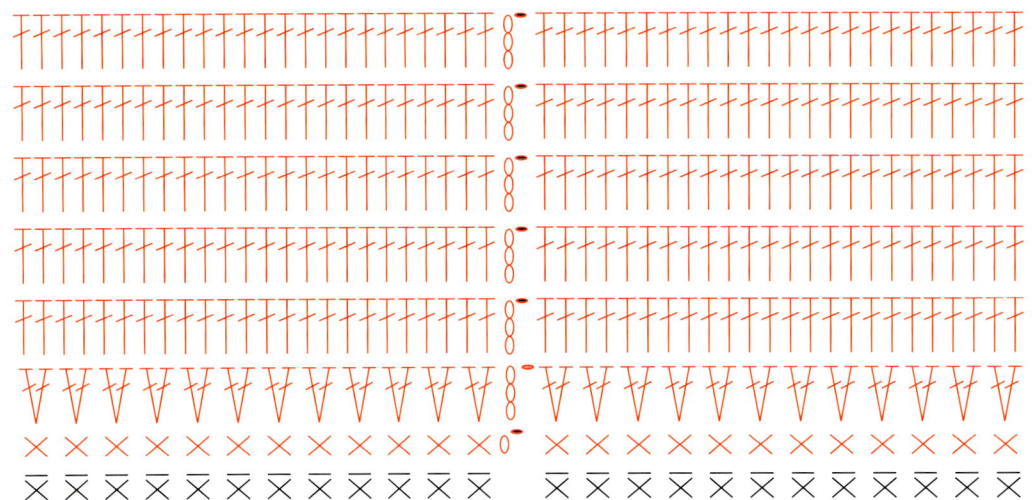

사월이

머리는 일월이와 똑같이 떠 준다.

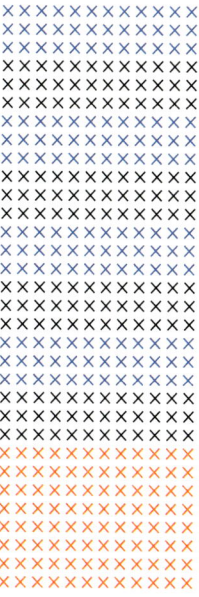

다리(2개, 주황색으로 시작)
1단 원형코로 짧은뜨기 6코
2단 [짧은뜨기 늘림]×6 (12코)
3~11단 짧은뜨기 12코
12~14단 네이비색 실로 짧은뜨기 12코
15~17단 흰색 실로 짧은뜨기 12코
3단씩 색을 바꿔주면서 37단까지 뜬다.
다리 1은 실을 10cm 남기고 다리 2는 실을 끊지 말고 다리 1과 연결하여 진행한다.

몸(다리 연결하면서 흰색으로 시작)
1단 다리에 연결하여 짧은뜨기 24코
2~3단 짧은뜨기 24코
4~6단 네이비색 실로 짧은뜨기 24코
7~9단 흰색 실로 짧은뜨기 24코
3단씩 색을 바꿔주면서 15단까지 뜬다.
16단 [짧은뜨기 2코, 줄임]×6 (18코)
17단 짧은뜨기 18코
18단 [짧은뜨기 1코, 줄임]×6 (12코)
19~20단 짧은뜨기 12코

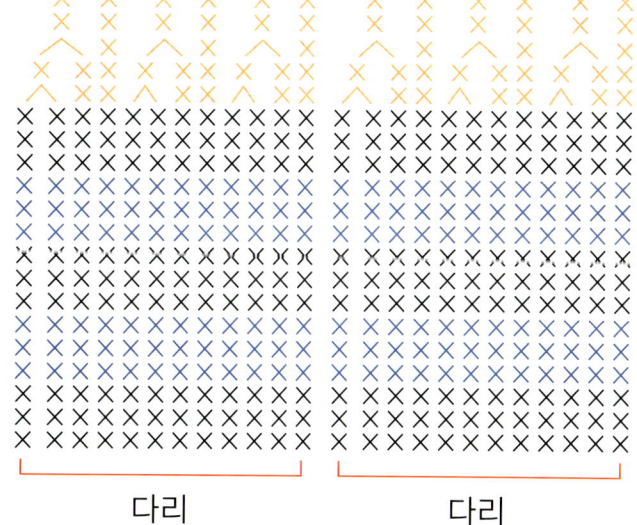

다리   다리

팔(2개, 살색으로 시작)
1단 원형코로 짧은뜨기 5코
2단 [짧은뜨기 늘림]×5 (10코)
3~7단 짧은뜨기 10코
8~10단 네이비색 실로 짧은뜨기 10코
11~13단 흰색 실로 짧은뜨기 10코
3단씩 색을 바꿔주면서 25단까지 뜨고 실을 20cm 남기고 잘라 준다.

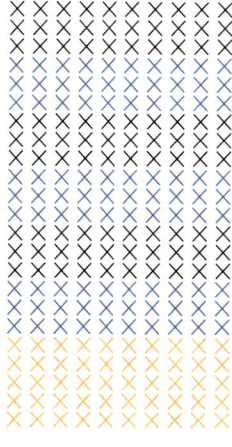

모자(주황색)

1단 원형코로 짧은뜨기 6코

2단 짧은뜨기 6코

3단 [짧은뜨기 1코, 늘림]×3 (9코)

4단 짧은뜨기 9코

5단 [짧은뜨기 2코, 늘림]×3 (12코)

6단 짧은뜨기 12코

7단 [짧은뜨기 3코, 늘림]×3 (15코)

8단 짧은뜨기 15코

9단 [짧은뜨기 4코, 늘림]×3 (18코)

10단 짧은뜨기 18코

11단 [짧은뜨기 5코, 늘림]×3 (21코)

12단 짧은뜨기 21코

13단 [짧은뜨기 6코, 늘림]×3 (24코)

14단 [짧은뜨기 7코, 늘림]×4 (28코)

15단 짧은뜨기 28코

16단 [짧은뜨기 8코, 늘림]×3 (30코)

17단 [짧은뜨기 9코, 늘림]×3 (33코)

18단 [짧은뜨기 10코, 늘림]×3 (36코)

19단 [짧은뜨기 11코, 늘림]×3 (39코)

20단 [짧은뜨기 12코, 늘림]×3 (42코)

21단 [짧은뜨기 13코, 늘림]×3 (45코)

22단 [짧은뜨기 14코, 늘림]×3 (48코)

23단 [짧은뜨기 15코, 늘림]×3 (51코)

24단 [짧은뜨기 16코, 늘림]×3 (54코)

25단 [짧은뜨기 17코, 늘림]×3 (57코)

26단 짧은뜨기 57코

27~33단 네이비색 실로 짧은뜨기 57코

방울을 모자 끝에 달아 준다.

단추 단(네이비)

1단 사슬 12코

2단 짧은뜨기 12코

단추 3개를 장식하고 몸에 이어 준다.

오월이

머리는 일월이와 똑같이 떠 준다.

다리(2개, 검정색으로 시작)

1단 원형코로 짧은뜨기 6코
2단 [짧은뜨기 늘림]×6 (12코)
3~15단 짧은뜨기 12코
16~37단 살색 실로 짧은뜨기 12코
다리 1은 실을 10cm 남기고 다리 2는 실을 끊지 말고 다리 1과 연결하여 진행한다.

몸(다리 연결하면서 살색으로 시작)

1단 다리에 연결하여 짧은뜨기 24코
2단 짧은뜨기 24코
3단 [짧은뜨기 11코, 늘림]×2 (26코)
4~9단 짧은뜨기 26코
10단 핑크색으로 [짧은뜨기 11코, 줄임]×2 (24코)
11~14단 짧은뜨기 24코
15단 [짧은뜨기 2코, 줄임]×6 (18코)
16~17단 살색 실로 짧은뜨기 18코
18단 [짧은뜨기 1코, 줄임]×6 (12코)
19~20단 짧은뜨기 12코
20cm를 남기고 자르고 가랑이 사이는 벌어지지 않게 실로 연결한다.

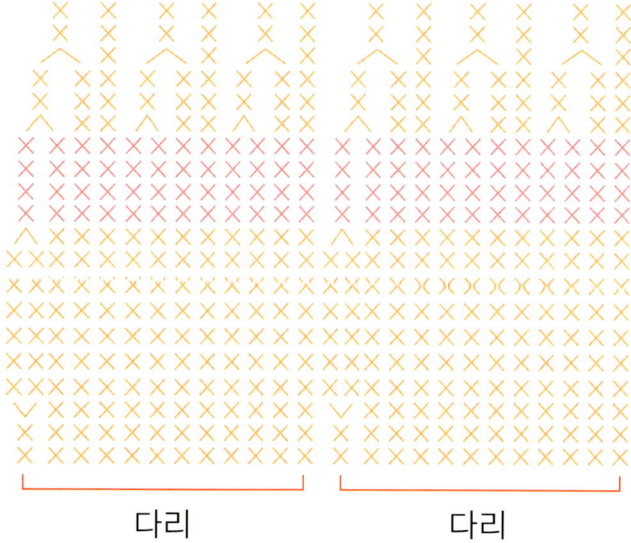

팔(2개, 살색으로 시작)

1단 원형코로 짧은뜨기 5코
2단 [짧은뜨기 늘림]×5 (10코)
3~19단 짧은뜨기 10코
20~25단 핑크색 실로 짧은뜨기 10코
실을 20cm 남기고 잘라 준다.

치마(자주색으로 시작)

1단 사슬 30코, 빼뜨기

2단 짧은뜨기 30코, 빼뜨기

3~7단 기둥코 사슬 3코, 한길긴뜨기 30코, 빼뜨기

치마 벨트(2개, 자주색으로 시작)

1단 사슬 20코

2단 짧은뜨기 20코

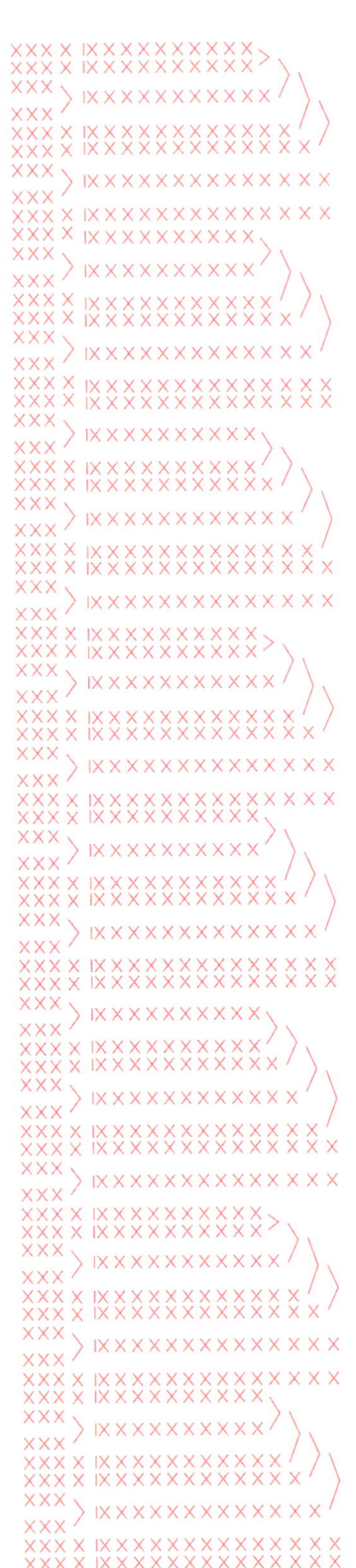

모자(분홍색)

1단 원형코로 짧은뜨기 8코

2단 [짧은뜨기 늘림]×8 (16코)

3단 [짧은뜨기 1코, 늘림]×8 (24코)

4단 [짧은뜨기 2코, 늘림]×8 (32코)

5단 [짧은뜨기 3코, 늘림]×8 (40코)

6단 [짧은뜨기 4코, 늘림]×8 (48코)

7단 [짧은뜨기 5코, 늘림]×8 (56코)

8~16단 짧은뜨기 56코

17단 이랑뜨기 56코

18단 [짧은뜨기 2코, 늘림]×18, 짧은뜨기 2코 (74코)

19~21단 짧은뜨기 74코

동상

Bless You

박 경 희 다마걸

사용실과 사용량: 리즈베스 #40 5g, 핵진주, 시드비즈
사용 도구: 태팅셔틀, 0.4mm 코바늘 **사이즈:** 16cm x 22cm
난이도: ★ ★ ★ ☆ **작품사진:** 65쪽

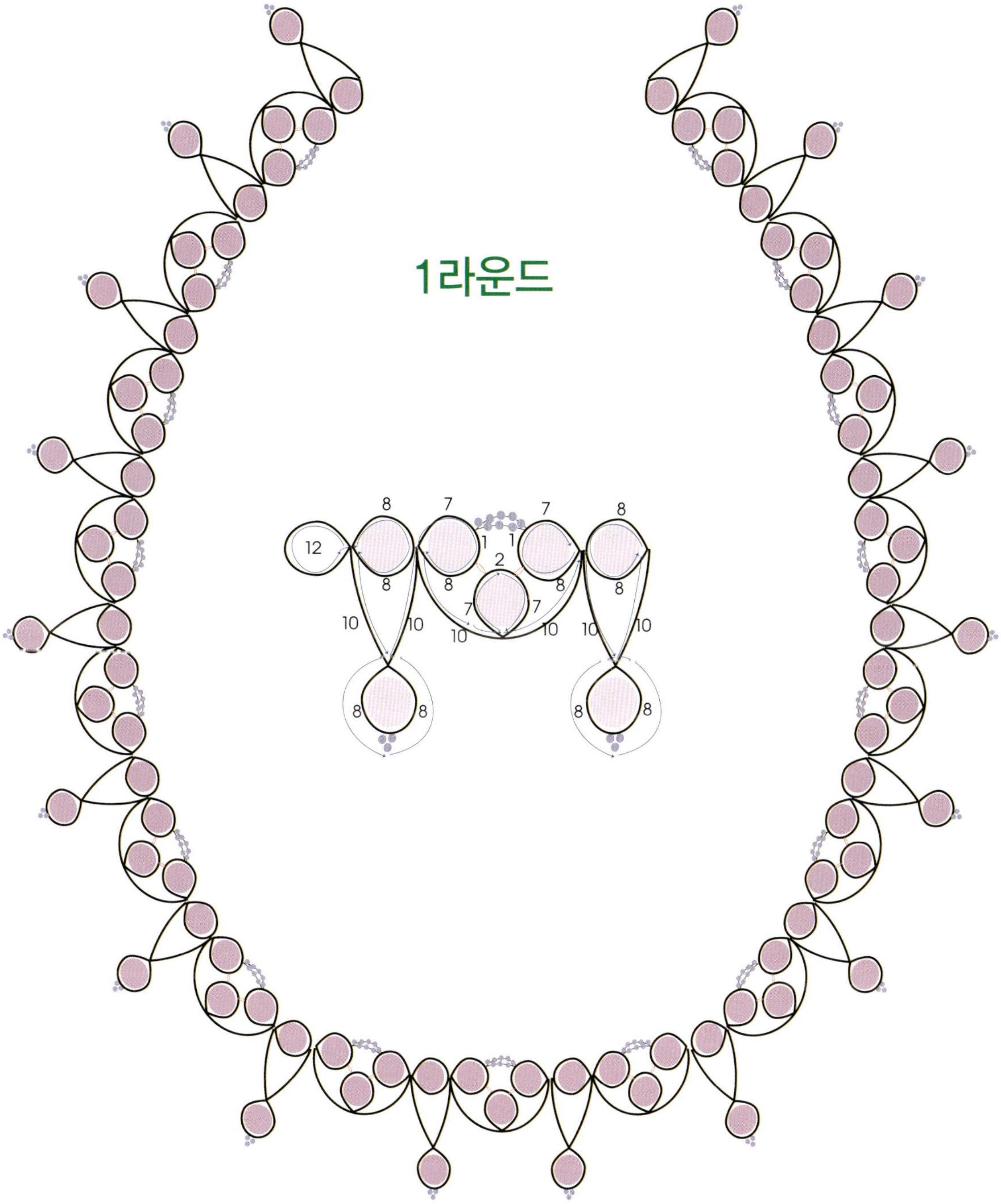

1라운드

1. 셔틀 두 개에 2mm 시드비즈를 충분히 끼워 넣는다.
2. 12ds로 링을 만들고 rw 후 SCMR을 이용하여 3mm 핵진주를 넣어준다.
3. 화살표 순서대로 반복하며 원하는 길이만큼 반복한다.

2라운드

1. 1라운드 완성 후 rw 후 체인으로 ds 2개마다 심지실 쪽 셔틀에서 2mm 시드비즈를 하나씩 가져오며 도안의 개수대로 비즈를 넣어 준다.
2. 정해진 위치에 락조인하며 체인을 만든다.
3. 2라운드 완성 후 실을 끊어 준다.

3라운드

1. 도안에서 위치를 확인하고 새로 실을 이어 2ds마다 비즈를 넣어 준다.
2. 핵진주의 위치도 확인하여 넣는다.

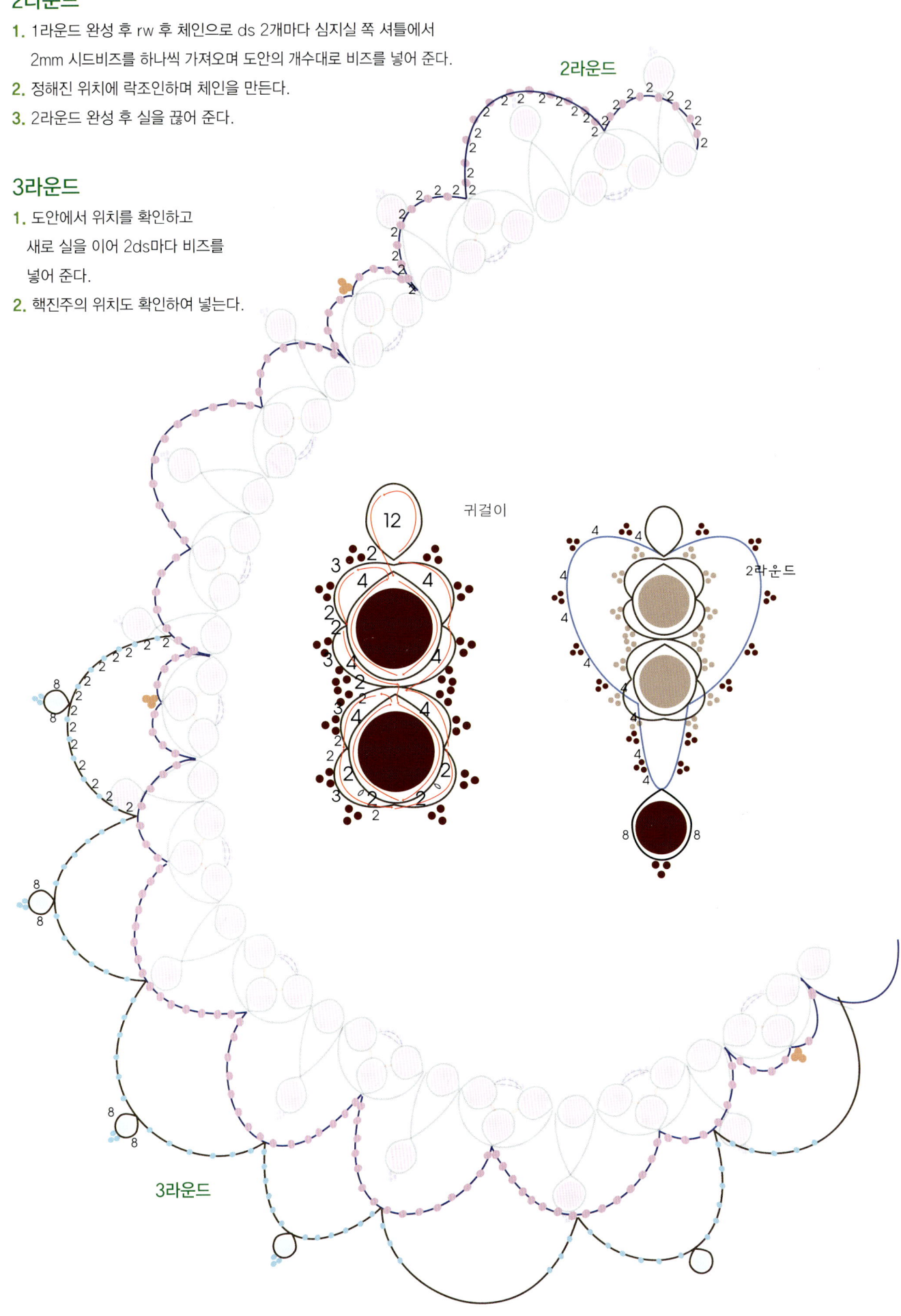

동상

Little Carnation

황 지 현 Henna JH

사용실과 사용량: 리즈베스 40수 **사용 도구:** 태팅셔틀, 레이스 코바늘 14호
사이즈: 2cm x 2cm **난이도:** ★ ☆ ☆ ☆ ☆ **작품사진:** 66쪽

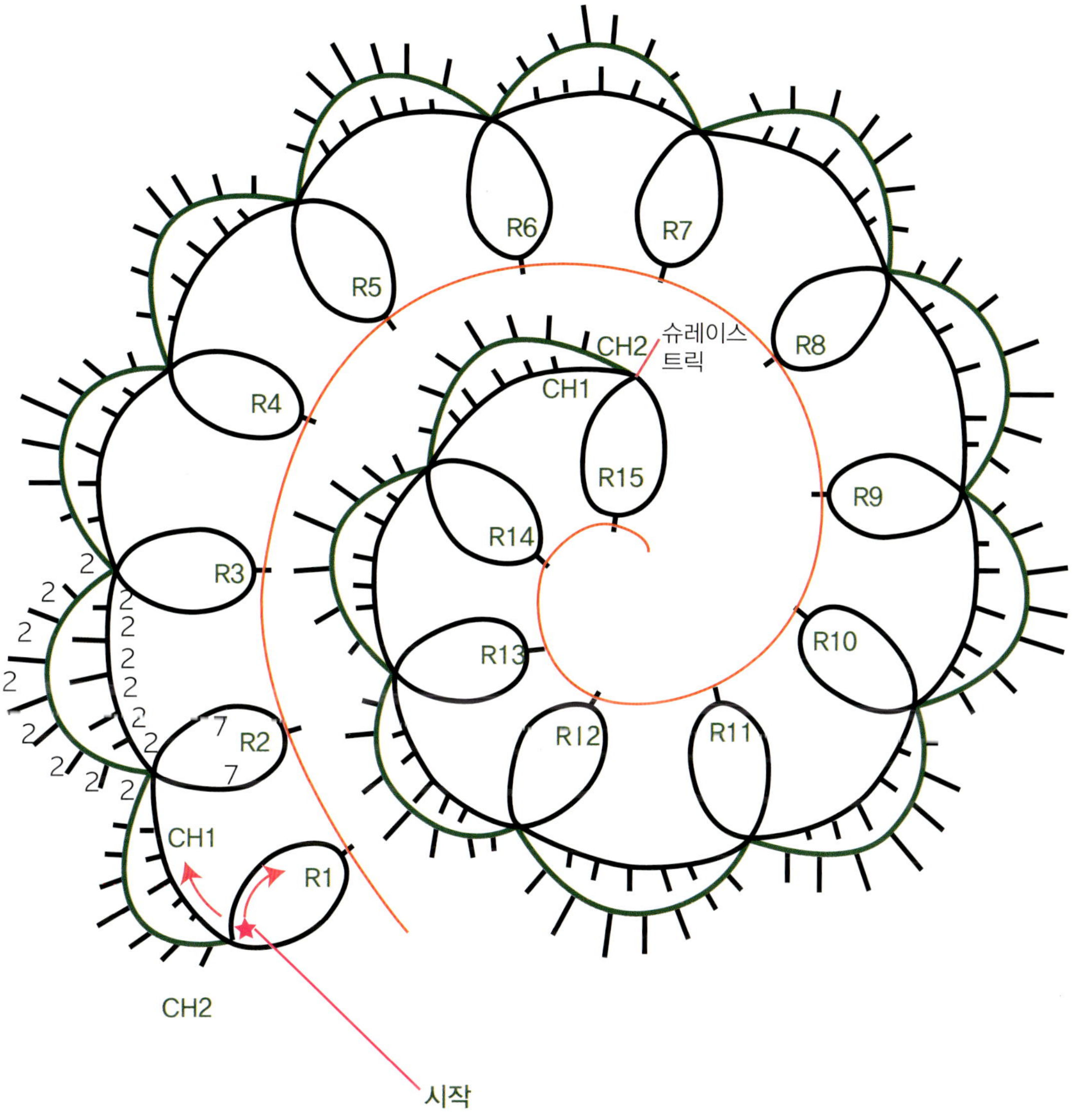

R-Ring 링
CL-Close Ring 링 달기
CH-Chain 체인
P-Picot 피코
LJ-Lock Join 락조인
RW-Reverse Work 리버스 워크

R : 7p7 CL (×15개)
CH1 : 2p2p2p2p2p2 (×14개)
CH2 : 2p2p2p2p2p2p2 LJ (×14개)

완성 후 각 링의 피코에 실을 끼워 잡아당겨 모양을 잡은 후 묶는다.

R1 - CL - RW - CH1 x 14회 (R14 후 CH1 완성)
R15 - CL - 슈레이스 트릭 - CH2 - LJ
이후 CH2 - LJ x 13회 (R1에서 LJ 한 뒤 마감)

특별상

비스꼬뉴 쿠션

윤지원 슈에이

사용실과 사용량: 빈센트 리치(8p)- 7717 1볼, 7723 2볼, 7727 1볼, 7737 1볼, 7751 1볼, 7753 1볼
사용 도구: 4mm 대바늘 **부자재:** 솜 약 1kg **사이즈:** 60cm x 60cm x 25cm
난이도: ★ ★ ★ ☆ ☆ **작품사진:** 67쪽

[삼각형 a]

4mm 대바늘과 베이비핑크색 실로 3코를 잡는다.
1단(안): 안뜨기 1단을 한다.
2단(겉): 겉 1, 끌어올려 코늘림, 겉 1, 끌어올려 코늘림, 겉 1 (총 5코)

이 두 단을 총 19코가 될 때까지 반복한다.
코늘림단을 하고 19코가 되었다면, 안뜨기를 1단 더 하고 코막음을 해 준다.
이 작은 삼각형 a를 총 4개 만든다.
(2장은 옐로우, 2장은 베이비핑크색 실로 뜬다.)

[그림 1]

만든 4개의 삼각형을 [그림 1]과 같이 돗바늘로 꿰매 연결해 준다.

[삼각형 b]

민트색 실로 방금 꿰매서 만든 사각형의 윗변에서 17코를 줍는다(보이는 코를 모두 줍는다).
1단(안): 안뜨기 1단을 한다.
2단(겉): 겉 1, 오른코겹치기, 3코 남을 때까지 겉뜨기, 왼코겹치기, 겉 1

이 두 단을 총 3코가 될 때까지 반복한다.
코줄임단을 하고 3코가 되었다면, 안뜨기를 1단 더 하고 코막음을 해 준다.

[그림 2]처럼 사각형의 한 변(노랑 삼각형의 윗변)에서 코를 주워
코줄임을 하면서 삼각형 형태를 만든다.

삼각형 a로 만든 사각형의 모든 변에서 코를 주워 떠서 [그림 3]과 같이 만든다.

[그림 2]

[그림 3]

[삼각형 c]

앨리스 블루색 실로 방금 꿰매서 만든 사각형의 윗변에서 27코를 줍는다(4코 줍고 1코 건너뛰는 식으로).

1단(안) : 안뜨기 1단을 한다.

2단(겉) : 겉 1, 오른코겹치기, 3코 남을 때까지 겉뜨기, 왼코겹치기, 겉 1

이 두 단을 총 3코가 될 때까지 반복한다.

코줄임단을 하고 3코가 되었다면, 안뜨기를 1단 더 하고 코막음을 해 준다.

[그림 4]처럼 민트색 사각형의 모든 변에서 코를 주워 떠 준다.

[그림 4]

[삼각형 d]

옐로우색 실로 방금 꿰매서 만든 사각형의 윗변에서 45코를 줍는다(4~5코 줍고 1코 건너뛰는 식으로).

1단(안) : 안뜨기 1단을 한다.

2단(겉) : 겉 1, 오른코겹치기, 3코 남을 때까지 겉뜨기, 왼코겹치기, 겉 1

이 두 단을 총 3코가 될 때까지 반복한다.

코줄임단을 하고 3코가 되었다면, 안뜨기를 1단 더 하고 코막음을 해 준다.

[그림 5]처럼 앨리스블루색 사각형의 모든 변에서 코를 주워 떠 준다.

[그림 5]

[삼각형 e]

체리와인색 실로 방금 꿰매서 만든 사각형의 윗변에서 71코를 줍는다(4~5코 줍고 1코 건너뛰는 식으로).

1단(안) : 안뜨기 1단을 한다.

2단(겉) : 겉 1, 오른코겹치기, 3코 남을 때까지 겉뜨기, 왼코겹치기, 겉 1

이 두 단을 총 3코가 될 때까지 반복한다.

코줄임단을 하고 3코가 되었다면, 안뜨기를 1단 더 하고 코막음을 해 준다.

[그림 6]처럼 옐로우색 사각형의 모든 변에서 코를 주워 떠 준다.

[그림 6]

비스꼬뉴 쿠션은 2장의 정사각형 원단이 엇갈리게 겹쳐지기 때문에 2장의 사각형 모티브의
마지막 삼각형 색상이 똑같으면 극적인 효과를 내기 힘들어진다.
따라서 2장의 사각형 편물의 마지막 삼각형 e의 색상은 서로 다르게 하는 게 좋다.

이렇게 두 장의 편물의 가장 끝단 삼각형 e의 색상을 서로 다르게 하면 완성 후에 더욱 예쁘다!

※ 실제로 뜨개질을 하고 나면 완전한 정사각형이 되지 않는다.
이렇게 별 모양, 표창 모양으로 완성되는 게 정상이므로 뜨면서 걱정하지 않아도 된다.

[꿰매는 방법]

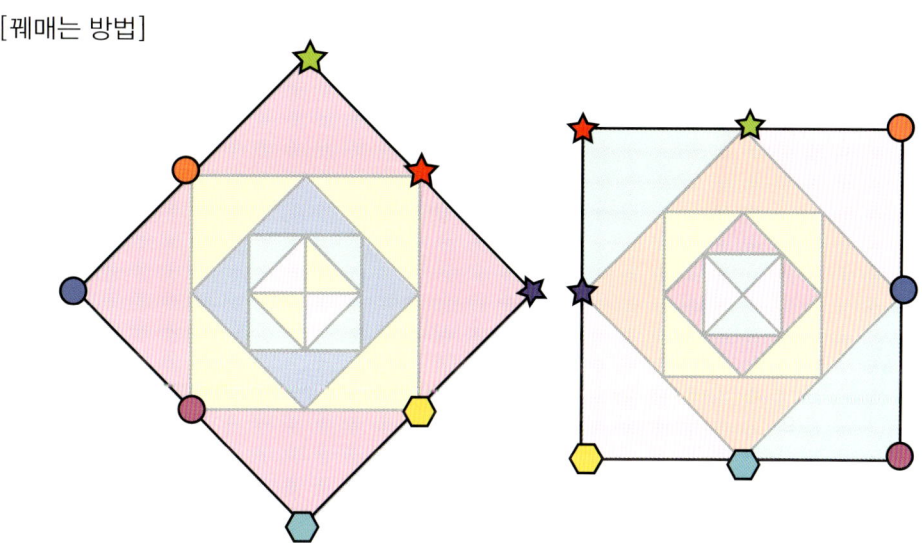

일반 쿠션과 달리 비스꼬뉴 쿠션은 한쪽 사각형 모서리가 다른 쪽 사각형의 중앙에 오도록 꿰매서 완성한다.
같은 색상의 모양끼리 매치시키면서 꿰매 주다가 솜을 빵빵하게 넣어 주고 마무리를 해 주면 된다.

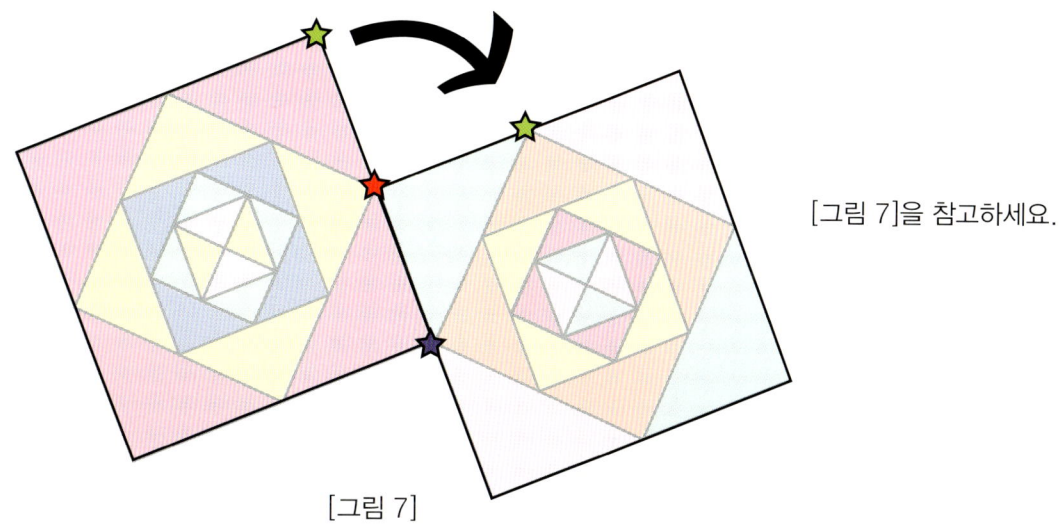

[그림 7]을 참고하세요.

[그림 7]

특별상

카드 주머니 & 선글라스 주머니

mj-홍

[카드 주머니]
사용실과 사용량: DMC자수실 4~5개 **사용 도구:** 레이스 코바늘 2호 **사이즈:** 5.5cm x 9cm

[선글라스 주머니]
사용실과 사용량: DMC자수실 12개 **사용 도구:** 레이스 코바늘 2호 **사이즈:** 8cm x 15cm

난이도: ★ ★ ☆ ☆ ☆   작품사진: 68쪽

카드 주머니

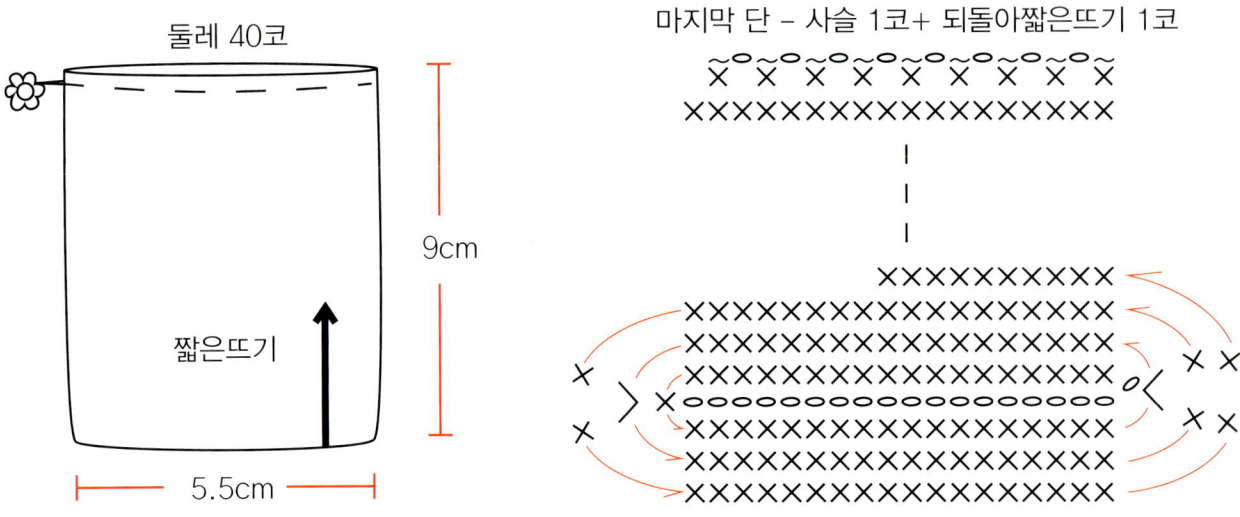

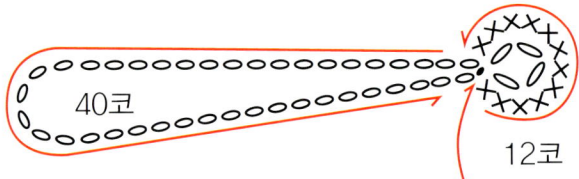

이어 주기 전에 마지막 단 구멍에 꿰어 준다.

뜨는 방법

1. 사슬 19코를 만들어 준다(1코는 기둥코).
2. 양쪽 코너 부분에서 2단에 걸쳐 2코를 늘림하여 40코로 둥글게 뜬다.
3. 십자수 실 색상을 바꾸어 가며 둥글게 둥글게 떠올린다.
4. 마지막 단에 [사슬 1코 + 되돌아 짧은뜨기]로 뜬다.
5. 사슬 40코로 끈을 떠서 마지막 단에 장식한다(원으로 빼뜨기하기전에 끼워준다).

선글라스 주머니

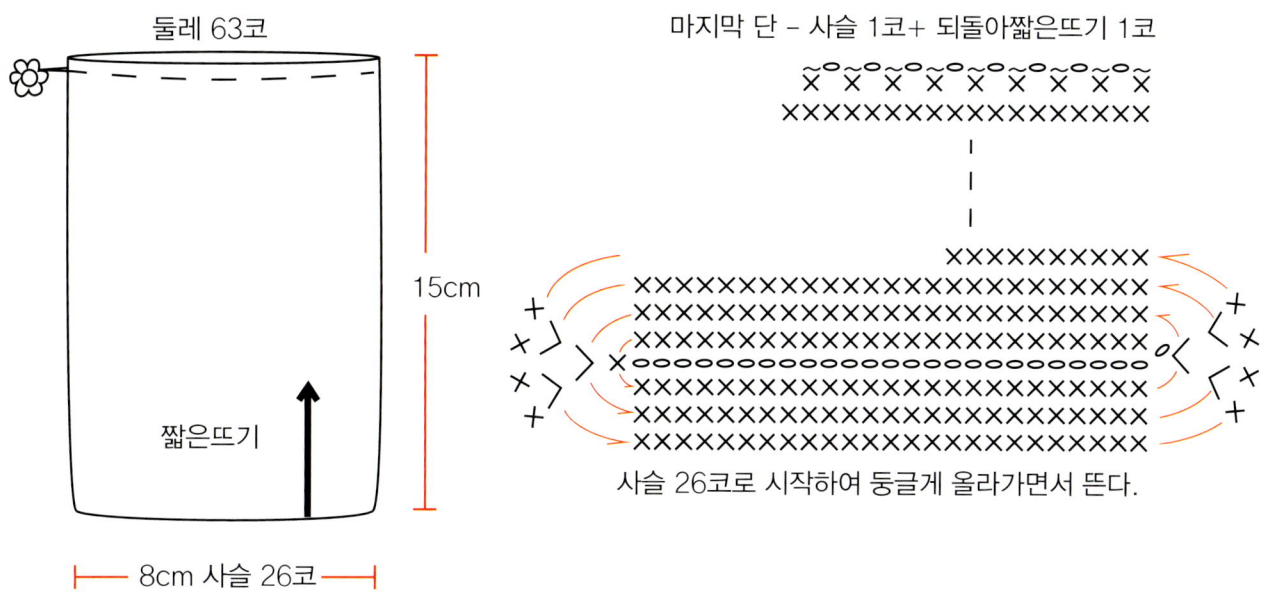

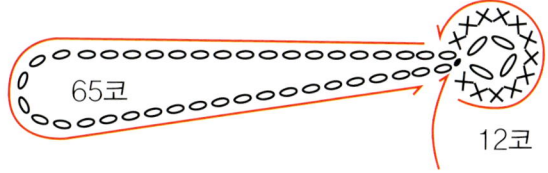

이어 주기 전에 마지막 단 구멍에 꿰어 준다.

뜨는 방법

1. 사슬 26코를 만들어 준다(1코는 기둥코).
2. 양쪽 코너 부분에서 2단에 걸쳐 2코를 늘림. 4코를 늘림하여 63코로 둥글게 뜬다.
3. 십자수 실 색상을 바꾸어 가며 둥글게 둥글게 떠올린다.
4. 마지막 단에 [사슬 1코 + 되돌아 짧은뜨기]로 뜬다.
5. 사슬 65코로 끈을 떠서 마지막 단에 장식한다(원으로 빼뜨기하기전에 끼워준다).

특별상

병정로봇 블랭킷

김 혜 경 빨간망토

사용실과 사용량: 네코 화이트401, 크림402, 딥핑크410, 레드412, 블루419, 네이비421, 브라운428, 그레이429, 블랙430, 그린437 **사용 도구:** 모사용 코바늘 5/0호
사이즈: 130cm × 170cm **난이도:** ★ ★ ☆ ☆ ☆ **작품사진:** 69쪽

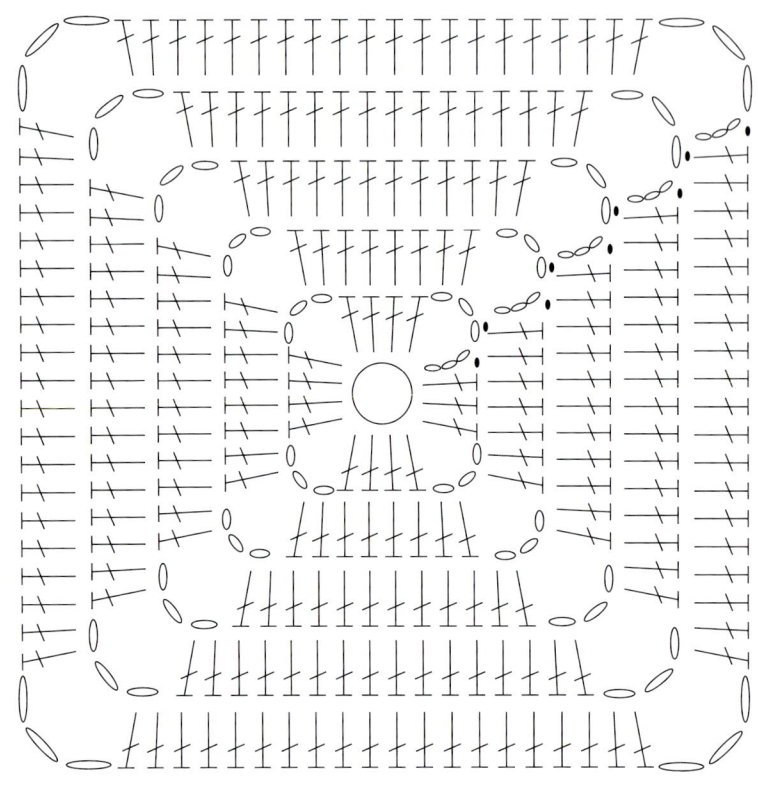

1. 위의 모티브 252개를 배색표를 보고 뜬다.
2. 252개를 돗바늘로 꿰매 준다(18×14).
3. 테두리로 한길긴뜨기를 한단 뜬다. 모서리는 5코 뜬다.

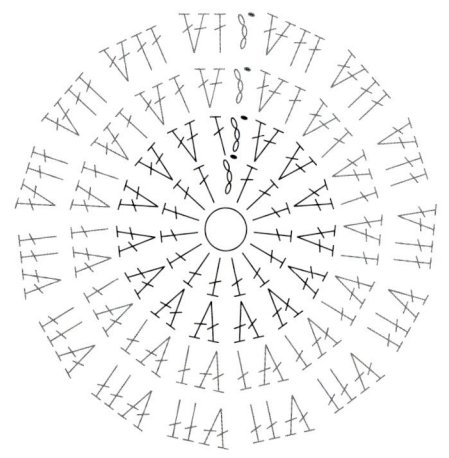

[눈]
1. 검정색 실로 2단을 뜬다.
2. 흰색 실로 2단을 떠서 마무리하고 하나 더 뜬다.

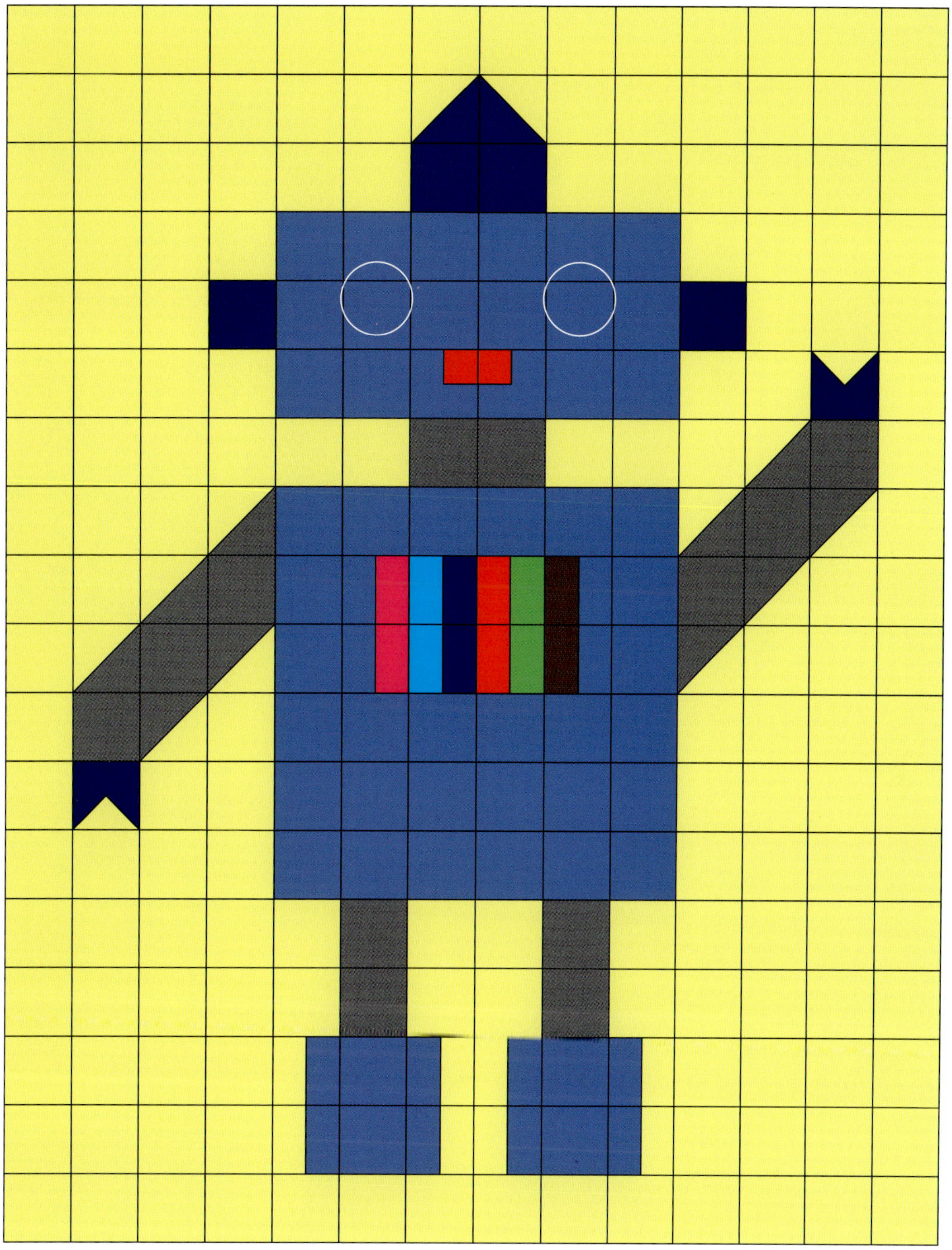

[배색표]

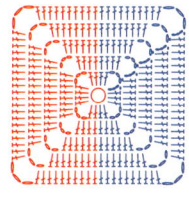 14개(색은 잘 보고 바꿔 준다.)

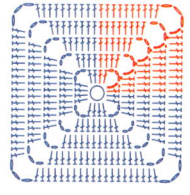 2개(색은 잘 보고 바꿔 준다.)

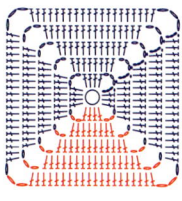 2개(색은 잘 보고 바꿔 준다.)

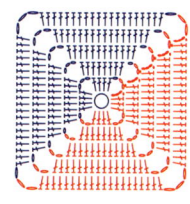 12개(색은 잘 보고 바꿔 준다.)

덕진산업

모칠라백 만들기 좋은 면사 **에코클래식**
면사의 자부심 공작순면의 변신 **에코클래식**

한국크로바

"인형, 소품실의 모든 것"

마카롱
Macaron

풍천상사

절대적인 화려함을 맛본다 – **일디즈**

손뜨개 소품집 Ⅲ

2016년 5월 10일 1판 1쇄
2019년 4월 10일 1판 2쇄

저자 : 니트러브
펴낸이 : 남상호

펴낸곳 : 도서출판 **예신**
www.yesin.co.kr

(우)04317 서울시 용산구 효창원로 64길 6
대표전화 : 704-4233, 팩스 : 335-1986
등록번호 : 제3-01365호(2002.4.18)

값 22,000원

ISBN : 978-89-5649-124-0

* 이 책에 실린 글이나 사진은 문서에 의한 출판사의
  동의 없이 무단 전재 · 복제를 금합니다.